ロゴスと存在
ヘーゲルの論理思想
第2巻

本質の自己反照

山口祐弘
[著]

LOGOS and BEING
Logical Thinking of Hegel

The Self-Reflexion of the Essence

晃洋書房

目次

序章　反省哲学と哲学的反省

――ヘーゲルにおける反省思想の展開――

序

ヘーゲルは、『論理の学』「本質論」において、「反省」(Reflexion)を「本質」(Wesen)の運動とする。それは、本質という実体的なものがあって、それが反省という機能を持つということではない。むしろ、反省が本質なのであり、本質は反省の運動そのものなのである。「反省」は、或る方向に向かう光が反転することである「反射」(reflecto 後ろへ曲げる)を語源とするが、光が光自身を照射するように、本質はそれ自身の働きを反照するのである。そこには、進んで帰るという往還の運動がある。

人は、こうした運動を自己を省みる意識の働きに見る。おのれのなしたことを反省するとは、生《なま》の行動から距離を取り、その外に当の行為を映し出し、その映像(表出)を通して自己の行為の何たるかを理解するのである。それは、自覚と自己意識を持つということである。

自己の外に出、それを介して自己の理解に達する外化と内化の運動は、キリスト教の伝統の中で、絶対者、精神の働きとして捉えられた。ヘーゲルは、「精神」を反省の運動として記述した。そうだとすれば、「反省」は『論理の学』

「本質論」にとどまらず、ヘーゲルの体系全体を見通す上で枢要な役を担う働きであると言わなければならない。D・ヘンリッヒは、「反省」（Reflexion）をヘーゲル論理学の方法的中心概念と呼んだが、[1] それはまさに体系全体の中心概念でもあるということになる。

反省のこうした評価は、初期ヘーゲルの反省理解に対して著しい対照をなしている。そもそも反省はもともとどのような意味を持たされていたのか。それはどのような経緯で中心的な役割を担うに至ったのか。その働きはどのような形で現れているのか。こうしたことが問われるべきであろう。本質論の考察に入るにあたって、フランクフルト期、イェーナ時代初期、中・後期、ニュルンベルク期以降のヘーゲルの思想的発展を辿りつつ、反省思想の発展と変遷を追っておく。

一　生と反省

ヘーゲルは近代哲学を「反省哲学」（Reflexionsphilosophie）と規定し、近代文化を「反省文化」（Reflexionskultur）と呼ぶ。[2] 反省（Reflexion）という思惟の働きが近代思想と近代文化を支配し、宗教までがそのもとに置かれていると言う。その発端はデカルトにあるとされている。デカルトは、疑いえない確実な真理を獲得すべく、徹底した懐疑を実行した。それは、知の根拠をめぐる非妥協的な反省の遂行であった。それは、物事に些かでも疑いの余地があれば、これを虚偽と同じと見なして廃却していく否定的・分析的な営みであった。だが、その末に獲得されたものは、一切の内実を欠いた思惟する私に他ならなかった。<cogito ergo sum.>は、最早それ以上疑うことのできない確実な命題であり、一切の真理の基準となるべき明証性を備えているとされながら、それ自身は存在する場（世界）を持たず、身体との繋がりすらない自我を定立することに他ならない。それは、身心一体を常識とする日常的信念に分裂と亀裂をもたらすことである。そのため、デカルトは更めて身体と世界を回復することに努めねばならなくなるのである。[3]

だが、その結果は、世界を自我とはまったく異質な、物体の世界として導出することに他ならなかった。思惟を本質とする精神と延長を本質とする物体の対立が生まれる。そして、この対立がデカルトのみならず近代哲学全体に付きまとう宿痾となるのである。それは、心と身体、霊と肉、精神と物質、理性と感性、物自体と現象、神と自然等の対立に通じ、困難な調停の課題を課することになる。まさしくこの課題をめぐって格闘したのが近代哲学であったと言って過言ではない。ヘーゲルは、こうした難問を惹起し宿した哲学を、反省哲学と呼んだのである。その核心に反省の作用のあることを見抜いたところにヘーゲルの炯眼がある。そして、反省は何よりも分裂を惹起し対立を産み出すものとして捉えられているのである。

だが、こうした反省観はひとりヘーゲルだけのものではなかった。シェリングはそれを「人間精神の根源的病」と呼んだ。「単なる反省は人間精神の病である。（……）それは人間全体を支配するに及べば、人間の一層高貴な生存の芽を摘み、同一性のみから生ずる精神的生を根底からだめにするものである。それは人間自身の生活に付きまとい、（……）人間の直観を悉く破壊する災厄である。それの分離する所業は現象世界に広がるだけではない。現象世界から精神的原理を分離することによって、知的世界を妖怪で満たす。（……）反省は人間と世界の分離を永久のものとする。世界を物自体と見なし、直観も想像力も、悟性も理性も到達できないとすることによってである(4)」。

シェリングによれば、そもそも分裂は近代において初めて生起したわけではない。近代の分裂は「太古に生じた分裂」に由来し、それに新しい形式を与えたにすぎない。その根はユダヤ教の精神にあり、キリスト教の萌芽も世界と神の分裂の感情にあった。デカルトの二元論は、「久しい以前から存在している分裂が意識的かつ学問的に語られたものに他ならない(5)」。近代の社会的文化的状況はこの傾向を一層助長しているのである。

このような見解を共有しつつ、ヘーゲルは『キリスト教の精神と運命(6)』において、神的なもの、生命から反省を遠ざける。生命について反省することは、それを客観化し死せるものとすることである。「反省は生命を分かち、無限者と有限者に区別する。（……）そして、制限、それだけで考えられた有限者だけが人間の概念を神的なものに対立したものとして与えるのである」(Nohl.S.310.)。意識することすらが生命の破壊となる。「生命が意識の中に入って来るままに人間がそれを信じれば、それは依然として人間の中に生きてはいるが、一部は人間の外側に立てられている。そのかぎり、意識するものは自らを制限するわけであるから、意識するものと無限者が完全に一つのものの中にあることはありえない」(ibid.,S.303.)。神的なものについては霊感の中でしか語られえず、霊のみが霊を把握することができる。「客体的なものの客体的な処理のための活動についての反省の表現はすべて避けられなければならない」(ibid.,S.301f.) とヘーゲルは言う。但し、彼は、このように反省を斥けた結果、却ってキリスト教は不幸な運命に見舞われるということを洞察していた。

ともあれ、反省の側から見れば、神的なものから排除された結果、神的なものは背理・矛盾としてしか現れない。そうした反省による生の措定の例を、ヘーゲルは『一八〇〇年の体系断片』[7] において示している。生命は分離と関係、対立と結合、数多性と統一として捉えられる。生命がそのようなものとして措定されたものが「自然」(Natur) である。「自然とは生命の措定である。なぜなら、反省が関係と分離、個別的なもの、それだけで存立するものと普遍的なもの、結合されたもの、制限されたものとしての前者と制限されざるものとしての後者についての自らの概念を生命のうちに持ち込み、生命を措定によって自然としたのだからである」(ibid.,S.346f.)。自然とは、生命が絶対的対立の妥当する、生命なきものの領域に措定されたものに他ならない。そうした領域から生命を救い出そうとすれば、反省の措定作用そのものを止揚し、生命を「反省の外なる存在」(Seyn außer der Reflexion) として理解しなければならない (ibid.,S.348.)。

だが、このように生命を反省に対立させるだけならば、宗教は、『キリスト教の精神と運命』において示されるように、膨大な客体性の領域を前にして挫折せざるをえない。これに対して、『体系断片』において、ヘーゲルは「神的感情は、反省が加わり、その上に滞留することによって初めて完成される」と言い、反省の必要性を示唆している (ibid.,S.349.)。だが、それによって対立を真に克服する道を示しえたわけではない。畢竟、『体系断片』は体系を目指しているようでありながら、究極の体系的統一を提示することはできていない。そのためには、反省との新たな対決とその能力の徹底的な吟味が必要となるのである。

二　反省の自己否定と直観の要請

「青年時代の理想は反省形式に変わらねばならなかった」[8]と述懐しつつ、シェリングの許イェーナに赴いて後、ヘーゲルはこの問題と取り組む。哲学的処女作『差異論文』[9]において、カント、フィヒテの中に対立の統一という「思弁」(Speculation)の理念とその表現を認めながら、ヘーゲルは対立が真に克服されてはおらず、時代は依然分裂の中にあることを指摘し、絶対者を追求し絶対者を意識において構成することを哲学の課題として定める。その際、反省を哲学的思索の不可欠の道具として用いることを要求するのである(Dif.S.16.)。分裂の時代の只中にあって、これを超克した絶対的なものの境位を反省によって意識の中で定立することが哲学のなすべきことである。この意味で、「分裂こそは哲学の要求の源泉である」(ibid.S.12.)と彼は言う。

だが、従来のとおり、反省を分離・対立させる機能と見るとすれば、反省がその任に堪えることは果たして可能か、反省がこの課題と取り組もうとすれば、どのような変貌を遂げねばならないか、が問われる。反省の能力とその可能性が吟味されねばならない。反省が分離・対立の機能であるということは、それが「悟性」(Verstand)として振る舞い、悟性の法則、同一律、矛盾律等に従っているということである。それは対立を超える絶対者を、同一性の形式において、A＝Aとして表現するにすぎない。しかし、A＝Aは単なる同語反復であり、何ら内容的な認識を与えない。それは抽象的一面的であり、絶対者の表現としては不十分である。

絶対者を絶対者であるとすることは、絶対者を抽象的・一面的なものとし、絶対的とは言えないものとする。それを気づかせるのは「理性」(Vernunft)である。定立された絶対者は絶対者ではない(A≠A)とせねばならない。抽象的な一面性を否定することによってこそ、真の絶対者への道は拓かれる。だが、A＝Aを廃棄してA≠Aを立てればよいというわけではない。まさに前者から後者への移行が肝心なのであり、両者をともに認めることが必要である。それは、形式的には、二律背反（Antinomie）となる。ヘーゲルは二律背反を「知と真理の最高の形式的表現」（ibid.,S.26.）と呼ぶ。それは悟性のなしうるかぎりの表現形式であり、「悟性にできるかぎりの理性の表現」である。だが、それは悟性が担うことのできるものではなく、むしろ悟性はそれによって崩壊の危機に直面する。反省は悟性のこの限界を超えて行かねばならない。それが二律背反を容認しようとするならば、悟性に拘束された自己の否定、自己破壊の掟（das Gesetz der Selbstzerstörung）を自己に課さねばならない。それによって、反省は新たな地平を開拓する可能性を得るのである。それは、対立の一方に固執するのではなく、対立するものをともに包摂する地平を開拓することに他ならない。

しかし、ヘーゲルは、『差異論文』においては、対立しあうものの統一を保持する能力が反省にあるとは認めない。対立によって際限なく分散することを防ぐには、直観（Anschauung）が必要である。直観こそは二律背反という形式を充填し、保持するものに他ならない。ヘーゲルはそれを「超越論的直観」（die transzendentale Anschauung）（ibid.,S.28.）と呼ぶ。この概念は、『超越論的観念論の体系』におけるシェリングの誤記に由来するとされるが、シェリングが意図していたものは「知的直観」（die intellektuelle Anschauung）[10]であった。知的直観とは、知ることが直ちに対象の直観的産出であるような知として、知と対象の対立を超え、その同一性を実現するものである。ヘーゲルは、『信と知』において、それを「生産的構想力」（die produktive Einbildungskraft）とも「超越論的構想力」（die transzendentale Einbildungskraft）とも言い換えて行く（GuW.,S.327～354.）。

二律背反を知の消極的な面と見るならば、直観はその積極的な面である。反省と直観が合一されることによって「超越論的知」（das transzendentale Wissen）が成立するとヘーゲルは言う。それこそは「哲学知」（das philosophische Wissen）に他ならない（Dif.,S.28.）。それは概念（Begriff）であるとともに存在（Seyn）である。直観は、超越論的なものになることによって、経験的直観では分離されていた主観的なものと客観的なものの同一性を意識するようになり、知は、超越論的なものになることによって、主観的なものを措定するばかりでなく、同時に客観的なもの、存在をも措定する。「哲学知においては、直観されたものは同時に知性と自然の活動であり、同時に意識と無意識的なものの活動である。直観されたものは、観念的世界と実在的世界の両方に同時に帰属する。実在的世界に帰属するのは、それが客観的な全体性のうちに位置を占め、必然性の連鎖の一環として演繹されるからである」（ibid.）。

このように言うことによって、ヘーゲルは超越論哲学と自然哲学を両部門とし、それらを絶対的同一性のもとに統一する同一性哲学の体系の構想に支持を与えていると言うことができる。そして、そこに彼は「思弁」（Spekulation）の働きを見るのである。「超越論的直観においてはすべての対立が止揚されており、知性による知性にとっての宇宙の構成と、客観的なものとして直観され独立に現象する宇宙の組織との区別はすべて否定されている。その同一性の意識を産み出すことが、思弁である。そして、思弁のうちで観念性と実在性は一つのものであるから、思弁は直観なのである」（ibid.）。「思弁は直観である」と言うことによって、ヘーゲルは直観の優位性を強調している。そのかぎり、反省にはなお限界が置かれている。反省にとって、直観はまさしく要請されるべきものに他ならないのである。

だが、直観を過度に強調することは、哲学を秘教的なものとする恐れがある。事実カントは知的直観を神的知性＝直観的知性（anschauender Verstand）においてのみ可能なものとし、人間理性のものとしては承認しなかった[11]。それを哲学において用いることは、人間の知性を神的知性のレベルに押し上げることではないのか。哲学を、常識の範囲を超えた神秘的なもの、天才のみの能くするものとすることになりはしないか。こうした疑念が生まれる。これに対して、ヘーゲルの意図が哲学を公教的なものにすることにあったことは、後に『精神の現象学』において明言されるところである[12]。

それ故、直観という表現は早晩撤回されることが望ましい。『信と知』において、ヘーゲルは反省哲学の諸形態を批判する中で、超越論的直観を生産的構想力、超越論的構想力と言い換えつつ、「無限なもの」（das Unendliche）を「概念」（Begriff）として表現するようになる（GuW.,S.358.）。

三　直観から概念へ

ヘーゲルは、知的直観の先例をスピノザのうちに認める。スピノザの第三種認識たる直観的認識（scientia intuitiva）がそれである。その働きは「知性の無限」（infinitum intellectualis）を捉えることにある。スピノザは無限を定義して「或る本性の存在の絶対的肯定」とし、有限を「それの部分的否定」と定義した[13]（Ethica.,S.49.）。この無限は「想像力の無限」（infinitum imaginationis）から区別され、「そこにおいては何一つ否定されたり、限定されることがない」と言う。それは「特殊なものや有限なものをその本質に従って同時に自己のうちに含み、そして唯一かつ不可分なのである」（GuW.,S.354.）。それは有限なものを排除せず、自己のうちに含む真無限である。そのようなものこそが真に対立の統一であることができる。対立するものの総合統一を実現する生産的構想力はこうした無限であると見なされうる。

だが、ヘーゲルはそれを「直観」と呼ぶことはせず、「概念」と呼ぶ。まさしく「自己自身に等しく不可分で真の絶対的概念」（ibid.）がそれなのである。対立を廃棄せず、それを含む同一性の構造をヘーゲルは次のように説明する。「それはそれ自体において絶対的な肯定であるが、対立したものや有限なものに向けられるならば、それらの同一性としてある。よって、それは絶対的な肯定である。その否定が存在するもの、実在的なものとして措定されるならば、対立しあうものを措定すること、＋A－A＝0である。無は＋A－A＝0として存在するのであって、本質的に無限性、思惟、絶対的な概念、絶対的で純粋な肯定である」（GuW.,S.358.）。

このように、無限性を思惟、概念と言い換えることによって、ヘーゲルは知的直観の内容を論理的に考察する道を拓くのである。＋A－A＝0は、対立しあう+Aと-Aが相殺しあって0に帰する一方、0は+A、-Aの対立的緊張としてあることを示している。+A、-Aを特殊とするならば、0はそれらをともに包摂する普遍である。両者は0のうちに存立し、また互いに他を欠いてはありえないという関係にあることになる。

こうして、ヘーゲルは概念の思想の確立に向けて進む。一八〇三、四年の「精神哲学」の講義草稿において、彼は「意識」（Bewußtseyn）のあり方を「概念」として説明する。「（意識にとっては）意識に対立しているもの自身がそのような単純で自体的に無限なものであり、概念である。各々の契機は、それ自身において、完全にそれ自身の単純で直接的な反対者なのである」[14]（J.S.I.,S.226.）。

対立者がそれ自身の反対（das Gegentheil seiner selbst）であるとは、それの限界を超えて無限であるということである。+Aは−Aと不可分であり、−Aを契機として+Aであり、それ自身全体である。このように対立者と一体であり単純であるという意味の無限性（Unendlichkeit）が、概念と言われるのである。これによって、「（対立のうちにある）個別的なものは普遍性のうちに取り入れられる」（ibid.）。だがまた、「意識自身もそれ自身の直接的で単純な反対である」（ibid.）。意識は「それが意識しているものに対立している」が、「一方で能動的な意識と受動的な意識に分離するとともに、他方でこの分離の反対すなわち区別が絶対的に一体であること」に他ならない（ibid.,S.266f.）。「意識は、普遍的なものとして、（対立しあう）両者のまったく区別のない統一である」（ibid.,S.275.）。

こうした思想を受けて、ヘーゲルは一八〇四、五年の『論理学・形而上学・自然哲学』において、真の無限性を示すものとして、a−A＝0という定式を提出する。それは、「真の無限性とは、規定性は止揚されねばならないという要求の実現である」[15]ということを表す。規定性の止揚とは、規定されたものはそれだけではありえず、対立者のうちにあるにすぎず、そこで否定されるということである。対立者の側もそうであって、両者はともに自身の存立を失い、0に帰する。とはいえ、この0は空虚な無ではなく、却って対立しあうものの肯定である。規定されたものは、一旦他者のうちで否定されるが、それを介して自己を回復する運動としてある。ヘーゲルはそれを「規定されたものの自己自身のうちへの絶対的反省」（die absolute Reflexion des Bestimmten in sich selbst）（ibid.）と呼び、「絶対的矛盾」（der absolute Widerspruch）もしくは「絶対的対立」（der absolute Gegensatz）（ibid.）と表現する。

矛盾、対立が絶対的であるとは、矛盾・対立しあうものの相対性を超え、しかもそれらを包摂する地点にあるということである。矛盾は、ここでは、初期の悟性的な性格を払拭し、その限界を超えて絶対的なものを示すものとなっている。これは、反省思想の決定的な転換というべきものであろう。

K・デュージングもまた、フランクフルト期以来の反省概念の変遷を辿りつつ、一八〇四、五年の「論理学」において、反省の概念が「相互に矛盾しあう諸規定についての思惟の方法的統一」のために用いられており、矛盾が統一に還帰することが「自己内反省」(die Reflexion in sich)と名づけられている、と報告している。[16]そして、それは、来るべき『精神の現象学』の成立にとって決定的なことであった。そこにおいて、絶対者たる「精神」は「他在の中にありながら自己自身へと反省(転)すること」(die Reflexion in sich selbst im Andersseyn)、「自己自身のうちに反省(転)する運動」(die Bewegung des sich in sich reflectirens)として記述されるのである(Phä.d.G.,S.18, 20.)。まさしく、反省は従来の限界を脱し、絶対者そのものの運動とされるに至っている。この意味で、一八〇四、五年の「論理学」の意義は大きい。それは、一八〇二、三年の『批判的哲学雑誌』における諸論考と一八〇七年の『精神の現象学』の間のヘーゲルの思想的発展を理解するための基礎とされる(G・ラッソン)[17]。それは、やがてヘーゲルの『論理の学』[18]の方法的中心概念とすら評されるに至る(D・ヘンリッヒ)。最後に、その意味を考えねばならない。

四　概念の運動と反省

ヘーゲルの体系は概念の体系であるとされる。彼によれば、「概念がすべてである」(W.d.L.II.,S.238.)。概念とは何か。それは「自己自身を規定し自己を実現しようとする運動」であり、「普遍的で絶対的な活動」である。それが静止的固定的でないことが注意されねばならない(ibid.)。その運動の開始と終結が体系を完結したものとするのである。

そうした運動の全体を主題的に論じたものが、『論理の学』の「絶対的理念」の章である。それは、概念が歩んだ道(ホドス ὁδός)を回顧するという意味で、方法(Methode<μεθοδός)論とされる。そこにおいて、運動の始まりは「直

接的なもの」(das Unmittelbare) である。「始元は始まりであるから、その内容は直接的なものである」(ibid.,S.239.)。それは「存在」(das Seyn) と呼ばれる。だが、この直接的なもの、存在は自己自身への抽象的な関係であり、抽象的な普遍者、単純で普遍的なものであるにすぎない。そこには何の規定も見いだされない。それは、あらゆる規定に対立する概念である。

しかし、そう言うことによって、直接性、無規定性は一つの規定性となる。「抽象的普遍者そのものですら、(……) その真理に従って見られるならば、(……) 抽象的なものとして、否定に付きまとわれたものとして措定されているのである」(ibid.,S.240.)。このことは、始元についての当初の思想に反することである。「始元の普遍者はそれ自身から自己に対する他のものとして自己を規定する」のである (ibid.,S.242.)。「普遍的な第一のものは、それ自体において考察されることによって、それ自身に対する他のものとして示される」(ibid.,S.244.)。ヘーゲルはこのことを弁証法的な契機と呼ぶ[19]。第一のものの否定、第一の否定者が現れるのである。

これによって、最初の普遍者は対立のうちに置かれる。だが、それは当初の思想に反することであるから、それに対する反撥を生む。否定と否定によって生じたものを否定して、当初の直接性を回復しようとする動きが生まれる。ここに、始めの普遍者、その否定としての特殊、回復された普遍という三つの契機が成り立つことになる。

とはいえ、これらは無関係なものとしてあるわけではない。最初のものの否定者は、まさに最初のものの否定者であることによって、それとの関係を保持しており、それへの還帰を媒介するものである。「第一の規定、否定的なものないし媒介されたものは、更に同時に媒介するものである。さしあたり、それは単純な規定と解されるが、その真相から言えば、関係であり、相関なのである」(ibid.,S.245.)。「それは否定的なものであるが、肯定的なものに対立する否定的なものであり、それを自己のうちに含んでいる」(ibid.)。

それは矛盾である。だが、そのことによって、それは「それ自身の規定された弁証法」である。それは自己自身を否定し、最初の直接的なものに還帰しようとする運動となる。その意味で、それは「概念の運動の転換点」(ibid.) である。それは、最初の直接性、単純な普遍性を指示する。このように、第一の否定者がそれ自身の弁証法を遂行することを、ヘーゲルは「絶対的弁証法」と呼ぶ。そして、それによって回復される直接的なものは、第三のものとなる。ただし、弁証法が発動する以前の否定者を第二のものとし、絶対的否定性を第三のものとするならば、回復された直接性は第四のものとなる。こうして、概念の運動の全体は三重性ないし四重性（Triplizität oder Quadruplizität）を持つこととなる（ibid.,S.247.）。この過程は、次の三段論法の形で示される。

第一前提：直接的なものは、それに対する他のものに関係し、従ってそれへと移行するか移行してしまっている。
第二前提：区別されたものそのものは、それから区別されたものに関係する。
結　論：概念は、その否定性をとおして自己自身と媒介され、従って自己に対してそれら諸契機の普遍的なもの、同一的なものとして措定される。（ibid.,S.246, 248.）

こうして、否定の否定が遂行され、一つの円環が描かれる。すべての契機がその中に包摂されることによって、完結した体系が成立する。否定の否定というこの過程を総合し、総観する働きを、ヘーゲルは「思弁」と呼ぶのである。[20]ところで、こうした運動は、『論理の学』「本質論」において本質の運動とされる「反省」の運動と異ならない。本質とは自己を措定する運動である。それは、まず自己の直接的なあり方を措定しようとして、AはAであるという同一性（Identität）の形式でこれを表現しようとする（W.d.L.I.,S.260.）。だが、そうすることは自己を抽象的な同一性の形式のもとに置くことに他ならず、抽象的なものとすることである。それは区別（Unterschied）を欠いている。だが、区別を欠いているということによって、区別と対立し、これから自己を区別している。すなわち、抽象的同一性とは区別することとなのである。こうして、同一性の真相が区別であることが明らかとなる（ibid.,S.265.）。これはまさに、始元の直接性が、直接的であることによって却って規定されているということと同じ事態である。

区別においては二つの項が対立する。それらが互いに無関係であれば、単に異なっているにすぎないことになる（差異性（Verschiedenheit）（ibid.,S.267.）が、互いに否定的であり、否定しあうという関係を離れるわけにはいかない。それぞれは他との関係においてそれぞれであり、むしろ他を契機としてそれぞれである（対立 Gegensatz）（ibid.,S.272.）。その意味で、それぞれは全体である。全体であることによって、それぞれは自立的であることができるように見える。その結果、互いに他を排斥しようとする。だが、他を全面的に消滅させるならば、それ自身の存立の契機を失うこととなり、それ自身の崩壊に繋がる。自立性の獲得は自立性の喪失であるという事態となる（矛盾 Widerspruch）（ibid.,S.279.）。

この矛盾の故に、それぞれは没落（Zugrundegehen）を余儀なくされる。だが、没落するということは、根拠に至る（zum Grunde gehen）ということである。すなわち、それぞれがまさしく他との関係を根拠（Grund）としてあったという真理を知ることである。

こうして、区別と対立は矛盾を介して止揚され、統一が回復される。本質の運動はここにおいて完結する。それが否定の否定という構造を持つことは言うまでもない。こうして、ヘーゲルは本質の全運動を次のように記述するのである。「本質は根拠として自己を自己自身から排斥する。それは自己を措定する。排斥されたものであるこの措定された存在は、措定された存在、否定的なものの自己自身との同一性としてあるにすぎない、この自立的なものは、否定的なものとして措定された自立的なものであり、自己矛盾的なものであって、それ故、直ちにその根拠としての他者のうちにとどまっているものなのである」（ibid.,S.282.）。概念の運動が本質の運動としての反省を介して理解されるべきことがここから納得されよう。反省が体系構築のための中心的な役割を担うことが分かるのである。

注

（1）D.Henrich, *Hegel im Kontext*, Frankfurt a. M. 1967, S.104f.; *Hegels Logik der Reflexion*, in: *Hegel-Studien*, Beiheft18, Bonn 1978. なお、山口祐弘『ドイツ観念論の思索圏——哲学的反省の展開と広袤——』学術出版会、二〇一〇年参照。

（2）G.W.F.Hegel, *Glauben und Wissen oder die Reflexionsphilosophie der Subjectivität, in der Vollständigkeit ihrer Formen, als*

Kantische, Jacobische und Fichtesche Philosophie, 1802, in: *Gesammelte Werke*, 4, Hamburg 1968. Abk.: GuW.

(3) R.Descartes, *Discours de la Méthode*, 1637, Paris 1967, Quatrieme, Cinquieme Partie; *OEUVRES DE DESCARTES*, VI, p.31〜60; *Meditationes de prima philosophia*, 1641, Paris 1970, p.70.; OEUVRES., VII, Paris 1983, p.27, Meditatio II.

(4) F.W.J.Schelling, *Ideen zu einer Philosophie der Natur als Einleitung in das Studium dieser Wissenschaft*, 1797, 1803, in: *Schellings Werke*, I., München 1979, S.663f.

(5) F.W.J.Schelling, *Ueber das Verhältniß der Naturphilosophie zur Philosophie überhaupt*, in: *Kritisches Journal der Philosophie*, I–3, *Schellings Werke*, III, 1977.

(6) G.W.F.Hegel, *Der Geist des Christentums und sein Schicksal*,1798〜1800, in: H.Nohl, *Hegels Theologische Jugendschriften*, Tübingen 1907.

(7) G.W.F.Hegel, *Systemfragment von 1800*, in: Nohl, op.cit.

(8) G.W.F.Hegel, Brief an Schelling, in: *Hegel Briefe*, I, Hamburg 1952, S.58〜60.

(9) G.W.F.Hegel, *Differenz des Fichte'schen und Schelling'schen Systems der Philosophie, in Beziehung auf Reinhold's Beyträge zur leichtern Übersicht des Zustands der Philosophie zu Anfang des neunzehnten Jahrhunderts, 1stes Heft*, Jena 1801, in: *Gesammelte Werke*, 4, Hamburg 1968. Abk.: Dif.

(10) F.W.J.Schelling, *System des transzendentalen Idealismus*, 1800, in: *Schellings Werke*, II, S.627.; W.Ch.Zimmerli, *Die Frage nach der Philosophie*, Bonn 1986, S.186, 195.

(11) I.Kant, *Prolegomena zu einer jeden künftigen Metaphysik, die als Wissenschaft wird auftreten können*, 1783, § 34. Anm. in: *Kants Werke*, IV, Berlin 1968, S.316; *Kritik der Urtheilskraft*, 1790, S.347, in: *Kants Werke*, V, S.406.

(12) G.W.F.Hegel, *Die Phänomenologie des Geistes*, 1807, in: GW.9., Hamburg 1980, S.15.

(13) B. de Spinoza, *Ethica ordine geometrico demonstata*, 1677, Pars I, Propositio VIII, Scholium I, in: *Spinoza Opera*, II, Heidelberg 1972, S.49; ibid., S.122, Pars II: Propositio XL, Scholium II: "Atque hoc cognoscendi genus procedit ab adæquatâ idea essentiæ formalis quorundam Dei attributorum ad adæquatam cognitionem essentiæ rerum."; ibid.,S.296; ParsV, PropositioXXV:"Tertium cognitionis genus procedit ab adæquatâ ideâ quorumdam Dei attributorum ad adæquatam cognitionem essentiæ rerum."

(14) G.W.F.Hegel, *Jenaer Systementwürfe*, I, in: GW., 6., Hamburg 1975, S.266. Abk.: J.S.I.

(15) G.W.F.Hegel, *Jenenser Logik Metaphysik und Naturphilosophie*, 1804/5, hrsg. von G.Lasson, Hamburg 1968; *Jenaer Systementwürfe*, II, in: GW.7., 1971, S.33. Abk.: JLMN.

（16）K.Düsing, *Das Problem der Subjektivität in Hegels Logik*, in: *Hegel-Studien*, Beiheft 15, Bonn 1984, S.214.

（17）G.W.F.Hegel, JLMN. von G.Lasson, Vorbemerkung.

（18）G.W.F.Hegel, *Wissenschaft der Logik*, I, 1812～13, II, 1816, *I/1*, 1832, in: GW.11.12.21. Hamburg 1978, 1981, 1985. Abk.: W.d.L.I., II, I/1.

（19）ヘーゲルによれば、弁証法とは、「悟性の諸規定の一面性と被制限性が、それのあるところのもの、すなわちそれの否定として示される内在的な運動である」。G. W. F. Hegel, *Enzyklopädie der philosophischen Wissenschaften*, §81, in: *G.W.F.Hegel, Werke in zwanzig Bänden*, 8, Frankfurt a.M.1970.Abk.:Enzy. 山口祐弘『ヘーゲル哲学の思惟方法――弁証法の根源と課題――』学術出版会、二〇〇七年参照。

（20）W.d.L.I., Die Lehre vom Wesen, in: GW.11., Hamburg 1978, S.233.

第一部　本質と反省

第一章　本質の否定性と反省の運動

序

「本質論」の冒頭で、ヘーゲルは本質（Wesen）を存在（Seyn）の真理とし、本質は反省（Reflexion）であると言う。[1] その意味を知るには、存在と本質の関係をまず問わなければならず、本質を不動の実体とする考え方を斥けねばならない。本質は反省の運動以上のものではないとされているのである。反省の働きを十分分析した上でなければ、本質を理解することはできないことになる。

だが、反省を本質独自のものと見なすことは妥当であろうか。ヘーゲルは存在の進行の仕方を「移行」（Übergang）と言い、本質の運動を「反省」とし、概念のそれを「発展」（Entwicklung）と呼んだ。しかし、反省は、「本質論」に限らず『論理の学』の論述の随所に見られる働きである。D・ヘンリッヒは、反省は『論理の学』全体の方法的中心概念であると言う。ヘーゲルの思索の特徴である、同一性と差異性の統一の論理が「反省の論理学」において集中的かつ主題的に論じられているからである。[2]

そうであるとすれば、「本質論」という枠を超えてヘーゲル哲学全体における反省の役割と意義を明らかにしなければならない。ヘーゲルの哲学は「思弁哲学」（die spekulative Philosophie）と呼ばれ、その究極の思考様式は「思弁」

〈Spekulation〉とされる。[3]「思弁」は近代以降不評に曝されてきたが、ヘーゲルがそれに与えた意味は何であったか、それと反省とは果たしてまた如何に関係しあうのか。哲学の本来のあり方を問う中で反省の役割を考えなければならない。

本章では、こうした観点から、反省の働きとその意味を明らかにすることを目指す。

一　存在の真理としての本質

ヘーゲルは「本質」を「過ぎ去った存在」（das vergangene Seyn）と定義する（W.d.L.I.S.241.）。存在と本質のこの関係は〈seyn〉の過去分詞〈gewesen〉に示されていると言う。ヘーゲルは〈gewesen〉から〈Wesen〉の語を取ってくるのである。

本質のこの定義からすれば、存在と本質の間には時間的な隔たりがあることになる。存在は過ぎ去っている以上、現在はないはずである。だが、ヘーゲルはこの過ぎ去りは時間的なそれではなく、無時間的な過ぎ去り（zeitlos vergangen）であると言う。隔たりが時間的でないとすれば、如何なる隔たりであるのか。ヘーゲルは次のように言う。「知は、真なるもの、存在は自体的に何であるかを認識しようとするのであるから、直接的なものとその諸規定のもとにはとどまらず、この存在の背後に（hinter）存在そのものとは別のものがなおありこの背後が存在の真理であるという前提を持って、直接的なものを貫いていくのである」（ibid.）。存在は直接的（無媒介）なものだが、その背後に存在の真理である本質があるという想定がある。この本質から存在を捉えた時に、「存在がそれ自体として、（そもそも）何であるか」（Was das Seyn an und für sich ist）（ibid.）が認識されるというのである。

「本質」という訳語がアリストテレスの〈τὸ τί ἦν εἶναι〉に当てられた時に、こうした事情は示されていたと言えよう。[4]ヘルマン・コーヘンは、この言葉は翻訳不可能であるとしながら、「存在とは何であったか」と訳し、ソクラテスの「何であるか?」(τί ἐστι;)という問いの形から「何であったか?」(τί ἦν;)という問いが生まれたのであろうとしている。そして、疑問文「何であったか?」に存在は基づいていると言う。その意味するところは、「存在の根拠はその現前しているあり方の彼岸に置かれねばならない」ということである。「存在を(……)あるがままの存在者によって規定するのは十分ではない」。「存在以前のもの(Vorsein)が求められ、その中で存在は基礎づけられており、守られている」と考えねばならない(5)。

「彼岸」、「以前」を無時間的なものと解するならば、コーヘンの言うことはヘーゲルの考えることと合致すると言えよう。空間的に「彼岸」、「背後」とされ、時間的に「以前」と言われるにせよ、それらは、非空間的、非時間的に存在の真のあり方を示すものに他ならない。まさしく存在の真理、本質がそこに求められているのである。

この意味で、存在の真理が本質であり、本質は存在の真理である。知は、それを摑むためには存在を貫いていかねばならない(hindurchdringen)。「あるがままの存在」を透視し、本質の措定を目指さねばならない。それを「反省」(Reflexion)と呼ぶならば、本質は反省によって措定されるべきである。或いは、本質が存在の背後とされるかぎり、それはすでに反省されたものとして語られているのである。反省は本質に外在的なものではなく、本質に固有のものであり、それに内在している。本質自身が自己を背後、彼岸として措定していると言わねばならない。こうして、反省は本質に帰せられる。本質は反省なのである。これを存在の側から見るならば、存在が自らの以前のあり方を想起し(sich erinnern)(ibid.)、本来のあり方に立ち帰ろうとすることであるとも言える。存在は自己本来のあり方を回復し、自己のもとに行き(in sich gehen)、本質となる(werden)と言うこともできる。本質の運動は存在の運動であり、この意味で存在の真理なのである。

だが、このように本質が存在の真理なのだとすれば、存在のあり方そのものが本質において示されているのでなければならない(6)。まさしく「存在とは何であったか」が回想されねばならないことになる。

「存在論」の冒頭に立ち帰るならば、学の始元とされた存在(ibid.S.33.)、「純粋存在」(das reine Seyn)はそもそも「一切の有限なものの否定」によって到達され、「直接的な定在を純粋存在に純化した内化（Erinnerung）と運動を前提して」成ったものであった（W.d.L.I.,S.241.）。それ自身は直接的無媒介的とされながら、この直接性、無媒介性そのものが、こうした否定によって媒介されたものなのである。それは、「そこにおいて一切の規定されたものと有限なものが否定されている存在」（ibid.）に他ならない。それの否定である有限なもの、定在（Daseyn）の否定によって成るものとして、それは「否定の否定」としてあるのであり、本質と同じあり方をしているのである。それは、事実上既に本質なのであり、本質は存在のそうした成り立ちを顕在化したものであると言うことができよう。まさしく、本質は存在の真理なのである。

「本質論」に至るまでの「存在論」の論述は、存在のこうした真理を顕在化させる過程であったと見なされる。それ故、本質は、「存在の完全な自己内還帰」（die vollkommene Rückkehr des Seyns in sich）（ibid.,S.242.）として、存在そのものに他ならない。そこでは存在の一切の規定が止揚されているとされるが、まさにそのことによって、それは純粋存在と同じく「無規定的」（unbestimmt）である。それは、諸規定に対して「無関係」である。とはいえ、それらの規定が止揚されることによって存在の本質が顕現するのであるから、存在の本質はそれらとまったく無関係とは言えず、むしろそれらを否定的な契機としていると言わねばならない。従って、存在＝本質がそれらに無関係であると言う場合、存在＝本質が自己自身に対して無関係であり、自己を自己から突き離しているということと同じである。こうした自己に対する否定的関係として、それは、それらの規定との統一に他ならない。ヘーゲルは言う。「本質は自己を自己から突き離すこと、或いは自己に対して無関係であることであり、否定的な自己関係である。それ故、それは自己を自己自身に対立させる。そして、このようにそれが自己から区別されていることにおいて自己との統一であるかぎりでのみ、無限な対自存在なのである」（ibid.）。

このように、本質は、本来、内化した存在である。それは存在に由来し、存在の運動の結果なのである。だが、そのことから、それは存在に対立しているかのような見かけ（Schein）が生じる。或いは、無媒介、直接的なものであるから、媒介されたものに対立しているかのように見える。この意味で規定されたものと見られるのである。本質に対立しているものを「非本質的なもの」（das Unwesentliche）と言うならば、本質はそれに対する別の規定された存在（定在）として「本質的なもの」（das Wesentliche）と考えられかねない。こうして、本質的なものと非本質的なものの対立が生じることになる（ibid.,S.244.）。

だが、そのように見ることは、本質を定在（Daseyn）の領域に後退させることである。それは、他のもの（Anderes）に対立する或るもの（Etwas）という意味しか持たない。それは、他のものではないが、その否定は第一の否定にすぎず、存在の側も他のものとしての定在にすぎないことになる。だが、本質は、実際には存在の真理であり、存在そのものなのであるから、こうした定在間の対立にとどまるのは不当である。それはこの対立そのものを超えたものでなければならず、他のものがそれに対立する否定であるならば、この否定を否定しつつ包摂するものでなければならない。右の第一の否定が単なる対立であるのに対し、この否定を再度否定し、一層高い次元に立つことが必要である。その意味で、それは「存在の絶対的否定性」（die absolute Negativität des Seyns）（ibid.,S.245.）と呼ばれる。それは、「自己を直接的な存在としても直接的な否定、他在に付きまとわれた否定としても止揚した存在」（ibid.f.）である。定在はそのうちに含まれており、なお本質から区別されているように見えるものがあるとしても、それは非本質的な定在ではなく、自己自身において虚ろなもの、仮象（Schein）にすぎない[7]。対立は単なる見かけにすぎなかったのである。

仮象の本性は虚ろさ（Nichtigkeit）である。仮象は否定的なものとして措定された否定的なものである。それは、本質から独立に直接性を持ち、本質の他者であるように見える。他者は一の定在であるにせよ、所詮或るものの他者であり、或るものという他者との関係のうちで定在を持つにすぎない。その非定在（Nichtdaseyn）＝それでないもののうちにそれの定在を持つのである。それは自立的なものに見えるかもしれないが、その自立性は直ちに否定されており、「非定在の直接性という空虚な規定」（ibid.,S.246.）があるだけなのである[8]。

この虚ろさが明らかになるのは、本質においてである。本質こそは仮象を虚ろなものとするものに他ならない。それは、純粋存在が否定性であるのと同じように、否定性（Negativität）を本性とする。「仮象の虚ろさそのもの自体は、本質そのものの否定的な本性である」（ibid.,S.247.）。従って、仮象の非存在が直接性ないし無関係性そのものを含むように見えるとしても、それは本質によって否定され止揚される。それは、「本質の自己同等性であり、本質の単純な直接性、無関係性に他ならない」（ibid.,S.248.）。仮象としての存在は本質の自己同等性であり、よって「本質自身が存在なのである」（ibid.）。但し、直接性が本質自身の直接性であると言っても、「存在するだけの直接性」（die seyende Unmittelbarkeit）ではなく、「まったく媒介され反省された」直接性（die schlechthin vermittelte oder reflectirte Unmittelbarkeit）であり[9]（ibid.,S.248.）、本質の自己関係ないし自己内還帰によって措定されたものに他ならない[10]。その媒介が見落とされることによって、存在が自立的であるという見かけ、仮象としての仮象が生ずるのである。

こうして、仮象は「本質自身の仮象」（ibid.）であり、存在という規定性のうちにある本質であることになる。それは、本質が自己自身を規定し、自己の絶対的統一から自己を区別することによって生じたのである。本質について言えば、本質は本来この否定的なものを自己自身と媒介する運動であり、自己に関係する否定性（die sich auf sich beziehende Negativität）（ibid.）である。だが、この否定性が、それ自体においてあり、直接性であるという見かけを取って現れるわけである。

しかし、この直接性に固執することはできない。そうすることは規定（限定）作用にとどまることであり、否定されるべきことである。否定性が否定性であるのは、自己自身を否定することによってであり、一点にとどまることは斥けられる。それは、自己を規定する度毎に自己を否定する運動であり、「自己に関係する否定性」である。こうした否定性が本質なのである。それは、自ら仮象（影像）となりながら、この仮象を止揚する。「自らの直接性を否定性として規定し、自らの規定性を直接性として規定する運動」は「無限の自己内運動」（die unendliche Bewegung in sich）（ibid.,S.249.）であるが、ヘーゲルはこれを「反省」（Reflexion）と名づけるのである。本質は反省なのである。

本質が反省であるということは、本質が反省の土台であり、担い手であるということではない。反省は基体を持たず、定点から定点に移行する運動ではない。それは静止的固定点を持たない無限の否定である。始点と帰着点を想定するとしても、それらには実体性はなく、直ちに否定されねばならない。それは「無から無への運動」(die Bewegung von Nichts zu Nichts)(ibid.,S.250.)に他ならない。「本質は、(……)区別されたものがまったくただ自体的に否定的なもの、仮象として規定されている反省である」(ibid.)。

自己に関係するこの否定の中では、区別されて他者として現れるものは、「否定としての否定」としてあるにすぎず、「その存在を否定されていることの中に持つもの」、仮象にすぎない。他者とは「否定を伴った否定」(die Negation mit der Negation)なのである(ibid.,S.249.)。

とはいえ、こうした仮象の否定は、本体への復帰というわけではない。仮象という否定的なものが発現した源、第一のものに移行し、運動がそこで終わるというわけではない。それによって源たる「自己との同等性」ないし「直接性」が回復されると考えるとしても、それは「否定の自己との同等性」(die Gleichheit selbst der Negation mit sich)(ibid.)なのであり、否定の運動が終熄するわけではない。それはどこまでも否定的であり、「絶対的な否定性」(die absolute Negativität)である。直接性が措定されたにせよ、それは「措定された直接性」であり、それ自身において否定性なのであって、自己のもとにとどまることなく、直ちに自己を否定するのである。それ故、ヘーゲルは「直接性はこうした運動そのものにすぎない」(ibid.,S.250.)と言う。この意味で、反省はどこにも停止する点を持たない無から無への運動なのである。ヘーゲルは次のように総括する。

「まず、反省は無から無への運動である。従って、自己自身と合致する否定である。こうした自己との合致は、一般に自己との同等性、直接性である。しかし、この合致は、否定がその他在としての自己との同等性に移行することではない。反省は、移行を止揚することとしての移行なのである。なぜなら、反省は否定的なものが直ちに自己自身と合致することだからである。従って、この合致は、第一に、自己との同等性ないし直接性である。

しかし、第二に、この直接性は否定的なものの自己との同等性であり、従って自己自身を否定する同等性である。直接性は自体的に否定的なもの、それ自身を否定するものであって、それでないところのものなのである」(ibid.,S.250f.)[11]。

こうした自己関係的否定性は、「それ自身であるとともにそれ自身でなく、しかも一つの統一においてそうである」(ibid.,S.250.)ということであるとされる。

二　反省の自己疎外

自己関係的否定性のこうした矛盾した表現には、反省のアポリアと言うべきものが認められよう。本質ないし反省は自己自身を措定せんとする働きである。それは、他のものないし否定から自己自身に還帰し、自己自身との同等性ないし直接性を回復しようとする。だが、それを通して到達される直接性は措定されたものである。それは、まさしく還帰によって措定されたものだからである。そうしたものとして、この直接性はすでに規定性であり、規定性としての直接性に他ならない。そのかぎり、それは止揚されるべきものである。それは、還帰が始められるもとであった仮象と異ならない。それ故、ヘーゲルは言う。「反省は還帰であるが故に、還帰することにおいて初めて(還帰を)開始する、すなわち、還帰する当のものである運動である」(ibid.,S.251.)。換言すれば、還帰は自己内還帰ではなく、自己自身を措定しようとすることは、その都度自己を喪失することに他ならない。

ヘーゲルは、その上更に次のような規定を与える。反省は自己自身との同等性ないし直接性を回復しようとする努力であるにかかわらず、直接性は止揚された自己内還帰(自己内還帰の止揚)に他ならない。それ故、反省は、自己との単純な同等性としての自己へと還帰しようとするにせよ、自己が措定した直接性を否定し、しかも、こうした直接性を措定する働きを否定しなければならない。それは、媒介されない直接性を求めるのだからである。反省は措定作用を遂行しつつ、自己自身（措定作用そのもの）を止揚する。措定作用は否定すべきものを措定しているのである。それが措定するものは、たちどころに否定されねばならない。この意味で、措定作用は止揚されるべきものを前以て措定すること（voraus-setzen）に他ならない。「自己内反省は、本質的に、それがそこからの還帰であるものを前以て措定することである」。それ故、「本質の還帰は、本質が自己を自己自身から突き離すこと」（sein sich Abstossen von sich selbst）（ibid.,S.251.）に他ならない。

本質は、自己を措定せんとすることにおいて、その都度自己否定に陥る。そのため、措定作用と措定されたものを止揚せざるをえない。本質は、そのことによって自己との同一性を失ったかのように見える。ヘーゲルは言う。「本質は自己との同等性を止揚することである。そうすることで初めて自己との同等性なのである」（ibid.）。

止揚された直接性（直接性の止揚）は自己への還帰であり、本質が自己のもとに到来することであり、自己自身との直接的な同等性であるべきであるにかかわらず、「こうした自己のもとへの到来は、自己を止揚することであり、自己を自己自身から突き離し（止揚されるべきものを）前提する反省（die von sich selbst abstossende voraussetzende Reflexion）である」（ibid.,S.252.）。（自己同等性を）「措定する反省」（die setzende Reflexion）は、（否定されるべきものを）「前以て措定する反省」であり、このように前以て措定する反省が措定する反省なのである。従って、「反省はそれ自身であるとともにそれでないことであり、それ自身を否定するものであることによってのみそれ自身なのである」（ibid.）。

こうして、措定する反省は自己自身を否定する。すなわち、それ自身を否定するものを措定する。この否定的なものはもとより措定されてあるもの（Gesetztseyn）である。だが、それは同時に否定的なものとして措定される。すなわち、他のものに対立する（gegen）ものとしてである。それが反省自身に対立するものとして規定されるならば、反省も同様に規定され、否定的なものを媒介されていない前提とすることになる。還帰がそこから始まるものとしてである。反省は、否定的なものに外在的に関わることになる。それは、自己自身を直接的なものと規定された「外在的反省」（die äussere Reflexion）に分かち、直接的なものに対立するのである（ibid.）。しかし、前以て措定されたもの自身に再び眼を向けるならば、それは、先ず、前以て措定する働き、還帰を開始する働きによって措定されたのである。そして、それが開始点なのであった。そのかぎり、直接性は止揚されており、直接的なものは反省と同じものなのである。それは、もともと、反省によって、反省の否定として、反省に対する他者として規定されたのであった。反省がその措定作用そのものを止揚するならば、この規定作用は隠蔽される。そうすることで、外面性という見かけが生ずるのである。だが、実際には外的反省の外面性は止揚されている。反省は最早外在的ではなく、無媒介とされる直接性自身に内在しているのである[12]。直接性は、反省との一致によって本質的な直接性となる。措定する反省によって措定されているものは、本質自身の規定に他ならない。反省は、その措定作用によって本質を規定にもたらすのであり、「規定的反省」（die bestimmende Reflexion）と呼ばれることになる（ibid.,S. 254.）。

規定的となった外的反省は、最早直接的なものを前提として持つ（前以て措定する）ことはない。それが措定する規定は措定された規定にすぎない。この規定が直接的なものであるように見えるかもしれないとしても、それは自己自身に同等であるわけではなく、自己を否定するものである。それは本来止揚されており、反省としての自己内還帰の運動の中にある。そのようなものとして、それは存在の領域における定在からは区別される。とはいえ、それは、否定的なものとして、反省そのものではなく、本質から区別されてもいる。それは、定在と本質の中間にあるものに他ならない。

しかし、規定は、反省が自己自身から突き離し、規定性として措定したものである。そうしたものとして、それはすでに否定された規定であり、反省されたものである。この意味で、それは「反省の規定」（die Reflexionsbestimmung）と呼ばれる。それは反省によって存立を得、否定されることによって自己自身との同等性を獲得する。そうすることで、一の規定として固定されうるのである。その意味で、それは本質の規定性（Wesenheit）ないし反省の規定であると言われることになる（ibid.,S.256.）。

だが、そこでなお誤解が生じる可能性がある。反省は疎外に陥り、自己自身との統一を失い、アポリアの危険に屈するかのように思われかねない。措定されたものは、反省を基礎とし、反省の規定として自己自身との同等性を獲得することによって、自立性を持つかのように思われるのである。諸規定は互いに引き合うことも反撥することもなく、空中に自由に漂う本質の規定であるかのような見かけが生じる。措定されてあるものは規定されたものであるにかかわらず、「移行しようとする動きと単に措定されてあるというあり方を自己に服させ、他のものへ反省しようとする働きを自己のうちに屈折させているからである」（ibid.,S.256f.）。

だが、それらはいずれにせよ措定されたものである。そして、あたかも諸規定が全体であり自立性を持つかのような見かけは、「自己疎外に陥った反省」（die ausser sich gekommene Reflexion）（ibid.,S.257.）に発するのである。そこでは本質の自己自身との同等性は否定されている。本質は、措定されてあることとして、実際には否定そのものであり、「他のものに対する非存在[13]」である。しかし、措定されてあるというこの面が自己内反省と総合されるならば、反省諸規定はこの他のものを「自己自身の内なる他在」とし、それに関係することになる。それらは、「それら自身とそれらに対する他者との統一」（die Einheit ihrer selbst und ihres Andern）（ibid.）として示される。こうして、反省諸規定は、同一性（Identität）から区別（Unterschied）、矛盾（Widerspruch）を経て根拠（Grund）に至る系列をなすこととなる（ibid.,S.260～292.）。すなわち、本質の根源的同一性は、同一性という規定によって自己自身から区別され、区別という規定を生じる。同一性はこの区別と対立し、対立の一方の項となる。これら二つの項は互いに関係しあうが、全体性と自立性の要求を持つに至り、自己矛盾に陥る。しかし、この矛盾の故に瓦解し、没落することになる。だが、没落を通して、共通の根拠を見出し、そこで存立を得ることになるのである。

三　方法概念としての反省

反省は否定性ないし否定的自己関係として特徴づけられる。それは、本質が存在の諸規定の否定として登場し、その運動が反省であることの帰結である。本質はこれらの規定を否定する。だが、同時にそれらに関係する。それが無関係であるべきものにである。それは、無関係性としての自己自身を否定する。それは、諸規定の否定であるとともに自己の否定でもある。本質は、諸規定のこうした否定としての反省なのである。

この否定的な運動の中には存続するものはない。存在するように見えるものは、直ちに非存在に転ぜられ否定される。従って、直接的なものは直接的ではなく、止揚されねばならない。あらゆる規定について、それはあるとともにないと言わなければならない。何も自立性を持たないという意味で、すべてのものは無であり、反省は「無から無への運動」と説明されるのである。また、反省は諸規定を否定にもたらすという意味で、対立と他者性ないし差異性を生み出すことになる。

しかし、反省は存在を非存在に転化する働きであるだけではない。それらを互いに関係させ、存在と非存在が不可分であって、一つの関係のうちで捉えられねばならないことを示しもする。それは、対立しあうものを結合する力である。各々の規定を否定的なものとして捉えることが可能となるのも、反省がすでに総合の視点に立ち、現れる規定をその都度超えでているからに他ならない。従って、反省は、対立と自己同等性の原理として捉えられることができる。反省のこうした特徴は、「措定的反省」から「前提的反省」、「外的反省」そして「規定的反省」に至る発展の中に示される。

「措定的反省」（die setzende Reflexion）は、本質が諸規定を否定して自己自身に還帰し自己を措定しようとする運動である。だが、それは自ら措定したものを否定的なものと見なし、それを再び否定する。本質はそれ自身の単純性と直接性を獲得することはできず、それが措定するものを常に否定せざるをえない。措定の作用は否定されねばならないものを前以て措定することである（「前提的反省」）。そのため、この否定はその措定作用自身にも向けられる。措定されているものが本質自身ではないかぎり、本質は措定作用そのものを止揚せざるをえないのである。だが、その結果、措定されたものが反省に対立する否定的なものとして固定されるならば、それは直接的なもの、外から与えられ前提されたものと思念されることになる。反省はそれに対する「外的反省」（die äussere Reflexion）となり、直接的なものと外的反省の対立が生ずる。

とはいえ、この対立と外的反省そのものについての洞察もまた生ずる。すなわち、反省に対して外在的であるように見え、よって前提されたものは、反省自身によって初めて生み出されたものであることが捉え返されるのである。反省は実際には最早外的ではなく、前提された直接性に内在的なものであることが明らかになる（ibid.S.254.）。

直接性と反省ないし措定作用は再び総合される。そして、本質自身の諸規定について語ることが可能となる。反省は「規定的反省」（die bestimmende Reflexion）となり、本質の諸規定性（反省諸規定）、同一性、区別（差異性、対立）、矛盾が措定され、根拠のうちに止揚されることになる。

D・ヘンリッヒは、反省を自己関係と他者性の統一として理解する。自己関係に統一の概念を、他者性に差異性の概念を帰するならば、「ヘーゲルは〈反省〉の名のもとに、差異性そのものの統一を、従って統一が失われることのない差異を求めているのである」[14]。

ヘンリッヒによれば、自己関係と他者性を完全な統一として捉えようとすることは、「存在論」の終わりですでに生じていた。すなわち、「絶対的無差別」（die absolute Indifferenz）の思想が吟味される箇所においてである[15]。その思想においては、差異性と統一の原理の間には外的関係しかなく、絶対的無差別は区別を外在的にしか備えていない。そのため、まだ本質に達することはできなかった。この限界を超えるためには、無差別の統一をそれ自身の概念に基づいて規定されたものとして捉えなければならない。諸規定は、自己自身にのみ属し、自立性の装いを持ち外在性に陥るのではなく、契機として統一に属し、統一から解き放たれず、統一を基体としてそれによって担われ、それによって満たされており、統一に内在していて「統一の突き離しによってのみ」あると捉えられなければならない。絶対的無差別は諸規定性に対して無関係であるだけでなく、自己自身に対しても無関係であると考えられなければならない。「単純で無限な否定的自己関係」、自己自身との非和解性、自己を自己自身から突き離すこととしてである。本質こそはこうしたあり方に一致するものなのである。

ヘンリッヒによれば、自己との同等性と対立との統一というこの問題が、ヘーゲルの論理学の全体と個々の発展段階の基礎をなしている。その各々の段階で、対立性と対立しあうもの同士の同等性が同時に捉えられる統一形式が分析される。だが、この統一が特別の仕方で主題化されるのは、反省の論理学においてである。そこで、その統一形式が『論理の学』の全章において、概念的諸関係と前進の問題のために説明手段として用いられうると結論する。それは『論理の学』全体の方法概念を示していると言うのである。(16)

ヘンリッヒは、更に、ヘーゲルの体系の原理がこの統一の中に認められる、と言う。『精神の現象学』における実体と主体の統一のテーゼ(17)を自己同等性と対立性の完全な統一を主張するテーゼとして解釈することによってである。そうであるとすれば、ヘーゲルの真理思想と体系は、反省の概念を助けとして説明され、反省こそは思弁の条件として認められねばならないということになろう。

四　思弁哲学における否定性

ヘーゲルが彼の哲学的立場をイデアリスムス（Idealismus）と規定したことはよく知られている。彼はイデアリスムスを定義して次のように言う。「哲学のイデアリスムスは、有限なものを真に存在するものとしては認めないことである」(18)。それは、有限なものはイデール（ideell）であると言うことに等しい。「有限なものはイデール（ideell）であるという命題が、イデアリスムスを形づくる」（W.d.L.I/1.S.142.）。イデールとは「真に存在しない」ことであり、有限なものがそうであるとすれば、イデアリスムスは先ず有限なものに対する否定的な態度を表明するものである。それは一切の哲学が共有すべきものであり、「一切の哲学は本質的にイデアリスムスであり、イデアリスムスを少なくともその原理としている」（ibid.）とヘーゲルは言う。

有限なものに対するこの否定的な態度を、ヘーゲルは一八〇二年の「スケプシス主義論文」において真のスケプシス主義（Skepticismus）として論じていた。[19]『エンツィクロペディー』において、彼はスケプシス主義を独断主義に対立させ、スケプシス主義とは独断主義によって真なるものとして主張されているものを一面的で有限なものとして示し、その真理性を否定するものであるとした。それは、「一切の有限なものの虚ろさをまったく確信しているのである」（Enzy.. § 81.Zusatz 2.）。

より厳密に言うならば、スケプシス主義は、有限なものはその有限性の故にあるとともにあらぬと見なされ、この矛盾によって解消されねばならないことを洞察するのである。どの言明もその否定を伴っており、二律背反をその真理としている。従って、スケプシス主義の標語は、「すべての言明にはそれと対等の言明が対立させられる」（Verhältniss.S.208.）というものである。有限なものに対する否定的な態度と二律背反を定立することにおいて、[20]イデアリスムスとしての哲学はスケプシス主義と親近性を持っており、スケプシス的なものを一契機として含むのである。

だが、そうした親近性を指摘する一方で、ヘーゲルはスケプシス主義と哲学の区別も指摘する。なぜなら、スケプシス主義は二律背反のうちにテーゼとアンティテーゼ相互の否定しか見ず、空虚な無を結果として認めるだけであって、確かなものは何もなくすべては無であるという結果に達するだけだからである。ヘーゲルの見るところ、この無は有限なものに対するもう一つの有限なものに他ならず、スケプシス主義は平静不動という目標を掲げるに拘わらず、この対立の故に動揺を免れることはできないのである。

とはいえ、対立しあうもののこの無は規定性を有しており、従って対立しあうものに関係し、これらを保存してもいる。それ故、二律背反のうちで対立しあうものは、虚無に帰するのではなく、無の中に保存されており、新しいものを生み出す。ヘーゲルは、こうした生産的な否定を「弁証法」（Dialektik）として捉える。「弁証法はその結果として否定的なものを有するが、この否定的なものはまさしく結果として、同時に肯定的なものでもあるのである。なぜなら、それは、それが結果するもととなるものを止揚されたものとして自己のうちに含んでおり、このものなしにはないのだからである」（Enzy., §81.）。否定は、先行するものの否定として、規定された内容を持っており、絶対的な無なのではなく、規定された無（bestimmtes Nichts）なのである。なるほど、弁証法は「悟性諸規定の一面性と被制約性をあるがままのものとして、すなわちその否定として提示する」（ibid.）。だが、この否定的なものだけが悟性によって抽出され、学として提示される時、スケプシス主義が生まれるのである。

弁証法はこうしたスケプシス主義を止揚することによって生まれる。とはいえ、弁証法によるだけでは、哲学は有限なものに対する否定的な態度としてのみ規定されることになろう。そして、イデアリスムスは哲学の否定的な意味を表現するだけであることとなろう。だが、「イデール」の語源たる「イデー」（Idee）はなお肯定的な意味を持っているはずである。この肯定的な意味をヘーゲルは「思弁」（Spekulation）に見出す。

「思弁的理念そのものに関して言うならば、それは規定されたものも、命題のうちにある一面性を持たず、有限ではない。そうではなく、それは絶対的に否定的なものをそれ自身に備えており、対立をそれ自身のうちに含んでいる。（……）この理念が外に向かって再び規定されたものであるかぎり、それは否定的なものの威力に対して開かれている、しかし、自己自身を動かし規定されたものとしてのそれが、再び対立した規定されたものとの統一に入り、そうして全体へと自らを組織化し、その出発点が最終的結果と再び一体となるようにするのが、それの本性と実在性なのである」[21]。

イデアリスムスとはこうした理念（イデー Idee）の説である。思弁哲学とはこうしたイデアリスムスに他ならない。

それは、「全体の原理を持っており、これが抽象的な悟性諸規定の一面性の上に広がるものであることを示すのである」（Enzy.,§32.）。従って、「イデール」という言葉も、全体の概念に通じる意味を持つ。次の引用は、全体を統合する普遍的な原理が「イデール」と呼ばれることを物語っている。

「有限な定在そのものに真実で究極的な絶対的存在を帰する哲学は、哲学の名に値しない。古代・近代哲学の諸原理、水や物質や原子は思想、普遍的なもの、理念（イデー）であり、直接見出されるがままの、すなわち感覚的個別性における物ではない。タレースの水でさえそうではない。なぜなら、経験的な水であっても、それは更に一切の他のものの自体的な本質でもあるからである」（W.d.L.I/1.S.142.）。

これに応じて、有限なものは、この原理的なもの、普遍的なものによって措定されているという意味で「イデール」と呼ばれる。ヘーゲルはタレースの思想を解釈して述べる。「これらのもの（他のすべてのもの）は、自立的なもの、自己のうちで基礎づけられているものではなく、他のもの、水によって措定されたものすなわちイデールなものなのである」（ibid.）。

こうして、イデールという言葉は二つの意味を持つことになる。「すなわち、一方では、イデールなものは具体的で真に存在するものであることを意味し、他方ではまた、その諸契機、そのうちで止揚されたものがイデールであるとされるのである」（ibid.S.143.）。しかも、二つの意味は密接な関係を持ち、原理としてのイデールなものが有限なものを措定し、契機として保存するという全体を表現することになる。換言すれば、有限なものは有限であるが故に止揚されるが、破棄されるのではなく、全体へと組み込まれ、全体の契機となるのである。

いずれにせよ、イデールという言葉は、体系の思想、「一つの具体的な全体があって、諸契機はそれから分離されえない」という考え方を示している（ibid.）。それは、哲学が何らかの原理を持ち、それによって措定された契機を含む体系であろうとすれば、必然的にイデアリスムスでなければならないということである。もちろん、哲学は、全体に達することなく一点にとどまることを許されない。それは、体系の理念に導かれ、不断に有限な諸規定を超えてこれらを統合する原理を見出さねばならない。だが、そのためには、それは、何よりも諸規定の有限性と一面性を批判的に洞察しえなければならないのである。

従って、哲学的思弁そのものは、諸規定の一面性を認識し、それらを超えていく働きであり、存在をその非存在とともに捉えながら、それを無に帰するのではなく、全体の一契機として措定する活動である。そこには、論理的思惟の三側面、（一）抽象的悟性的（die abstrakt-verständige）、（二）弁証法的ないし否定的理性的（die dialektische oder negativ-vernünftige）、（三）思弁的ないし肯定的理性的（die spekulative oder positiv-vernünftige）側面が働いている（Enzy. §79～82.）。すなわち、諸規定を措定すること、それらの有限性を認識すること、これらを全体の視点のもとで措定することができである。そして、この働きが反省としての本質の否定性と異ならないことは明らかである。思弁は、自己自身に関係する否定としての否定性を本質とする。この意味で、反省こそが思弁の核心をなすと言うことができるのである。

注

（1）G.W.F.Hegel, *Wissenschaft der Logik*, I（1812/13）, in: GW.11., Hamburg 1978, S.241, 244. Abk.: W.d.L.I.

（2）山口祐弘『ドイツ観念論における反省理論』、勁草書房、一九九一年、七九～八一頁。D. Henrich, *Hegel im Kontext*, Frankfurt a.M. 1967, S.104; *Hegels Logik der Reflexion*, in: *Hegel-Studien*, Beiheft 18, Bonn 1978, S.VIII. 227.306.

（3）G.W.F.Hegel, *Enzyklopädie der philosophischen Wissenschaften*, 1830, in: *Werke*.8., 1970, §82. Abk.:Enzy.

（4）Aristoteles, *Metaphysik*, 1026b31, Hamburg 1980. 出隆訳『形而上学』、岩波書店、一九六八年、五一九～二〇頁。

（5）H.Cohen, *Logik der reinen Erkenntnis*, Berlin 1922, S.30, 83.

（6）ヘンリッヒによれば、本質が存在に続くものとされるのは、本質が存在の形式的性質に対応するかぎりにおいてである。D. Henrich, *Hegels Logik der Reflexion*, S. 234.

（7）『エンツィクロペディー』では、「本質論」が直ちに「反省諸規定」から始められるが、「本質論」への移行に当たって「仮象論」

が不可欠であることについては、ヘンリッヒの前掲書を参照。D.Henrich, *Hegels Logik der Reflexion*, S.231.

（8）仮象は、本来、本質の措定されたあり方であり、否定的なものである。この否定的なものが直接性を持つかのように見える（scheinen）ことによって仮象（Schein）としての仮象が現れるのである。とはいえ、それは、本質に対して措定されたものとして、自立的なものではなく、否定的なものとしての否定的なものにすぎないのである。

（9）この直接性は、初めの定義で与えられた没媒介性ないし無媒介性（直接性）ではない。ヘーゲルはこの概念に絶対的媒介を含ませるのであり、ヘンリッヒはそこに意味のずれ（Bedeutungsverschiebung）を見る。しかし、これは、仮象の見かけの上で単純な直接性（U-1）が本質の反省された直接性（U-2）に基づいて解釈されるならば不当なことではない。むしろ、二つの意味が同一とされることで、本質の概念は成立するのである。D. Henrich, *Hegels Logik der Reflexion*, S.248.

（10）仮象の思想は、自足的な本質の概念を獲得しようとする最初の企てが失敗することによって必然的に生まれる問題の思想である、とヘンリッヒは言う。その直接性は、本来、否定に対する反対概念ではなく、否定によって構成された概念であり、仮象のもとではそのことが見落とされているのである。D. Henrich, *Hegels Logik der Reflexion*, S.241.

（11）ここに、いわゆる「意味のズレ」があるのである。そのため、無媒介性（直接性U-1）を獲得しようとする企てが常に媒介された直接性（U-2）しか得ることができず、これを否定せねばならないという無限の運動が始まるのである。D.Henrich, *Hegels Logik der Reflexion*, S.248.

（12）ヘーゲルによれば、「外的反省は外的反省ではなく、それに劣らず直接性自身に内在する反省である」。ここで用いられる“nicht ……, sondern eben so sehr……”という言い回しは、一見矛盾を含んでいるように見えるが、『精神の現象学』の「実体—主体テーゼ」でも用いられているものである。第一部第一章第三節注（17）を参照。

（13）こうした面をヘーゲルは次のように記す。「しかし、最後に反省諸規定は自己自身に等しく、従って他のものに関係することなく、対立することなしにあるという形を持つ。しかし、それらを一層良く考察することから明らかになるように（……）或いは同一性、差異性、対立としてのそれらにおいて直ちに明らかになるように、（……）それらは互いに規定されたものであり、反省というそれらの形式によって移行や否定を免れてはいない。幾つかの命題が絶対的な思惟法則として定立されるが、それらは、更に考察されるならば、互いに対立し、否定し、止揚しあうのである」（W.d.L.I.S.260.）。

（14）D.Henrich, *Hegels Logik der Reflexion*, S.306.

（15）前巻第四部第三章を参照。

（16）D.Henrich, *Hegels Logik der Reflexion*, S.VIII; *Hegel im Kontext*, S.104.

（17）G.W.F.Hegel, *Die Phänomenologie des Geistes*, 1807, in: GW.9., Hamburg 1980, S.18. 第三部第一章を参照。

(18) G.W.F.Hegel, *Wissenschaft der Logik*,I/1, 1832, in: GW.21., S.142.

(19) G.W.F.Hegel, *Verhältniss des Skepticismus zur Philosophie, Darstellung seiner verschiedenen Modificationen, und Vergleichung des neuesten mit dem alten*, 1802, in: GW.4., S.206.

(20) Sextus Empiricus, *Outlines of Phyrronism*, I, in: *The Loeb Classical Library*, London 1976, p.120.

(21) G.W.F.Hegel, *Vorlesungen über die Geschichte der Philosophie*, II, in: *Werke*.,19., S.397.

第二章　反省諸規定と反省の論理学

序

本質（Wesen）は存在の真理である、とされる。[1] だが、本質は不動の実体ではない。それは反省（Reflexion）である（W.d.L.I.S.244.）。それは運動であり、前進する運動が反転することである。反転すると言う時、発出点があってそこへ還帰するという運動のイメージが喚起される。反省の語源である光の反射に喩えるならば、光源から発出した光が物体に当たって反射され、光源のもとに戻ってくることが、反省である。だが、本質においては、予め発出点があってそこへ還帰することが反省と呼ばれているのか否かは問題である。発出点や帰着点が定められないところに本質の運動の特徴がある。「無から無への運動」（die Bewegung von Nichts zu Nichts）（ibid.S.250.）という表現がこの事情を表している。

それは、本質が自己を措定しようとしても、終に自己の措定には至らないということを意味する。反省によって無媒介（直接的）な自己に到達しようとしながら、媒介されたものしか措定しえないということを示している。反省は自らが措定したものをその都度否定せざるをえないというディレンマに陥る。直接性（無媒介性 Unmittelbarkeit）と媒介（Vermittlung）という対立がこの動揺の背景にはある。[2]

こうした反省の格闘の中で生まれるのが、「反省諸規定」（Reflexionsbestimmungen）である。本質は、反省によって自己を自己同一的なものとして措定しようとする。だが、そうすることは、自己を限定（規定）されたものとして措定することである。意図した「同一性」（Identität）とは異なるものとして措定するのである。ここに「区別」（Unterschied）が生じている。反省はこの区別を否定し、本来の同一性に到達しようとする。だが、区別は一層厳しい「対立」（Gegensatz）となり、「矛盾」（Widerspruch）とならざるをえない。この矛盾は対立しあうものの自己矛盾となり、対立しあうものがそれぞれ崩壊し没落して、その「根拠」（Grund）が見出されることになる（ibid.,S.258～292.）[3]。

ヘーゲルはこうした一連の反省規定の発生を論述しながら、伝統的論理学が基本原理としてきた同一律（ibid.,S.262f.）、矛盾律（ibid.,S.265.）、排中律（ibid.,S.285f.）そして充足理由律（ibid.,S.293.）の意味を検討する。それらを理解するためには、従来自明とされてきた同一性、対立、矛盾等の概念を分析し、それらがどのような成り立ちと連関を有しているのかを、反省の運動を通して明らかにし、それらを前提する論理的諸原理の妥当性と妥当領域を明確にすることが必要である。ヘーゲルはそうした考察を行うことによって、伝統的論理学に対する独自の見方を示しているように思われる。そこにヘーゲル独特の論理が見出されるとともに、動もすれば批判が加えられがちなヘーゲルの思想を公平に理解する道が開かれていると期待される。本章では、こうした視点から、反省諸規定の発生の次第と反省の論理学の意義を考える。

一　同一性の反転と区別

本質は、自己を措定しようとしながらその都度自己を否定するという逆説的な働きである。それは、この否定を再度否定して自己を回復しなければならない。だが、その自己回復が成功することが保証されているわけではない。この難関を突破しえた時に初めて、本質は自己に回帰する反省の運動であると言うことができるのである。それは、自己を自己から突き離し、突き離されたものを自己のうちに取り戻す運動であるとされる。こうした否定の否定を介してのみ、本質の自己同一性は獲得されるのである。そこでは、「他在と他者への関係が直ちに止揚されている」(W.d.L.I.S.242.)。それによって、それは「単純な直接性」(die einfache Unmittelbarkeit)であると言われる。とはいえ、媒介を欠いた直接性であるわけではなく、自己を回復して統一となろうとするもの(dies sich zur Einheit Herstellende)に他ならない。しかも、外なる他のものからではなく、自己から自己自身のうちで回復する働き(das reine Herstellen aus und in sich selbst)なのである。

この意味で、本質が自己に与えようとする規定は、まず「自己との単純な同一性」(die einfache Identität mit sich)(ibid.,S.260.)である。そして、その外には他のものはなく、それは包括的な全体でなければならない。こうした同一性が、外にあるものの捨象によって成立する抽象的な同一性(die abstrakte Identität)でないことは言うまでもない。そのことによって、存在と存在の一切の規定性はその中に保存されていると言わねばならない。とはいえ、この単純な自己同一性の中には本来区別はない。区別が立てられるとすれば、自己自身を否定し直ちに崩壊するような区別であることになろう。区別するということは、或るものを他でないものとして措定することであり、他のものの存在を措定することだからである。それは、区別すること自身を否定することに他ならない。区別されるはずの他のものが完全に消滅するならば、区別も消滅することになるからである。

それ故、区別の働きは自己自身を否定する働きであり、「自己自身に関係する否定性」(sich auf sich beziehende Negativität)(ibid.,S.261.)、「それ自身の非存在である非存在」(das Nichtseyn, das das Nichtseyn seiner selbst ist)(ibid.)である。[4] それは、それ自身の非存在を自己のうちに有している。ヘーゲルは、こうした自己自身を否定する区別を「純粋で絶対的な区別」(der reine absolute Unterschied)と名づける。それは、同一性を否定的な面から見た表現であると言うことができよう。[5] それは「自己を直ちに自己のうちに取り戻す突き離し」(unmittelbar sich in sich zurücknehmendes Abstossen)であり、「自己同一的な区別」(der mit sich identische Unterschied)である。区別は、そのようなものとして「絶対的な非同一性」(absolute Nichtidentität)(ibid.,S.262.)であると言われる。非同一性が絶対的であるとは、「それとは別のものをまったく含まず、自己自身のみを含む」ということである。言い換えれば、それが「絶対的な自己同一性」(absolute Identität mit sich)であるかぎりにおいてである。

こうして、同一性は、同一性としても非同一性としても同一性である。だが、それを反省的に捉えようとするならば、それを一規定性に引き下げ、区別に対立させることになる。[6]絶対的な区別は絶対的同一性であるにかかわらずである。この同一性は「絶対的な区別に対する、自己自身との単純な同等性」(ibid.)という規定に他ならない。全体としての同一性から見るならば、それはこの全体の非存在ないし一契機にすぎない。それは措定されてあるものであり、同一性はそこから自己自身に還帰(反省)するべきである。ヘーゲルはこうした反省が同一性そのものの規定であると言う。こうした反省として、「同一性は自己をそれ自身の契機、措定されてあるものとして措定する。そして、それはそこからの還帰なのである」(ibid.)。「このように、自らの契機として、同一性は、先ず、絶対的な区別に対して自己自身との単純な同等性という規定としてある」ことになる(ibid.)。

反省こそは、自己自身を一の規定に引き下げ否定する同一性の本質に他ならない。それは、同一性を区別から区別する区別作用として働いている。この区別の面は、同一性を表現するために同一的言明(das identische Sprechen)が用いられる場合に現れる。だが。それは何も語らないに等しい。「区別は(……)同一的言明によって語られる無(Nichts)である」(ibid.,S.265.)[7]とされる。しかし、「それは、同時に自己自身の否定性として自己を規定し区別から区別されている同一性自身の本質的な契機なのである」(ibid.)。ここで区別と言われているのは、始めから同一性に対立させられているような区別ではなく、反省によって措定された抽象的な同一性のことに他ならない。

だが、この区別は反省の一層包括的な働きの中で捉え返される。「反省の領域においては、区別は反省されたものとして現れる」(ibid.,S.266.)。それは「反省の区別」である。分離する反省によって抽象的な同一性として区別に対立させられ、絶対的同一性と絶対的区別から区別されているとしても、それは、それから区別されたものへの関係から独立にあるわけではなく、その外にあるものの他者としての他者ではない。自己における単純な規定性なのである。この意味で、区別は「本質の区別」(der Unterschied des Wesens)、「絶対的な区別」(der absolute Unterschied) に高められなければならない (ibid.,S.266.)。

区別は他のものからの区別であるかぎり、この他のものに関係しており、自己自身を否定していることになる。だが、こうした区別から区別されている他のものとは、まさしく同一性に他ならない。それ故、区別と同一性の両者が区別を形づくっていることになる。区別は「全体であるとともにそれ自身の契機である」(ibid.)。ヘーゲルは、そこに反省の全運動を見る。契機として自己を措定し、全体として自己を回復する運動こそは、「反省の本質的な本性」(ibid.) であり、「一切の活動と自己運動の規定された原根拠」(ibid.) である。それは、反省が「自己自身への否定的な関係」(die negative Beziehung auf sich selbst) (ibid.) であることに根ざしているのである。

しかし、各々の契機には「自己のうちに還帰し」「自己自身への関係」となるという面もある。両契機は互いに無関係となり、また自らの規定性に対しても無関係となる。こうしたあり方は「差異性」(Verschiedenheit) と表現される (ibid.,S.267.)。

同一性（ないし絶対的な区別）が単なる差異性となるのは、それが自己自身を自らの否定者として措定し、区別の面にとどまりながら、自己自身との同一性という規定のために自己自身のうちに反省することによってである。区別の両契機が自己のうちに反省するならば、内的な連関を失い、分散せざるをえない。実際、同一性と区別の両契機は、同一性が自己を規定して生じた規定に他ならない。区別とは、区別から区別されたものとしての同一性である。また、同一性はこの区別されたものに対立するものとして措定されたものである。この意味で、各々は自己自身と同一でなければならないという要求を持つ。同一性が、区別されたものの「地盤と境位」(ibid.,S.267.) なのである。このようにして、各々の契機は、相手に対して無関係な、自己自身と同一なものとなるのである。両者は「同一性という規定のうちで自己にだけ対する関係」(ibid.) に他ならない。

ヘーゲルは、差異性は反省の他在であり、反省は区別の無関係性としての差異性において、自己に外在的となっている、と言う。それは、始めの絶対的区別ないし純粋な同一性の否定の極致と見なされる。そこに至る過程を省みるならば、形式的に三つの面が示される。（a）最初の「自己自身との純粋な同一性」、（b）区別から区別された抽象的な同一性（区別）、（c）この抽象的な同一性から自己を突き離す「規定された同一性」がそれである。（b）、（c）が、契機であるという規定性の故に連関を回復するのでなければ、根源的な同一性に立ち帰ることはできない。そのためには、「差異性」が「対立」へと発展することが必要となる（ibid.,S.272.）。

ヘーゲルは、まず、互いに無関係となった両契機を「同等性」（Gleichheit）と「不等性」（Ungleichheit）として捉える。外的反省は、これらを異なった事物を比較する際に観点として用いる。異なった事物は、或る観点からすれば同じであり、別の観点からすれば同じでない。同等性と不等性は、一見内的連関を持たないように見え、観点の移動に従って、同じ事物について交互に述定されうる。ここでは、比較する者も比較されるものも、また同等性も不等性も互いに無関係である。しかし、一層立ち入ってみれば、両者は分離されていることによって止揚される。両者がまったく無関係であるならば、それらは同一のものに同時に述定されることもできよう。この矛盾を避けさせるのは、比較する者の観点である。それに従って、比較者は両者を交互に取り上げるのである。諸事物は或る観点からは同じであり、別の観点からは同じでないというようにである。比較する者の中では、一方は他方から区別されている。「同等であることは不等でないことであり、不等であることは同等でないことである」（ibid.,S.269.）。しかし、実際には、両者は本質的に「互いへの関係」（Beziehungen aufeinander）（ibid.）なのであり、この関係の外では意味を持たない。それらは互いに否定的に規定されるだけだからである。まさしくそうした否定的統一が同等性と不等性自身の本性なのである。

更に言うならば、同等性は自己自身との同等性なのではない。それは、外的反省の尺度に基づく、異なった事物の間の同等性である。それは、諸事物の差異性ないし不等性を前提した上での同等性であり、これらを含んでいる。他方、不等性の側も、別の観点においては同等であるものの間の不等性である。それは、同等性すなわちそれに対して不等なものを含んでいる。従って、各々は「それ自身に対して不等なもの」(das Ungleiche seiner selbst)(ibid.)である。すなわち、同等性は同等性自身であるとともに不等性であり、不等性は不等性であるとともに同等性である。このようにして、両者は無関係ではなく「自己との否定的な統一」(die negative Einheit mit sich)(ibid.,S.270.)としてあるのであり、この統一の両契機であることになる。両者が一つの統一の中でこのように否定的に関係することを、ヘーゲルは「対立」(Gegensatz)と呼ぶ。「互いに無関係な項がまた直ちに一つの否定的統一の契機でしかない差異性は、対立である」(ibid.)。ヘーゲルはそれを「区別の完成」と呼ぶのである。

二　区別の完成と矛盾

対立において区別は完成される。それは「同一性と差異性の統一」であり、「その諸契機は一つの同一性の中で異なっている」(ibid.,S.272.)。なぜなら、同等性と不等性の各々は、他方によって媒介されており、「同等性と不等性の統一」であるからである。各々はもう一方の契機を含んでいるから、全体(das Ganze)である。ヘーゲルは、不等性との関係を持つ自己自身との同等性を「肯定的なもの」(das Positive)と呼び、同等性への関係を持っている不等性を「否定的なもの」(das Negative)と呼ぶ(ibid.,S.273.)。

肯定的なものも否定的なものも、全体の自己内反省であるから、ともに自立的(selbständig)である。とはいえ、対立の項であることを止めるわけではない。それらは、全体として自己のうちに反省しているにかかわらず、諸規定性であるかぎり、対立の次元にある。自立性とは、各々がその規定性をそれに対する他者の中に持つのではなく、それ自身のうちに持つということにすぎない。他者は完全に同化されることはなく、存立し続けるのである。

ヘーゲルは言う。「各々は、それぞれの他者に関係するものとしてのみ自己自身に関係する」(ibid.)。この命題には二つの面がある、と彼は言う。一方では、各々はそれの非存在(他者)への関係を含む。とはいえ、この他在(非存在)

を止揚することとしてである。そのため、その非存在は各々の契機としてのみあることになる。だが、このことによって、各々が措定されてあるということは、無関係なことになる。各々が契機として含むはずの他者は、止揚されることで、それを含むとされている各々の否定（非存在）に導く。各々は、そのため崩壊を来すことになる。それ故、各々があるためには、それが止揚し自己のうちに含むもの、すなわちそれでないものがあるのでなければならない。止揚することと存立させることが、一つの同一的関係を形づくっているのである。

　このことは次のように示されうる。各々は、それに対する他者がないかぎりで、存在する。しかし、それは同時に他者、それ自身でないことによってそれぞれのあるところのものである。各々は、それに対する他者が存在するかぎりで、存在する。この面は、措定されてあること（Gesetztseyn）と呼ばれる。[8] だが、同時に各々は、それに対する他者が存在しないかぎりで存在する。それに対する他者が存在しないかぎりでのみ、それのあるところのものなのである。それは、それに対する他者を止揚する「自己内反省」（Reflexion in sich）である。これら二つの面が否定的に互いに結合されていることが対立を形づくっているのである（ibid.,S.274.）[9]。

　だが、それだけならば、双方が互いに否定的に向きあい、対立しあっていることが表現されているにすぎない。どちらが肯定的なものであり、どちらが否定的なものであるかは、まだ説明されていない。それらは「対立しあうもの一般」（Entgegengesetzte überhaupt）（ibid.,S.277.）とされうるにすぎない。

　それら対立しあうものが単に抽象的に自己内反省という面だけから見られるならば、各々はそれに対する他者ないしそれらの非存在（それでないもの）に対して無関係となり、他者によって措定されてあるということに対して無関係となる。のみならず、それらが契機として持つ同一性に対しても無関係となる。そのかぎり、それらは互いに異なったものないし規定性一般（Bestimmtheit überhaupt）の段階に後退する。「肯定的なもの」（das Positive）、「否定的なもの」（das Negative）という規定がそれらに与えられるとしても、これらの規定は互いに置き換えられうるのである（ibid.,S.274.）[10]。

　しかし、肯定的なものと否定的なものは、互いに無関係なままでいるわけではない。それらが措定されてあるという面ないし「それら自身でない一つの統一の中で他者に関係していること」を自己のうちに取り戻しもする。それによって、各々は再び全体であり自立的となる。ヘーゲルは言う。「肯定的なものは、肯定的なものという規定が存する他者への関係をそれ自身に備えている。同様に、否定的なものは、他のものに対する否定的なものとしての否定的なものではなく、それが否定的である所以の規定性を同様にそれ自身のうちに有しているのである」（ibid.）。

肯定的なものは対立の一項であるにかかわらず、一方ではまさしく肯定的なものとして「止揚された対立」（der aufgehobene Gegensatz）、「対立的でないもの」（das Nichtentgegengesetzte）という意味を持たねばならない。それは、それが措定されているが故に、措定されてあることの止揚でなければならない。その本件は措定されていないことであるから、それは「他在を否定する自己内反省」（die das Andersseyn negirende Reflexion in sich）でなければならない。そうはいうものの、他者、否定的なものはあり、やはり全体であり自立的である。それ故、この否定は、他者を自己から排斥する（von sich ausschliessen）ことにとどまる。

他方、否定的なものは「それだけで存立する対立者」（der für sich bestehende Entgegengesetzte）（ibid.,S.275.）という意味を持つ。それは、対立を止揚することとしての肯定的なものに対立して「自己に基づく完全な対立」（der auf sich beruhende ganze Gegensatz）（ibid.）である。そのようなものとして、それは自己自身に肯定的に立脚している。しかし、肯定的なものが自立的にあるかぎり、否定的なものは同様に肯定的なものを自己から排斥するだけである。

このようにして、両者は「それら自身において規定されており、互いに無関係であって排斥しあう」（ibid.,S.279.）。それらは「自立的な反省諸規定」（die selbständigen Reflexionsbestimmungen）である。各々は「自己のうちに閉じた完全な対立」（der ganze in sich geschlossene Gegensatz）（ibid.）である。[11] だが、ヘーゲルはこうした対立に含まれる矛盾を抉り出す。「こうした全体として、各々はそれに対する他者を通して自己と媒介されており、これを含む。だが、それは更に、それに対する他者がないことによって自己と媒介されている。それ故、それはそれだけである統一であり、他のものを自己から排斥するのである」（ibid.）。

こうした矛盾は各々自身の中に持ち込まれ、それぞれの自立性を脅かす。「各々は、自立的でありながら各々自身の自立性を自己から排斥するのである」(ibid.)。なぜなら、「自立性とは、各々にとって他なる規定を自己のうちに含んでおり、ただその理由で外なるものへの関係ではないということであるのに、また直ちに、それ自身であり、それに対して否定的な規定を自己から排斥することでもあるからである」(ibid.)。そこから、ヘーゲルは、両規定の各々は矛盾(Widerspruch)であると結論する。[12] 各々は、自己自身を措定することと自己自身を止揚すること及び他のものを措定することが一体であるような「矛盾」なのである。

三　矛盾の構造と帰趨

「肯定的なもの」は、自己自身と同等なものとして措定されている。それは、他のものに関係づけられておらず、措定されているということが止揚され排除されているかぎりでのみ存立する。これが、肯定的なものが肯定的である所以である。だが、まさにこのことによって、それは非存在への関係となる。他のものを止揚し排斥するかぎり、それは否定的なものである。それは、否定的なものを排斥して自己自身との同一性を措定しようとする。だが、そうすることで否定的なものとなり、更にはそれ自身から排斥するものと同じになるのである。のみならず、それが排斥しようとするものを自立的なもの、更にはそれ自身を排斥するものとして措定する(ibid.S.280.)。肯定的なものは、この意味で矛盾である。

他方、否定的なものは肯定的なものに対立させられた否定的なものである。それは肯定的なものを何ら含まないかぎり、自己と同等であるということはできない。それは、自己自身と不等なものとして措定されていなければならない。だが、それが否定的なものが否定的なものである所以だとすれば、否定的なものはそうすることで自己同一性を得ていることになる。他のものに否定的に関係し、否定的なものとしての否定的なものであるという仕方で同一性の自己関係であるということが、否定的なものの本性である。こうして、否定的なものは同一性と対立することによって自己と同一であり、[13]他のものを否定する働きとしての排斥的反省すなわち自己自身を逆に排斥するという矛盾である。否定的なものが否定的なものであるということは、それが否定しているはずの同一性そのものに他ならないのである（ibid.）。

こうして、肯定的なものも否定的なものも、それら自身の自立性によって自己自身を転倒させ破壊するという問題を宿していることが明らかになる。この矛盾のせいで、各々は自立的でありながら自己自身を否定し、自らの反対（sein Gegentheil）、自らを否定するものに移行する（ibid.）。対立しあうものはこうして不断に反転し、消滅し、没落する（zugrundegehen）（ibid.S.281.）。だが、こうした事態は、各々が本来不可分なものであって、統一のうちにあることの証である。矛盾を通して生じるのは統一に他ならない。それは、各々の側から見れば没落であるから、ヘーゲルはそれを「零」（Null）と表現し、これを「さしあたりの統一」（die nächste Einheit）と呼ぶ（ibid.S.280.）。

「零」という表現は空無を意味しているように見えるかもしれない。しかし、それに対して、ヘーゲルは「矛盾の結果は零であるだけではない」と言う（ibid.S.281.）。対立の両項は失われているわけではなく、対立が消え失せているわけではない。洞察されるべきことは、各々の契機は、それに対する他のものから独立しているわけではなく、その自立性は措定されてあることに他ならないということである。両契機と対立は保存されている。起こっているのは、「措定されていることが措定されたこととされる」（ibid.S.282.）という事態である。それによって、対立は反省の次の段階にもたらされるのである。

それは、対立しあうものが「根拠」（Grund）を見出し、改めてそこに立脚することに他ならない。「没落する」（zugrundegehen）とは「根拠に立ち帰る」（in seinen Grund zurückgehen）ことである（ibid.f.）。それは、本質の統一が回復されることを意味する。本質は、自己自身を措定しようとすることにおいて、対立に陥ったのである。この統一の視点からすれば、本質としての単純な同一性が「自己自身を否定的なものとして規定しつつ、この措定されたあり方において直ちに自己自身と同等であり、自己と合致している」という論理的な全連関が見透される（ibid.,S.282.）。ヘーゲルは、本質の全運動を次のように記述する。

「それ故、本質は（根拠として）次のような排斥的反省である。すなわち、本質は自己自身を措定されたあり方にするが、先に出発点とされ直接的なものであった対立は、本質の措定され規定されただけの自立性であって、それ自身において自己を止揚するものにすぎないのに対し、本質はその規定性の中で自己のうちに還帰しているのである。本質は、根拠として自己を自己自身から排斥し、自己を措定する。それの措定されてあるあり方は――排斥されたものであるが――措定されたあり方としてあるにすぎず、否定的なものの自己自身との同一性としてのみあるのである。この自立的なものは、否定的なものとして措定された否定的なものであり、自己自身に矛盾するもの、従って直ちにその根拠としての本質のうちにとどまっているものなのである」（ibid.）。

このようにして、本質の諸規定を通して本質の運動が見透されることになる。その核心は次の点にある。すなわち、本質の自己措定作用は自己自身を否定することであり、措定されたものはそれを否定するものとともに矛盾と見なされねばならないが、この矛盾の故に没落して根拠に還帰する、とはいえ、この矛盾は消滅することはなく、保存されるのである。この矛盾の把握は思弁的思惟が引き受けることとなるであろう。

四　ヘーゲルの矛盾概念と伝統的論理学

矛盾しあうものは解消して、零となる。しかし、それらが無となるわけではない。むしろ、それらが存立を得る根拠が開示されるのである。「没落する」ということは「根拠に還る」ということに他ならない。ヘーゲルは矛盾を一方的に斥けるのではなく、それを根拠に至る不可欠の階梯、のみならず根拠のうちで保存されるものと見なしているのである。だが、そうだとすれば、彼は伝統的論理学に反逆し、矛盾を容認したのかという問いが生まれる。ここから、ヘーゲルをめぐる論争も生じる。(14)従って、ヘーゲルの矛盾論の特徴を明らかにし、伝統的論理学に対する彼の態度を明確にすることが求められる。

さて、矛盾の両項、肯定的なものと否定的なものは、同一性と区別という反省規定から導かれたものであった。本質の自己規定の働きは本質を区別にもたらし、この区別からの反転によって同一性という規定が生まれたのである。区別の発生は、同一的言明の限界によって惹起された。本質を同一性という言明形式によって表現しようとすると、何も言わないことになり、何も表現していないことになる。それは本質の自己同一性を言い表そうとするが、逆に本質を意図したものとは別のものにするのである。こうして、同一性の言明は区別を生じさせ、それを否定することになる。

こうした区別に対して同一性を回復しようとすれば、この否定の否定を遂行しなければならない。ヘーゲルによれば、矛盾律は、「AはAであるとともに非Aであることはできない」(ibid.,S.265.)と主張することによって、この運動を行っている。それは、一旦Aを否定して非Aに移行し、次にこのAの否定を否定しているのである。「Aが言明されるとともに非A、Aに対する純粋に他なるものが言明される。だが、それは消滅するために示されるだけである。従って、矛盾律においては、同一性が(……)否定の否定として表現されているのである」(ibid.)。区別は同一性からの区別に他ならないが、同一性も区別から区別されることとしてあるのであり、区別による媒介の中で措定される。いずれもがその他者を前提し、他者との関係のうちにのみある。この関係の外では、両者のいずれも存立せず、関係こそが両者の共通の基礎として根拠の役を果たしているのである。

ここから言えることは、対立しあうものの根底には、共通なものがなければならないということである。しかし、そう言うことは、排中律に撞着するように思われる。なぜなら、それは、対立しあうものの他に第三のもの(das Dritte)がなければならないと言うことだからである。にもかかわらず、ヘーゲルは排中律そのものの中に第三のものがあることを指摘する。

排中律は「或るものはＡであるか非Ａであり、第三のものはない」と主張する（ibid.,S.285.）。しかし、まさにこの命題の中で「或るもの」（Etwas）が第三のものとして立てられているのである。それはＡであるか非Ａである。だが、まさしくそのことによって、それはＡにも非Ａにも関係しており、それが一方である場合にのみ、他方ではないとされるのである。それは、両者のいずれでもありうる。そのかぎり、それは両者を超えたところにあり、両者ではない。そうしたあり方をするものとして、それは第三者である。「対立しあう規定は、或るもののうちで措定されているとともに、この措定作用の中で止揚されている」（ibid.,S.286.）。或るものは、ここでは積極的な働きをなさない「死んだもの」（ein todtes Etwas）（ibid.）のように見えるかもしれない。しかし、それは対立しあうものが必然的に互いに持つ反省関係の表現であり、対立が還帰せざるをえない根拠なのであって、それなしでは対立は成立しないのである。こうして、ヘーゲルは排中律をよりよく理解する可能性を見出すことになる。

その意味を知るには、伝統的論理学の諸原理にヘーゲルが与えた解釈を伝統的な解釈と対比することが必要である。矛盾律を最初に定式化したのはアリストテレスであるとされる。彼によると、「同じものが同じものに同時に同じ事情のもとで属しかつ属さないということは不可能である」[15]。この定式は二様の解釈の可能性を含む。第一に、それはもののあり方（存在）の構造を示しているように見える。実体ないし基体に属性が帰属するという前提のもとでは、それは実体と属性の関係を規定するものとなる。だが、それは、同時に判断における主語と述語の関係を規制するものとも解される。だが、実体に主語を、属性に述語を対応させるならば、二つの解釈は連関する。従って、この原理は、存在のあり方と判断のあり方を同時に規定しているのである。「ところで、同じものに反対のものが属することは不可能であり（……）、矛盾のもとでは一つの見解が他の見解に対立しているとすれば、同じ人が同じものがありかつないと信じることは不可能であることは明らかだからである」（Met.1005b29〜31.）。従って、「ＡはＢである」と「ＡはＢでない」を同時に主張することは不可能であり、よって「ＡはＢであり非Ｂであることはありえない」のである。

アリストテレスは、この原理を「存在するものについて何ごとかを知るべき者は誰でも必然的に所有していなければならない原理」(ibid.1005b2.) と見なした。そして、この最高の原理に対してなお証明を要求することは教養の欠如であると断じた。だが、こうした仕方で原理を定立することは十分であるか否かは問題であるように思われる。Bと非Bの対立が一つの規定(物の一性質)とその欠如として前提されているということは何ら説明されていない。判断の中での否定辞「非、ない」は幾つもの意味を有しうるからである。[16] とりわけ、この原理が排中律——「矛盾の両項の間に何かが中間のものとしてあると言うことは、同様にありえない。人は必然的に各々について各々を肯定するか否定するかでなければならない」——と結合される場合には、矛盾律の定式はまだ不十分である。アリストテレス自身右の定式の傍らで次のように言うのである。「それには別の一層詳細な規定が付加されているかもしれない。それによって、われわれは論理的な異論をかわすのである」(ibid.1005b20〜22.)。

このことは、「このバラは赤い」、「このバラは赤くない」といった判断に関しては、疑問の余地はないかもしれない。だが、アリストテレスが例として挙げる、「人間は船である」、「人間は船でない」といった判断の場合には必ずしも当てはまらない。人は、常識的には、第一の判断が[17](比喩的な場合を除いて)偽であり、第二の判断が真であると認めるであろう。しかし、「人間は船ではない」という判断には、「このバラは赤くない」という判断におけるのとは別の否定を見ているはずである。前者では、人間一般について船というような物ないし道具の領域の名前を述定することが否認されているのである。こうした否定においては、別の領域の述語を探さなければならない。但し、どこへ向かうべきかは示されていない。いずれにせよ、「船でない(非船である)」は別の道具を示唆しているわけではない。物ないし道具一般の全領域が否定されているのである。「船でない(非船である)」は、車でも飛行機等々でもないこととして理解されねばならない。これに対して、「このバラは赤くない」という判断は、このバラが別の色を持つことを含んでおり、この色を探すべきことを要求している。しかし、人間について「船でない」と言う時、別の物ないし道具を考えるとすれば、この判断も同様に偽であることになろう。「船である」と言うことも「船でない」と言うことも、ともに偽となるのである。

二つの対立的言明がともに偽となるという事情は、カントが二律背反論において、物自体と現象の区別を世界の有限性と無限性の対立に適用したことにも認められる。その際､カントは「世界は無限である」と「世界は無限でない」の対立と「世界は有限である」と「世界は有限である」の対立とを区別する。彼は、前者を「分析的ないし真に論理的な対立」と呼び、後者を見かけ上の「弁証論的対立」と呼んだ(18)。後者においては、世界は一義的に定まった量を持つ物自体として前提されているからである。もし、この前提が崩れるならば、そして、世界は現象すなわち全体としては量的に未規定なものとして考えられるならば、見かけ上の矛盾に対して第三の主張「世界は無限でも有限でもない」が登場することになる(19)。これに対し、真正の矛盾、世界の無限性と非無限性の対立においては、第三の主張が現れる余地はない、とカントは考える。なぜなら、非無限性（無限でない）は、有限性と量的未規定性をともに含むからである。しかし、カントのように、「世界は無限でない（非無限である）」における世界を物自体という規定と現象という規定とともに考えるならば、非無限性という概念は二つの意味で捉えられなければならない。そして、世界は現象であるという意味で「無限でない（非無限である）」、すなわち量的に未規定であるのだとするならば、その反対は「無限である」ではありえない。従って、二つの述語は矛盾の関係にあるわけではないことになる。

ヘーゲルは、判断論において肯定判断に対して否定判断を対置した時、こうした事情をよく知っていた。彼は、「このバラは赤い」という判断の中に主語と述語の区別のあることを指摘し、この区別の表現を否定判断に認めた（W.d.L.II.S.64.）(20)。「このバラ」が個物を示しているのに対し、「赤い」は普遍的な性質である。逆に、「このバラ」が多くの性質を持つ実体と見なされるならば「赤い」は個別的な性質である。個物は本来普遍的なものではなく、逆もそうである。実体は属性ではなく、主語は述語ではない。

しかし、否定判断においては、「赤い」という述語が否定されるだけであって、色一般が否定されるわけではない。むしろ､「このバラ」は別の色を持つことが主張されているのである。否定判断はこうした肯定的な内容を持つ。肯定、否定判断はこうした肯定的な主張の上で成り立っているのであり、それに基づいて対立しあっているのである。そこでは、否定は無限定的な無ではなく、肯定的なものに関係し、それによって規定されている。それは「一つの閉じた領域の中に」あり、「そこでは、一方でないものは規定された或るものなのである」。ヘーゲルはこの領域を「第三のもの」(das Dritte)(ibid.,S.67.)と呼び、肯定判断と否定判断を成り立たせる「根拠」として捉えるのである。

「バラは色を持つ」という前提のもとでは、「このバラは赤くなくはない（非赤でない）」とすれば、それが赤いという結果が得られる。しかし、この前提を踏み越えるならば、両者がともに偽であることはありえないとする条件は失われる（Met.,1012b10.）[21]。こうした事情は、アリストテレスが矛盾律を定式化するに当たって、述定を制約する領域を考慮すべきであったということを示唆する。すなわち、意味論を考慮に入れることをである。

肯定判断と否定判断のこうした関係に対して、ヘーゲルは一層根源的な否定を考える。それは、右の領域そのものを否定する否定に他ならない。「人間は船ではない」という判断におけるようにである。この否定の水準は、主語と述語、実体と属性の区別に固執するかぎり、顕在化せざるをえないものである。この固執は主語に何の領域も述語も述定されえないという帰結に達せざるをえない。そこでは、何も語らない言明が許容されるにすぎない。「個別的なものは個別的である」(Das Einzelne ist das Einzelne.)、「普遍的なものは普遍的である」(Das Allgemeine ist das Allgemeine.)というようにである。これらは判断の形を取ってはいるが、判断ではなく、むしろ判断の否定と見なされる。ヘーゲルは、カントに倣って、この判断を「無限判断」（das unendliche Urtheil）と名づける（ibid.,S.69.）。そこには、同一性命題の形を取った「肯定的無限判断」（das positive unendliche Urtheil）と領域否定の形を取った「否定的無限判断」（das negative unendliche Urtheil）が含まれるとヘーゲルは言う[22]。

この水準において見られるならば、「このものは赤くもなく赤くなくもない」という判断が下される。それは、一つの性質の肯定と否定を超える第三のものを指示している。ヘーゲルは無限判断の中に排中律が妥当しない次元を見たのである。それも、矛盾律や排中律が妥当するための前提を、この判断が顕在化させるという意味においてである。

このように、ヘーゲルの矛盾論は、矛盾律の限界を明るみに出すものである。それによって、彼は矛盾律の無条件の妥当性を否定する。だが、それは論理的諸原理の本質に対する一層深い洞察から生まれていることを忘れるわけにはいかない[23]。そして、歴史的に見るならば、それは、まさしくカントが宇宙論的二律背反の解決に当たって用いたものに他ならない。彼は、「世界は無限か有限か」という問いに対して、「世界は無限でも有限でもない」という答えを与えた時、量のカテゴリーは世界に対して適用できないと主張したのである[24]。彼は自分の見方をエレア派のゼノンから継承したと言うが[25]、それによれば「有限」、「無限」という規定が矛盾しあうのは、量のカテゴリーのもとでのみである。物自体と現象の区別を用いるならば、この前提から自由になることができる。彼は世界を量的に未規定な領域すなわち現象として捉えることによって、一見免れえないと見える二律背反から逃れることができたのである。人はカントを矛盾の構造への先駆的洞察を与えた者と見なすことができよう。カント自身は見かけの弁証論的対立に対して真正の分析的対立すなわち矛盾の関係のみを容認したのであったが。

注

（1）G.W.F.Hegel. *Wissenschaft de Logik*, I. in: GW.11., Hamburg 1978, S.241. Abk.: W.d.L.I.

（2）前章第一節参照。

（3）これらの規定、自己自身との同等性、区別（差異性）、それ自身の反対、統一は、「存在論」の冒頭章に含まれ用いられていることが分かる。自己自身との同等性としての存在は、その単純性の故に反対（無）に移行し、これと統一される。この運動構造は本質のそれと同じであり、「概念論」においても認められる。それ故、反省の論理学は『論理の学』全三巻の骨格をなしていると見ることができる。しかし、反省諸規定が純粋な形で主題化されるのは、「本質論」においてのみである。D. Henrich, *Hegels Logik der Reflexion*, in: *HegelStudien*, Beiheft 18, Bonn 1970, S.227.

（4）否定性が自己自身に関係するということは、それが自己を否定することである。従って、否定性の自己関係ないし自己同等性とは、それの自己否定、非同一性に他ならない。この意味で、否定性とは矛盾である。

（5）この関係は、矛盾律が同一律の否定的表現であることと対比される。W.d.L.I.S.265.

（6）こうした「反省」（Reflexion）は「存在論」にも見出される。「存在は無規定な直接的なものである。それは、本質に対する規定性から自由であり、それがそれ自身の内部に含みうる一切の規定性からも自由である。反省を欠く存在は直接ただそれ自身においてあるままの存在である。それは、無規定であるが故に質を欠く存在である。しかし、自体的には、無規定性という性格がそれに属するのは、規定されたものないし質的なものとの対立においてのみである。だが、存在一般に対しては規定された存在そのものが対立し、そのため、存在の無規定性はそれ自身それの質となる。従って、最初の存在は、自体的には規定されたものであることが示されるであろう」。G.W.F.Hegel, *Wissenschaft der Logik*, I/1. 1832, in: GW.21, Hamburg 1985, S.68.
　規定性から自由であるということは対立に陥る。無規定性とは、規定性との対立においてのみ考えられるのである。ここでは、言葉が直接的で無規定な存在を空虚な無と同じにしていることが気づかれねばならない。「存在は、むしろ無とはまったく区別されたものであると人は考える。そして、それらの絶対的な区別ほど明らかなことはなく、この区別を示しうること以上に容易なことはないと思われる。だが、このことは不可能であり、区別は語られえない（unsagbar）ということを確信するのも同じく容易なのである」（ibid.S.79.）。思い込みと言葉のこうした乖離は、『精神の現象学』の「感覚的確信論」においても主題化される。G.W.F. Hegel, *Die Phänomenologie des Geistes*, 1807, in: GW.9, Hamburg 1980, S. 63.

（7）同一的言明は何も語らない（sagt Nichts）。この主張に同一律の一面性についてのヘーゲルの評価が示されている。何かを同一性の形式のもとで捉えようとすることは、それを内容的規定性に対立した空虚なもの、「無」に変え、そのものを対立にもたらすのである。同一性は、自己自身を破壊する。従って、その真理は、それと対立との統一である。そして、この真理が表現されねばならない。ヘーゲルはこうした思弁的真理の表現のために、「存在は無である」という思弁的命題を用いる。それは形式的に見るならば、対立する規定を結合するという形を取る。対立を含みながら、両者の同一性を主張するのである。とはいえ、命題の形式は両者の同一性の面を表現するだけである。対立の面をも表示しようとするならば、この命題の否定を付け加えねばならない。こうして、『差異論文』において主張されるように、二律背反の形式が必要となる。ヘーゲルは、こうした事情を『精神の現象学』の序文において、リズムを例として示している。W.d.L.I/1.S.78; Phä.d.G.S.43f.; G.W.F.Hegel. *Differenz des Fichte'schen und Schelling'schen Systems der Philosophie in Beziehung auf Reinhold's Beyträge zur leichtern Übersicht des Zustands der Philosophie zu Anfang des 19. Jahrhunderts*, in: GW.4., Hamburg 1968, S. 25f.

（8）Vgl. W.d.L.I. S.255. ヘーゲルは〈Gesetztseyn〉を説明して言う。「それ（措定されてあること）は、同じく定在（Daseyn）である。しかし、その地盤は本質ないし純粋な否定性としての存在である。それは、規定性ないし否定であるが、存在するものとしてのそれではなく、直ちに止揚されたものとしてのそれなのである」。

（9）M・ヴォルフは、これを対立の第一段階として捉える。この段階では、「両規定+Aと−Aが対立しているのは、或る規定された対象の諸規定である場合のみである」。こうした対象の規定性（ヴォルフはこれを「反省論理学的基体 das reflexionslogische Substrat」と名づける）なしには、これらの規定は互いに無関係となるのである。M. Wolff, *Der Begriff des Widerspruchs,* Königstein 1981, S.112f.

(10) 第二段階の対立をヴォルフは「曖昧な対立」と名づける。+Aと−Aは異なる対象に帰せられ、外在的な反省によって比較される。肯定的なもの、否定的なものという規定性は、外的反省の諸観点に従って恣意的に与えられ、「交換可能」（verwechselbar）である。M. Wolff, op.cit., S.116f.

(11) 第三段階の対立の項を、ヴォルフは「それ自体において肯定的なもの」（das an sich Positive）、「それ自体において否定的なもの」（das an sich Negative）と名づける。「非対立的なもの」と「対立的なもの」の対立としてのこの対立は、反省論理学的基体と対立しあう規定の間の対立である。M. Wolff, op.cit., S.124.

(12) 「各々は、自らを止揚する働きであるとともに、その反対を措定する働きである」とヘーゲルは言う。W.d.L.I.,S.279.

(13) 肯定的なものと否定的なものは、概念の運動の中での否定的なものの両契機である。概念の運動を四重性（Quadruplizität）と見るならば、その第二、第三の契機がこれに当たるのであり、それぞれの矛盾した構造がここで明らかにされていることになる。

(14) M.Wolff, *Über Hegels Lehre vom Widerspruch,* in: *Hegels Wissenschaft der Logik,* Stuttgart 1986, S.17.

(15) Aristoteles, *Metaphysik,* 1005b19–20, übersetzt von H.Bonitz, Hamburg 1980, Buch IV, S.137.Abk.: Met.

(16) 次の諸例において、否定辞「ない」は異なった意味で用いられている。「すべての勤労者が所得税の義務を負うわけではない」、「合成ダイヤは存在しない」、「キリスト教徒でない者がいる」。逆に、「神は永遠である」という文においては、述語「永遠」は「時間的でない」という否定的な意味を持つ。「病気の」、「貧しい」、「精神薄弱の」、「弱い」なども同じである。従って、否定的命題は一義的には規定されない。命題Aとその否定、非Aがともに真ではありえないということは、むしろどの命題も一つの真理価値、真か偽しか持ちえないという前提と、命題Aを、Aが真の時のみ偽、Aが偽の時のみ真であるような命題に移行させる論理的操作として否定を定義することから帰結するのである。Vgl. G. Patzig, Artikel "Widerspruch", in: *Handbuch der philosophischen Grundbegriffe,* B. II, Kösel, München 1974, S.1694ff.

(17) これらの判断は、判断論における「定在の判断」（das Urtheil des Daseyns）、肯定判断、否定判断、無限判断に当たる。G.W.F.Hegel, *Wissenschaft der Logik,* II, 1816, in: GW.12., Hamburg 1981, S.59〜70. Abk.: W.d.L.II.

(18) I.Kant, *Kritik der reinen Vernunft,* A504, B532. Abk.: K.d.r.V.

(19) カントはこうした事情を、「どの物体もよく匂う」（Ein jeder Körper riecht gut.）と「どの物体もよく匂わない」（Ein jeder Körper riecht nicht gut.）、「どの物体も良い匂いがする」（Er ist wohlriechend.）と「どの物体も良い匂いがしない」（Er ist nicht

wohlriechend.）の二対の対立によって説明する。前者の対立は、物体が全く匂いを持たないという第三の場合を許容するが、後者の対立においては、二つの判断は矛盾的に対立している。「良い匂いがしない」はまったく匂いがしない物体にも適用され、第三の判断の余地はないのである。K.d.r.V..A503.B531.

（20）W.d.L.II.S.64.

（21）こうした矛盾概念についての見解は異なる。W・ヴントはヘーゲルに与するように言う。「われわれが肯定的な概念に否定を加えることによって、例えば非白、非善、非行動的、非人間といった否定概念を作る時、否定された肯定概念に対立してはおらずただ何らかの仕方でそれと異なっているだけの概念がそれによって表現されることになる。この差異のあり方と根拠は、否定をまったく無規定（無限定）なままにする。ただし、そのもとでは、常に一つの暗黙的な前提がなされる。すなわち、否定的な概念は否定される肯定的な概念とともに、同じより普遍的な概念の下に含まれており、両者を選言項として含むより上位の概念が存在するという前提がである。例えば〈風は赤い〉と言う時、否定は、風が高い低い、石、木でできているといったことを述べているのではなく、風は赤以外の何か別の色を持つということだけが主張されるべきである。否定的な概念は、従って、否定される肯定的概念とともに一層普遍的な概念「色を持つ」の中に含まれていることになる。それ故、肯定的概念は、それに対応する否定的概念とともに選言関係をなすのであり、その中では一つの項のみが規定されており、従って、未規定なままの項は、一般に第一の項に対して選言的であるあらゆる概念を示唆しうるのである」。M. Wundt. *Logik*. 1 Band. Stuttgart 1906. S.133.

一方、アリストテレスは「非人間」を「無規定的名辞」と呼び、「健康でない」、「病気でない」を「無規定的動詞」と名づける。彼によれば、それらには規定された表示を与えることはできず、それらは存在しようがすまいがあらゆるものに述定できる。カントが、無限判断「霊魂は非可死的である」のもとで述語「非可死的」は可死的なものの全領域に対立する無限かつ無限定な領域を示すとしたように、無規定的名辞と無規定的動詞は、存在するか否かに拘わらず（上例での人間、健常者、病者を除く）すべてのものに述定されうる。従って、それはヴントの言う暗黙的な前提より広い外延を有することになる。それ故、アリストテレスは言う。「しかし、矛盾は対立しあうものの間に中間のものを持たない。なぜなら、矛盾とは中間項がなく、その一方があらゆるものに帰属するような対立だからである」（*Metaphysik*, 1057b33～36. op.cit. S.167.）。

カントは「無限な」に対する矛盾概念「非無限な」に量的に無限定な現象界と量的に一義的な規定を持つはずの物自体を包摂する。

こうした見解に対して、ストローソンはヘーゲル、ヴントの見解に与する。彼によれば、真偽が問題になる場合には、一定の背景がなければならない。例えば、「彼はそのことを知っているか否か」と問われる場合、「彼は生きている」ことが前提されていなければならない。P.F.Strawson. *Introduction to Logical Theory*. London. 1971 pp.15～19.

（22）ヘーゲルの言う無限判断が領域否定であるとするならば、「精神は机でない」と「人間は机でない」は同じ構造を有することが分かる。

(23) M. Wolff, *Über Hegels Lehre vom Widerspruch*, op.cit., S.108.

(24) カントは次のように言う。「従って、世界は空間的に無限である、或いは無限ではないと私が言う時、前の命題が偽ならば、その矛盾対立、世界は無限でないが真でなければならない。そのことによって、私は無限な世界を廃棄するだけで、別の有限な世界を措定するわけではないであろう。しかし、世界は無限であるか有限である（非無限である）と言われるとすれば、両者とも偽でありうる。なぜなら、その時、私は世界を世界自体自身として、その大きさに関して規定されたものと見なすのだからである。私は、対立の中で無限性を、そして、それとともに恐らくその分離された全存在ばかりでなく、一つの規定をそれ自体自身で現実的なものとしての世界に付け加えているのだからである。このことは、世界がまったく物自体としては与えられておらず、従ってまた量に関して無限なものとしても有限なものとしても与えられていないとすれば、同じく偽でありうるのである」。K.d.r.V., A503f.,B531f.

カントは先の対立を「分析的対立」（die analytische Opposition）、後の対立を「弁証論的対立」（die dialektische Opposition）と呼び、二つを真の矛盾対立、仮象の矛盾として区別する。しかし、「世界は無限ではない」という命題はすでに、世界が有限であるか量的に無規定であるという二つの可能性を含む。人が後者と解するならば、その反対は「無限である」ではなく、右の命題と矛盾の関係に立つわけではない。それ故、真の分析的矛盾の場合にも、対立の根拠を考慮に入れなければならないことになる。M・ヴォルフはこの根拠を「反省論理学的基体」（das reflexionslogische Substrat）と名づけ、次の反省論理学的法則を立てる。「二つの述語の意味内容が与えられており、これらの述語について更に、それらが同じ主語に関係づけられた場合、論理的に矛盾する述定が生まれると前提される時、この前提は対象の規定性に関して内容的な前提を常に含む」。M.Wolff, op.cit., S.118.

(25) カントによると、エレア学派のゼノンは「神（世界）は有限でも無限でもなく、運動してもおらず静止してもいず、他のものに似てもいなければ似ていなくもない」と論じた。なぜなら、「二つの対立しあう判断が、起こりえない条件を前提している場合には、それらが対立している（とはいえ、本来的な矛盾ではない）にかかわらず、ともに成り立たなくなる。なぜなら、それらの命題のそれぞれが、その下でなら認められるべき唯一の条件が成り立たないのだからである」。K.d.r.V., A502f., B530f.

第三章　理由律のアポリアと根拠の充足性
――絶対的無制約者の構造――

序

ヘーゲルは、『論理の学』本質論において、同一性、区別（差異性、対立）、矛盾といった反省諸規定の考察から根拠（Grund）の概念を導く。(1) 対立において否定しあう「肯定的なもの」と「否定的なもの」は自己矛盾を来たし、没落して「零」（Null）に帰する。だが、それは、それらが無（Nichts）になることではなく、根拠に還ること（zum Grunde gehen）であるとされる。対立しあうものは、単に相互否定的・排斥的であるのではなく、共通の根拠を土台として成り立っているという構造が明らかになる。(2) ここから、物事を根拠から捉えるという把握様式が生まれるのである。

それは、近代ライプニッツによって新たな論理的原理、充足理由律（Satz des zureichenden Grundes）として定式化され、人間の思考のあり方を規定する法則の一つとされるに至った。(3) その背景には、経験的事実に関心を寄せる近代科学の台頭があった。だが、そこには根拠の十分さに関してなお曖昧さが残されていた。そのかぎり、根拠は無条件（無制約）ではありえず、せいぜい「相対的な無制約者」（das relative Unbedingte）を提示するにとどまらざるをえないのである。

ヘーゲルは、反省諸規定の考察を進めながら、伝統的な論理的諸原理、同一律、矛盾律、排中律に検討を加えるが、この事情を考慮しつつ充足理由律に言及する。(4) そして、その限界を超えて「絶対的な無制約者」（das absolute Unbedingte）の概念に到達しようとする。それは、彼の絶対者の概念に至るための重要なステップとなるであろう。そして、それは、理由＝根拠の充足性を語りえた時に初めて達成されるのである。彼はこの課題を如何なる論理によって解決しえたのか。その時、絶対的無制約者は如何なる構造を持つとされるのか。そして、それは近代科学の関心と如何に結びつくのか。充足理由律の提出者ライプニッツの思想と対照しつつ、ヘーゲルの根拠の思想を明らかにし、その意義を考えることとする。

一　事実の真理基準

ライプニッツは充足理由律を次のように言い表す。

「十分な理由の意味においては、なぜこうなっていて別様になっていないのか、ということの十分な理由が現存していなかったら、何らの真実も真であると、また現存しているとは見なされえないし、何らの言い表しも真とは見なされない（……）」（Phil.Ab.,IX.,32）。

ここで、充足理由律は物事（真実）のあり方に関する原理とされるとともに、物事について語る（言明する）際に従うべき原理として語られていることが分かる。十分な理由のないものは真実であるとは認められず、それについての言明も十分な理由を伴っていなければ、真の報告とは見なされない。それらは、「なぜ」という問いに十分に答えうるものでなければならない。

物事や言明を理由とともに語ること、すなわち理由づける働きは、近代において始まったことではない。それは、推理、推論、論証と呼ばれるもの中で常に行われてきた。物事を原因から明らかにするということもそれに含まれる。

科学的か否かを措くとして、人類は、太古からこうしたことを行ってきたと言える。[5]

こうした疑問に対して、ライプニッツは充足理由律の意義を説く。

「われわれの推論は二大原理に基づいている。一つは矛盾の原理(le principe de la contradiction)であり、それによってわれわれは矛盾を含むものを偽と判断し、偽に反対或いは矛盾するものを真と判断する。他の一つは十分な理由の原理(principium rationis sufficientis)であって、それによってわれわれは、何故こうなっていて別様になっていないのか、ということの十分な理由が現存していなかったら、何らの真実も真であると、また現存していると は見なされえないし、何らの言い表わしも真実とは見なされないと考える」(ibid.31.32.)。

これによって、充足理由律は矛盾律から区別され、それと並ぶもう一つの原理とされていることが分かる。矛盾律は、推論や論証、整合的な体系を構築する上で無視することができない。それは、前提として立てられたものに背くものを偽とし、それに適うものを真とする。原理から無矛盾的に演繹されるものは真であり、原理に違背するものは偽である。カントは矛盾律を「分析判断」(das analytische Urteil)の真偽の決定に用いた。主語のうちに含まれている意味を述語として述べるのが分析判断であり、そこでは主語と述語の一致、不一致だけが問題となるからである。[6]

概念としてであれ、命題としてであれ、前提されているものとの一致、不一致だけが問われるのであれば、そこには偶然が入り込む可能性や変更の余地はない。ライプニッツはそうした仕方で決定される真理を「必然的真理」(les vérités necessaires)、「永遠の真理」(les vérités éternelles)、「推論の真理」(les vérités de raisonnement)と呼ぶ。だが、人が知ろうとすることはこれに尽きるものではない。歴史的事実や自然の現象は必ずしも原理からの推論によって説明されるわけではない。事実はその反対であることを排除しない。反対が可能であることを偶然性と言うならば、そこには偶然性が含まれている。ライプニッツはこうした真理を必然的真理と区別して「偶然的真理」(les vérités contingentes)ないし「事実の真理」(les vérités de fait)と名づけたのである(ibid.33.)。

偶然的真理がまったく偶然的であるならば、理由を尋ねることは意味をなさないかもしれない。だが、人は、事実が一見偶然的であるように見えるからこそ、その理由、「なぜ」を問うのである。偶然と見えるのは、知に限界があるからである。その限界を突き破って、事実を必然的なこととして理解しようとするところに、理由への問いが生まれると言えよう。ライプニッツは、そうした理由はわれわれには知られないことが多いとも付言している。そうであるとすれば、人知の限界を超えた知性、神的知性においてならばすべての理由が洞察されており、すべては必然的に生起したと見なされうるのではないか、そして、必然的真理と偶然的真理の区別も消えるのではないか、と思われるかもしれない。そして、充足理由律は一見偶然的と思われる事実の真理の根拠を挙げ尽くし、これを必然的真理と同列のものとするために立てられた、とも考えられよう。それは、人間を超えた神という形而上学的存在をすら要請するのである。

だが、すべての真理が自明な原理に還元され、そこから演繹できるわけではないということも気づかれるに至った。典型的に演繹的な学問、推論の真理を扱う数学や幾何学における「無理数」（irrational number）がそれである。正方形の定義—直角に交わる四本の等しい辺から成る図形——は、正方形の作図法を示す完全な定義であると言えよう。それは、スピノザの言う図形の起成原因（causa efficiens）を表現しており、そこから対象のすべての特質が導かれるはずだからである。[7]だが、そうした図形の辺と対角線の間には整数の比は成り立たず、対角線は無理数として表現されざるをえない。

そうであるとすれば、すべての真理を必然的真理に帰着させることは不可能である。こうして、「必然的真理と偶然的真理の間には本質的な差異があり、互いに丁度有理数と不尽根数のように異なっている。必然的真理の場合には、尽量が公約数に分解されるように、自同的真理に分解されうるけれども、偶然的真理においては不尽根数におけるように分解は無限に進んで決して終わることがない」という解釈も生まれる。[8]偶然的真理の論証は、人間の能力ではできないというのではなく、原理的に不可能なのである。それは、事実そこにあると言いうるのみである。「事実そこにある」ということが神の創造によると考えるならば、それは神の決断、決定に懸かっていると言う他はない。そこで求められるのは、事物の存在の原理（le principe de l'existence des choses）である。こうして、ライプニッツは、「必然的真理は矛盾の原理と本質そのものの可能性、不可能性に基づくのに対して、偶然的真埋の理由は専ら（……）事物の存在の原理（……）にのみ基づく」と言う[9]。そして、それは「そもそも何故にあるものがあって、むしろ何もないのではないのか」（Pourquoy cela est existant plutôt que non existant ?）という問いを生むのである[10]。

ハイデガーが形而上学の根本問題と見なしたこの問い[11]は、因果律によって解かれることはできない。自然現象を原因―結果の連鎖として想定し、原因の探求を促す因果律は、原因の存在を予め前提しており、しかも原因の原因を尋ねて無限に遡行することを要求する。それは、この系列そのものの存在根拠について語ることはできない。畢竟、それは、それ以上遡ることのできない存在者、先行する原因なくそれ自身でのみ存在するものを要請せざるをえなくなる[12]。ライプニッツは、それを「必然的存在者」（l'Etre necessaire）と呼んで、あらゆるものの存在の究極根拠と考えるのである。

このように見るならば、ライプニッツの充足理由律は、矛盾律とのみならず、自然科学が原理とする因果律とも完全に一致するわけではないことが分かる。ともあれ、ライプニッツが事実の真理に着目し、その理由を要求したことは、近代科学の登場という近代の新たな状況に即したものであると言ってよかろう。次の記述はこのことを裏づけている。「数学から物理学への移行にはなお一つの原理が必要である。そして、この原理が十分な理由の原理である。（……）この唯一の原理に基づいてのみ、物理学の数学に依存しない原理、すなわち力学の諸原理や力の諸原理は証明可能なのである[13]」。

二　充足の困難

充足理由律は十分な理由（根拠）を強く要求する。だが、それにもかかわらず、ライプニッツは「尤もそういう理由はわれわれには知られない場合が極めて多い」と付言する（ibid.,32.）。人知の限界を考えれば、この付言も理解できないことではない。だが、それは、人間知性が真理に近づくことを拒まれ、不確かな知見に甘んずる他はないということではないのか。真理と知の間に大きな断絶のあることが示されているように見える。そうだとすれば、この原理を立てることの意味そのものが問われることになりはしないか。

ヘーゲルは様々な事例を挙げて理由づけの曖昧さを指摘する。

①地球が太陽の周りを回るのは地球と太陽の引力のせいであるとされる場合、この理由づけは、これらの天体が運動する中で持つ関係以上の何も語っていない。すなわち、現象を力の形で言い換えているだけである。力とは何かという問いに対しては、地球が太陽の周りを回るようにしている力であるとしか答えられない。根拠によって説明されるべき事象と同じ内容が繰り返されているだけである。運動の中での地球と太陽の関係が根拠と根拠づけられるものの同一の基礎となっており、両者の間には単なる同一性、同語反復があるだけである（W.d.L.I.,S.304.）。

②或る物質の結晶の形の根拠が求められる場合、分子が特別の形で配列されることがその根拠とされる。だが、この配列こそは説明されるべきものである。説明されるべきものが説明に用いられるという論点先取がなされている。科学はこうした原因論を特権的に展開するが、それも同語反復的で空虚な談論である（ibid.）。

③この人は何故この町に行くのかという問いに対して、この町は彼を駆り立てる魅力があるからだという答え

は愚かしいが、科学で認められている答え方と異ならない（ibid.,S.304f.）。

④ライプニッツはニュートンの引力をスコラ学派の「隠れた性質」と見なしたが、それは現象と同じ内容しか有しないが故に、隠れているとされるわけにはいかない。それは、植物がその根拠を植物的なすなわち植物を生み出す力に持つとするのと同じ説明方式である（ibid.,S.305.）。

こうした説明は、真の意味での理由づけ、根拠づけとは言い難い。それは、同じ内容を根拠と根拠づけられるものとしているにすぎない。そこには、両項の間の必然性は認められる。だが、それは空虚な同語反復の故の必然性にすぎない。これに対して、真に根拠と言えるものは、根拠づけられるものとは異なる内容を持つべきであろう。だが、そのことによって根拠関係に偶然性と外面性が生ずる、とヘーゲルは言う。

（a）重さは家が建つことの根拠であるとともに、石が落下することの根拠でもある。また、投げられたものが垂直落下とは違う放物運動をすることの根拠である。しかし、このことは重さにとっては外在的なことである。更に、石が落下するためには、落下地点から引き離されていなければならないが、これは他のものによってなされることである。また、落下にかかる時間、通過する空間、それらの関係たる運動も重さとは別の内容であり、重さによって措定されているわけではない。重さはこのように様々な規定の根拠であるが、あれこれの規定の根拠となるためには、別のものが同時になければならない（ibid.,S.309.）。

（b）自然は世界の根拠であるとされる。だが、自然が世界となるためには、多様な諸規定がなお加わらなければならない。自然はそれだけでは未規定なもの、一般的な区別、法則において規定されているだけの自己同一的な世界の本質にすぎない。加わるべきものは自然そのものに根拠を持つわけではなく、むしろ偶然的なものとして自然に対して無関係なものである（ibid.,S.309f.）。

（c）神が自然の根拠とされる場合も、自然はこの根拠とは異なる多様性を持つ。自然は神によって根拠づけられる面と根拠づけられない多様性からなる第三のものである。それは、根拠としての神から完全に認識されることはできない（ibid.,S.310.）。

これらの事例においては、根拠と根拠づけられるものの同一性がないわけではない。むしろ、根拠づけられる面は根拠と同一である。だが、根拠づけられるべきものは、それ以上の内容を有している。その根拠づけを断念してはならないとすれば、更なる根拠を探索せねばならない。そして、それは、根拠と根拠づけられるものが異なるという前提からすれば、不可避的なことであり、この前提があるかぎり終わることはないと言わざるをえない。根拠づけは決して完結せず、根拠は十分であるとは言えないのである。

①～④の事例をヘーゲルは「形式的根拠関係」（die formelle Grundbeziehung）、（a）～（c）の事例を「実在的根拠関係」（die reale Grundbeziehung）と呼び、それぞれにおける根拠を「形式的根拠」（der formelle Grund）、「実在的根拠」（der reale Grund）と名づける（ibid.,S.302,307.）。

形式的根拠関係と形式的根拠が形式的とされるのはなぜか。同一の内容が根拠と根拠づけられるものという別々の形式で語られているにすぎないからであると考えられよう。だが、何故そうした関係が生まれるのか。根拠の概念は、本質の反省規定の帰結である。そこでは、本質の全運動が示されている。「根拠としての本質は、自己を自己自身から排斥する。それは自己を措定する。それの措定されたあり方――それは排斥によって生じたものだが――は、否定的なものの自己自身との同一性としてあるにすぎない。自立的なものは否定的なものとして措定された否定的なものである。それは、自己自身に矛盾するものであり、よってそのままその根拠としての本質のうちにとどまっているのである」（ibid.,S.282.）。

根拠は、自己を措定し、措定したものに自立性の見かけを与えながら、それの自己矛盾と崩壊を見届けて、それを自己のうちに回収する運動である。そのようにして自己の同一性を維持しているのが、根拠としての本質なのである。

その意味で、根拠は「否定的に自己に関係する同一性」（sich negativ auf sich beziehende Identität）である。根拠とそれによって措定されたものの間には、区別とともに同一性がある。この同一性が根拠関係の基礎であり、内容に他ならないのである（ibid.,S.302.）。

この同一性（内容）のうちでは、根拠と根拠づけられたものという相互的規定性は消え去っている。それは、これらの規定性に対して無関係である。だが、この同一性（内容）は、否定的に自己に関係する同一性に他ならない。そこには、否定という契機がある。それによって、根拠は規定された内容を持つ。それは、無関係なものと見られれば、直接的な規定性という意味しか持たない。それは、同一性（内容）に対する形式に属するものである。なるほど、根拠は自己を措定されたものとし、措定されたものは止揚されて根拠に還る。そこには否定的な媒介がある。だが、根拠と根拠づけられたもののこの否定的媒介は、形式上の媒介に他ならない。その両項は、互いに移行しあうものとして、ともに一つの同一性のうちにあり、そこに止揚されている。それらはこの同一性を前提しているのである。このことは、しかし、同一性が形式的媒介と無関係であるというのではなく、後者はこの同一性を積極的な媒介者としそれに関係していることを意味する。形式と内容の区別は止揚され、内容は規定を宿す内容となる。それは、両項の同一的な内容であり、両項が区別される中でそれらを関係づけ存立させる全体に他ならない。

根拠と根拠づけられたものは、この規定を宿す内容が二つの面から見られたものに他ならない。この内容は両者の区別を超えた一つの規定である。そのかぎり、それは形式に対して無関係である。そして、根拠としての根拠は形式の契機であり、それによって措定されたものに他ならない。形式の上から言っても、根拠と根拠づけられたものは同一である。根拠と根拠づけられたものは、互いにその規定を交換しあう。根拠が根拠づけられたものの根拠であるだけでなく、根拠があるということの根拠は根拠づけられたものにある。根拠づけられたものが根拠の根拠なのである。いずれもが完全な媒介であり、完全な形式である（ibid.,S.303.）。それは、完全な形式として、右に見た両規定の基礎、両規定の同一の内容と同じものである。形式と内容の区別は消滅し、両者は同じ同一性となる。

こうして、「根拠づけられたもののうちにないものは根拠のうちになく、根拠のうちにないものは根拠づけられたもののうちにはない」と言われることになる（ibid.）。形式の上からも内容の上からも、根拠は十分（充足的）であると言える。それ故、根拠が問われる時には、同じ規定を二重に言えばよいことになる。一方では根拠づけられたものの形式で、他方では本質の形式でである。同語反復としての説明が生まれるのはこうした事情による。そこでは、根拠と根拠づけられるものの内容的な差異はなく、両者は実在的に（real）規定されているわけではない。両者の区別は形式の上のものであり、根拠も根拠関係も形式的と言われることになる。

とはいえ、区別は無視されるわけにはいかない。根拠と根拠づけられるものは、根拠と根拠づけられるものとして規定され、区別される。それらはそれぞれの規定性を持ちながら、互いに他を含む全体であり、全体として互いに同一である。とはいえ、各々は他に対して異なった内容を持つと言わなければならない（ibid.S.307.）。換言すれば、内容とは根拠関係にある同一性のことであったが、そうである以上根拠と根拠づけられるものという形式の区別を本質的に備えているのであり、根拠は、根拠としては、根拠づけられるものとは別の内容なのである（ibid.）。

そうだとすれば、根拠関係は形式的な根拠関係であるわけにはいかなくなる。何らかの事象の根拠が問われる時には、その事象とは別の内容規定が示されなければならない。説明は同語反復ではありえない。異なった内容規定を実在的（real）と呼ぶならば、根拠は実在化され（realisirt）、実在的根拠関係が示されるのでなければならない。

だが、そうだとすれば、ここで再び差異ないし無関係性と同一性の対立が現れる。根拠と根拠づけられるものが同一の内容を持つとしても、根拠づけられるものはそれとは異なる固有の内容を持っているはずである。それは、二重の内容の統一である。しかも、統一といっても、それは二つの内容の空虚でそれ自身においては無内容な関係であって、それらの媒介ではない。それらを外面的に結合しているものとしての或るものにすぎない（ibid.S.308.）。そうである以上、根拠づけられるものの中には、根拠によって措定されず根拠づけられていないものがあることになる。それは、非本質的な形式、外面的な内容規定であって、根拠から自由で直接的な多様性にすぎない。「この非本質的なものについては、右の本質的なものは根拠ではなく、根拠づけられるものの中での両者相互の関係の根拠でもない」(ibid.)。それ故、「同じものが、一方では本質的なものとして、他方では措定されたものとしてあるという根拠の自己同一的な形式は消滅している」(ibid.)。根拠関係は失われているのである。

それ故、異なった内容を結びつけ、どれが根拠であり、どれが根拠づけられるものであるかを決定する一義的な基準はないことになる。根拠は、外在的な根拠でしかありえない。双方の内容自身にこの規定はない。こうして、実在的根拠は他のものへの関係であり、一の内容の他の内容への関係であるが、根拠関係(形式)そのものはそれによって措定されていない、直接的なものへの関係であることになる。関係の外在性が露呈し、形式と内容の対立が再び生じる。事例(a)~(c)で示されているのは、こうした事情である。

三　根拠関係の回復と根拠の完全性

実在的根拠関係においては、根拠は根拠としての意味を失い、根拠関係も消滅している。根拠はむしろ止揚されている(ibid.,S.312.)。それは、それ自身措定されたものであり、根拠づけられたものであると見られなければならない。それは、別の根拠を持たなければならない。この根拠は、実在的根拠を根拠づけるものとして、それと同一のものでなければならない。両者は同じ内容を持たなければならない。のみならず、実在的根拠関係の中で根拠づけられるものに見出された二つの内容規定の関係を根拠づけるのである。外面的な結合は止揚され、二つの内容規定の絶対的な関係(die absolute Beziehung)が成り立たっている必要がある(ibid.)。

このことが達成されれば、根拠と根拠づけられるものの同一性、形式的根拠が回復されることになる。完全な根拠関係(die vollständige Grundbeziehung)が成立するのである(ibid.,S.312.)。それは、形式的根拠と実在的根拠をともに含み、後者において互いに媒介されないでいた内容規定を媒介する。根拠の充足性はここで初めて語られることになろう。

或るものの中の二つの内容規定の外面的な関係は、新しい根拠によって媒介されたものとなる。ここでは二つの或るものが想定されており、一方の中の関係が他方の中の関係によって根拠づけられる。二つの関係が持つ内容は同じである。但し、一方の関係にある二つの内容規定は、他方においては根拠と根拠づけられるものの関係にある。一方の関係は直接的であるが、他方の関係は措定された関係としてある。それによって、二つの関係は、形式上、根拠と根拠づけられるものの関係にあることになる。

二つの関係の間のこの関係は、単なる形式的根拠関係ではない。それは、根拠と根拠づけられるものという違いを含む実在的な根拠関係である。二つの或るものの中にはそれぞれ二つの内容規定がある。その一つの規定によって二つのものは外在的に比較され、関係づけられる。のみならず、その規定は二つのものに共通の基体と見なされる。それは、もう一つの内容規定に対して本質的な規定という意味を持つ。そして、根拠づけられるものの側において措定された規定の根拠とされる。すなわち、一方の或るものの中では、第二の規定も第一の規定と結合されたものとして、直接的かつ自体的にある。もう一方の或るものは、一つの規定だけを自体的に含む。そして、それによって、一方の或るものと直接的に同一とされる。これに対し第二の内容規定は、もう一方の或るものにおいては、その中で措定されたものとしてあるにすぎない。第一の規定がそれを措定する根拠である。それは、第一の或るものにおいて第一の規定が第二の規定と根源的に（ursprünglich）結合されているという理由による。

このようにして、第二の或るものにおける内容規定の根拠関係は、第一の或るもののうちに自体的にある関係によって媒介されるのである。そこには次のような「類比の推理」（der Schluß der Analogie）(14)がある。

「一つの或るものの中で、規定Bが規定Aと自体的に結合されている。第二の或るものには一方の規定Aのみが直接的に帰属しているだけだが、右の理由により、Bもそれと結合されている」（ibid.,S.313.）。

第二の或るものにおいては、Bが媒介されてあるというだけではなく、第一の直接的な規定Aがその根拠であるということも媒介されている。第一の或るものにおいてAがBと根源的に結合されているからである。それは、Aが根拠であることの根拠に他ならない。こうして、第二の或るものにおける全根拠関係が措定され、根拠づけられたものとしてあることになるのである。

だが、第一の或るものにおける根源的結合、根源的関係とは直接的（無媒介）な内容規定の関係に他ならない。根拠関係が本来項として持つべきものは、止揚された規定、契機としての規定である。根拠関係は、直接的な規定相互の形式である以上、（根拠と根拠づけられるものの関係として）自己同一的な関係であるにしても、自らを否定する関係に他ならず、止揚された根拠関係（根拠関係の止揚）への関係に他ならない。止揚された関係は直接的なものと言うべきだが、それが根源的関係とそれによって措定された関係の中で同一の基礎をなしているのである。そして、実在的根拠が根拠であるのは、この根源的結合によって措定されてのことに他ならない。

根源的な関係としての根拠は、直接的な結合である。根拠関係は、完全であるためにそうした関係、結合を必要とする。それは、根拠関係が先立って措定する（前提する voraussetzen）ものに他ならない。ヘーゲルは、そのことを、根拠関係が自己を自己から突き離し（sich von sich abstoßen）直接性を先立って措定することと表現する。そして、根拠関係はそれを他者と見なし、それに関係すると言う。「この直接的なものは（……）単純な根拠である。だが、この根拠は根拠として自己から突き離されており、他のものに関係することとして関係する」（ibid.S.314）。但し、他のものとは、自己から突き離されたものとしての自己のことに他ならない。自己を他のものとし、それに関係するのが根拠なのである。しかも、それに媒介されて根拠自身があることになる。この意味で、ここで働いているのは、関係すべき他のものを自ら前以て措定する「前提的反省」（die voraussetzende Reflexion）（ibid.S.252）である。それは、直接的なものを所与として受け取る「外的反省」（die äussere Reflexion）ではなく、根拠自身の働きに他ならない。根拠関係とは自己同一性への反省であるが、また本質的に「自己を疎外する反省」（die sich entäussernde Reflexion）でもある。根拠は、このように、自ら前以て措定したものに関係するのである。そして、この前以て措定されたものは「制約」

（Bedingung）という意味を持つことになる（ibid.,S.314.）。

四　絶対的無制約者と事象の現出

A－Bの根拠関係が更に根拠を要求し、A、Bを直接的に結合している新しい或るもの（A＝B）を前提するとすれば、A＝Bは如何にして成立するのかという問いが生じるかもしれない。A＝BはA－Bの制約であるが、それ自身は無制約である。だが、それがA－Bから独立しており、更にその根拠を必要とするとすれば、「相対的な無制約者」（das relativ Unbedingte）にすぎない（ibid.）。そして、それは制約から制約への無限進行を引き起こす。しかし、それはA－Bによって前提され、先だって措定されていたのであるとすれば、A－Bと無関係ではありえず、直接性の外見を持っているにしても、措定されたものに他ならない。それはA－Bの制約でありながら、逆にA－Bによって措定されたのである。従って、その根拠を求めるとすれば、A－Bに求める他はない。A－BとA＝Bは互いに措定し、措定される関係にある。言い換えれば、両者は同じ内容を持つ。それは、A－BとA＝Bが互いに含みあう形で成り立っていることを意味する。それらは、それぞれに全体であり、同じ内容を持ち、関係は完結している。A＝Bは更なる根拠を求めて無限進行に陥る必要はない。それは「絶対的な無制約者」（das absolute Unbedingte）なのである（ibid.,S.316.）。

このことは、A＝Bがすでに事象の全体であることを意味する。それは「自体的にある事象」（die Sache an sich selbst）、或いは「直接的な事象」（die unmittelbare Sache）である（ibid.,S.318f.）。それは、「自らの制約と同一の絶対的な根拠」とも説明される。制約は根拠を根拠たらしめているが、それは根拠と同一であるとともに、根拠をそれ自身の根拠としている。根拠の面から見れば、この事象は否定的に自己に関係し自己を措定されてあるものにする。これは止揚された根拠であり、反省を欠く直接性としての事象のように見える。これが制約と呼ばれるものに他ならない。

それは、外面的な存在の領域に投げ込まれているが、事象の諸規定の全体であり、事象そのものであることには違いがない。それは、制約する前提という規定を失うわけではなく、没形式的な存在という形を取った無制約者であって、事象の完全な内容なのである。それは、内容の諸規定とは別の形を取り、非本質的なもの、すなわち規定された事象の制約となる定在の領域には属さない諸事情と混じりあっていることもある。だが、これらを含めて、存在の領域は本質へと生成するのであり、根拠に還帰するのである（ibid.,S.320.）。その直接性は反省によって前以て措定されたものに他ならず、その生成の運動そのものが反省の働きなのである。根拠関係の反省が自己自身を止揚されたものとして措定したものが、直接性に他ならない。

根拠関係は自らの内容を制約として規定し、それを契機とする。だが逆に、自己との同一性を保ちながら、自らに直接的な存立という没本質的な形式を与える。しかし、根拠の反省はこの直接性を止揚し、事象の統一のうちにある諸契機に関係づける。直接性はもともと反省が措定したものであるから、反省がそれを止揚することは、自己自身の措定作用を止揚することである。だが、それは諸制約が根拠に還帰し、根拠を措定することに他ならない。「根拠は自己自身に否定的に関係し、自己を措定されてあること（Gesetztseyn）とし、諸制約を根拠づける。だが、直接的な定在がこのように措定されたものとして規定されていることにおいて、根拠はそれを止揚し、自己を初めて根拠となすのである」（ibid.）。

この反省は、無制約的な事象が自己の否定を介して自己を自己と媒介すること（die Vermittlung der absoluten Sache durch ihre Negation mit sich）として捉えられる（ibid.）。だが、そうすることで、否定を介して自己に還帰するという媒介の運動は消滅する。反省は自己を止揚する。しかし、それは、反省が自己を規定しつつ措定することに他ならない。よって、反省はそのようにして措定したものを止揚せざるをえない。それは、自己に基づいて規定し措定すること自身を止揚することであるから、措定作用が止揚されるならば、単なる生成（Werden）があるだけとなる。反省とは、先ず自己を措定することであるという媒介は消滅し、媒介は根拠なき絶対的な生成でしかなくなる。制約と根拠によって措定されるという事象の運動は、媒介という仮象が消滅し、ただ事象が現出し、単に現存するに至ること（ein Hervortreten, das einfache sich Herausstellen in die Existenz）という意味しか持たないことになる。事象が自己自身に至る純粋な運動があるだけなのである。[15]

この運動は、事象のすべての制約が揃うことによって、事象が現存するようになるという形を取る。「事象のすべての制約がある場合には、その事象は現存するに至る」とヘーゲルは言う（ibid.,S.321.）。諸制約が、外在的で根拠なき存在、根拠なき直接性というあり方をしているとすれば、それは「事象の全体が根拠なき直接的なものとして措定されている場合、この散漫な多様性はそれ自身において内化する（sich erinnern）」ということと同じである（ibid.）。事象は諸制約の中に潜在しているのであり、それが現存するに至るのだと言ってよかろう。「事象は現存する以前にある」とヘーゲルは言う（ibid.）。すでにあるものが内化（想起 Erinnerung）されることによって現存に達するのである。その運動は、自己に至る同語反復的運動（die tautologische Bewegung der Sache zu sich）に他ならない（ibid.）。

この運動においては、根拠がなお底に潜んでいるということはない。事象が根拠から出現すると言うとしても、それは、根拠が自己を措定されてあることとなし、その中で自己と一致することに他ならず、措定されてあることとの区別はなくなっている。それは、単純な本質的直接性となっており、根拠づけられたものと異なったものとして残留しているわけではない。根拠づけることの真理は、根拠がその中で自己自身と一体となり、他者への反省が自己への反省であるということに他ならない。事象は、こうして、それが無制約なものであるのと同じく、無根拠なもの（das Grundlose）であり、根拠が没落している以上、無根拠なものから出現すると言わねばならない。ここに、根拠と制約によって媒介されながら、この媒介が止揚されることによって自己同一性を得ている直接性が存する。ヘーゲルは、それを「現存」（Existenz）と名づけるのである（ibid.,S.322.）。

こうして、充足理由律のもたらすアポリアと対決しつつ、ヘーゲルの根拠論は根拠なき現存の概念に達する。アポリアが根拠と根拠づけられるものの分離と対立に根ざしていたとすれば、ヘーゲルは、両者の完全な一致、根拠を完全に現存の場に引き出すことによって、これを突破しようとしたと言うことができよう。こうして、「本質論」の領域は隠れたものなき現存、「現象」(Erscheinung) の世界となる。ここから、「本質は現象せねばならない」という記述で始まる現象論が展開されるのである (ibid.,S.323.)。ヘーゲルは、これによって、現象の観察に徹し、その外に隠れた背後世界を考えることを拒否する態度を、近代科学とともに貫くことになる。

注

(1) G.W.F.Hegel, *Wissenschaft der Logik*, I, in: GW.11., S.291. Abk.: W.d.L.I.

(2) M.Wolff, *Der Begriff des Widerspruchs*, Königstein/Ts. 1981.

(3) G.W.Leibniz, *Philosophische Abhandlungen*, IX, in: *G.W.Leibniz, Die Philosophischen Schriften*, 6, Hildesheim/New York 1978, S.612.

(4) W.d.L.I., S.262, 285,286f., 293.

(5) イオニアの自然哲学の関心は万物のアルケーに向けられており、アリストテレスは学知を原理に基づき論証された知識の体系と規定していた。Aristoteles, *Analytica posteriora*, 71b20f., in: *The Loeb classical Library*, 391; *Aristotle II, Posterior Analytics*, Cambridge/London 1960, p.30.

(6) I. Kant, *Kritik der reinen Vernunft*, 1781, 1787, A151, B191. Abk.: K.d.r.V.

(7) B.d.Spinoza, Epistola LX, in: *Spinoza Opera*, IV, Heidelberg 1972, S. 271. チルンハウス宛書簡六〇「物に関する多くの観念のうちのどの観念から対象 (subjectum) のすべての特質が導かれうるかを知りうるためには、私はただ次の一事を念頭に置きます。それは物に関する観念乃至定義はその起成原因 (causa efficiens) を表現せねばならないということです。例えば、(……) 円は一点が固定し他点が動く一つの線によって描かれる空間であるという観念です。この定義は起成原因を表現していますから、円のすべての特質がそこから導出されることを私は知ります」。『スピノザ往復書簡集』畠中尚志訳、岩波書店、一九七六年、二七六頁。

(8) G.W.Leibniz, *Philosophische Abhandlungen* XII, *Specimen inventorum de admirandis naturae Generalis arcanis*, in: *Die Philosophischen Schriften von Gottfried Wilhelm Leibniz*, 7, Hildesheim/New York 1978, S.309.

(9) G.W.Leibniz, *Philosophische Abhandlungen 1684~1703*, in: *Die Philosophischen Schriften*, 4, 1978, S.438~439.

(10) G.W.Leibniz, *Essais de Théodicée*, in: *Die Philosophischen Schriften*, 6, 1978, S.127.

(11) M.Heidegger, *Einleitung zu*≫Was ist die Metaphysik?≪, in: *Wegmarken*, Frankfurt a/M. 1978, S.376.

(12) カントはこの問題をめぐる論争を純粋理性の第四アンティノミーとして取り上げた。K.d.r.V., A482, B480～A470, B504.

(13) *Streitschriften zwischen Leibniz und Clarke*, 1715,1716, *Leibniz' Zweites Schreiben*, in: *Die Philosophischen Schriften* 7, Hildesheim/New York 1978, S. 355f.

(14) 類比の推理については、「概念論」主観性、第三章推理（c）を参照。G.W.F.Hegel, *Wissenschaft der Logik*, II, 1816, in: GW. 21., 1981, S.115. Abk.: W.d.L.II. ヘーゲルは類比の推理（類推）の骨格を次のように説く。「二つの対象が一つ或いはまた幾つかの性質において一致するならば、一方の対象には、他方の対象の持つ更なる性質が帰属する」（ibid.,S.116.）。類比の推理は四つの名辞を含む。「二つの個物がある。第三に（それらに）共通なものとして直接想定された性質、第四にもう一つの性質がある。それを一方の個物は直接持つが、他方の個物は推理を通して初めて手に入れるのである」（ibid.f.）。二つの個物に共通な性質は本質的普遍性とされるが、それと個物の関係は直接的であるが故に、関係の必然性は必ずしも示されていない。一つの個物に属するもう一つの性質がもう一つの個物に見出されるとしても、それは本質的普遍性によるのか、特殊性によるのかは明らかではない。従って、一方の個物に属する述語が他方の個物の述語でもあるということは、両者が同じ本質的普遍性を持つとしても、必ずしも結論されない。そのため、ヘーゲルは類比の推理を不完全な推理（ein unvollkommener Schluß）と見なす（ibid.S.117.）。それが推理の資格を持つためには、直接性が止揚されることが必要である。直接性から純化された「客観的普遍性」（die objektive Allgemeinheit）を立て、個物をその契機と見なす「必然性の推理」（der Schluß der Notwendigkeit）が導かれねばならない（ibid.S.118.）。
　こうした推理論に照らしてみれば、根拠関係が類比の推理の段階で終わるということはありえない。根拠はA＝Bの結合を直接的なままにしてはおかず、根拠自身によって前以て措定（前提）されたものとする。それは「完全な根拠関係」への運動なのである。

(15) 「現存」の原語〈Existenz〉は、ラテン語〈exsisto〉（出てくる、出現する）を語源とする。通常「実存」「現実存在」などと訳されるが、ヘーゲルが原意に沿って用いていることが、〈Hervortreten〉〈Sich Herausstellen in die Existenz〉という表現から理解される。それが絶対的な無制約者、完全な根拠関係として導出された結果、それ自身はもはや根拠なきもの（das Grundlose）とされることになるのである。河野与一訳『単子論』、岩波書店、一九六六年、二五五頁、同付録『事象の根本的生産』、三一二頁参照。

第二部　対立観の克服

第一章　物自体概念の止揚

――観念論論駁と超越論的観念論の批判――

序

カントは『純粋理性批判』[1]第二版の原則論に付した「観念論論駁」（K.d.r.V.B274f.）において、デカルトやバークリの近代的観念論を批判し、自らの超越論的観念論（transzendentaler Idealismus）の優位を鮮明にしようとした。前二者の観念論は蓋然的観念論（der problematische Idealismus）、独断的観念論（der dogmatische Idealismus）と呼ばれ、意識外の事物の存在を疑わしいとするか不可能と断ずるものであった。これに対して、カントの超越論的観念論は、客観的な対象の存立を基礎づけ、その認識を可能とする点にあったのである。

しかし、「信仰の場を獲得するために知を廃棄する」（ibid.BXXX.）という言葉に示されるように、カントも知すなわち認識に限界を付し、その及ばないもののあることを主張した。その限界の告知として、彼は「物自体（Ding an sich）は不可知である」と断じ、物自体を知の限界を示す限界概念として用いたのである。

だが、そうすることによって、カントは旧来の観念論と同じ水準に後退するかのような印象を与えかねない。それは、カントに続く学徒たちにとって容認しがたいことであった。ヤコービは「人は（物自体という）前提なしにカント哲学に立ち入ることはできず、その前提を以てしてはそこにとどまることはできない」と記した。[2] 物自体という限界概念を如何に解消するか、が後進の学徒たちの共通の課題となったのである。

ヘーゲルもまた、この課題と正面から取り組もうとした一人であった。彼は、超越論的観念論の意義は十分に認めながら、カントが設けた限界を超えることに努めた。彼が目指したのは、アリストテレスが第一哲学と呼んだ形而上学ないし存在の学、存在論であった。カントの究極の関心が形而上学（Metaphysik）の再興にあったように、ヘーゲルの課題も形而上学の再建にあったのである。[3]

しかし、知を放棄し、実践の次元で形而上学的関心を満たそうとしたカントに対して、知の体系、学として形而上学を追究しようとしたヘーゲルにとっては、物自体の概念は残すことのできないものであった。カントに続きその思考方法を継承しながら、物自体の概念を如何に止揚しえたかを明らかにすることは、ヘーゲルの思想を理解し、その歴史的意義を確認するためには不可欠となる。本章では、こうした観点からヘーゲルの物自体批判を見ることとする。

一　カントの観念論論駁

カントは、『純粋理性批判』第二版において、様相概念の適用の原則「経験的思惟一般の公準（要請）」を示した後に「観念論の論駁」（Widerlegung des Idealismus）という一節を加えている（K.d.r.V.,B274f.）。認識と認識対象の可能性、現実性、必然性を考えるに当たって、対象とりわけ空間における対象の存在を疑わしいとしたり不可能であるとする観念論（蓋然的、独断的観念論）は、認識と対象の客観性を追求するカントにとっては、自分の説が主観的観念論と誤解されることを防ぐために、対決し克服すべき思想であった。

近代において登場した観念論を、彼は二類型に分類する。一つは、空間における諸対象の存在を疑わしく論証不可能（zweifelhaft und unerweislich）とするもの、もう一つはそれを虚偽であり不可能（falsch und unmöglich）とするものである。カントは前者を「蓋然的観念論」（der problematische Idealismus）と呼んで、デカルトに帰し、後者を「独断的観念論」（der dogmatische Idealismus）と呼んで、バークリに帰するのである（ibid.,B274.）。

カントによれば、デカルトは「ただ一つの経験的な主張（assertio）、すなわち〈我あり〉だけを疑いえないものと説いた」（ibid.）。確かに、デカルトは、徹底した懐疑の末に、「我思う、故に我あり」（cogito ergo sum.）を最早疑いえないものとして認めたが、神の存在と外界事物の存在に関しては改めて証明を必要とした。(1) デカルトはその証明を行ったにかかわらず、カントはその証明は確実性を欠き、むしろ説得性がないと判断していることになろう。だが、証明不可能であり、疑わしいとはいえ、空間的事物の存在を不可能と断じているわけではない。これに対して、バークリは、空間とそれを不可欠の制約とするすべての事物はそもそも不可能であるとし、空間中の事物を単なる想像の産物（Einbildung）と見なしたのである。(5)

カントは言う。「空間を物自体そのものに帰属する性質と見なすならば、独断的観念論は避けられない。その場合には、空間はそれを制約としているすべてのものとともに無意味なもの（Unding）となるからである」（ibid.,B274.）。物自体は周知の（bekannt）ものでも認識（erkennen）されうるものではないとされているからである。もし、物自体が認識可能であるとすれば、それについては経験的に知られうるにすぎない。そして、経験判断もしくはそこから推理されたものしか獲得されない。そのかぎりでは、必然性（Notwendigkeit）を備えた必当然的な（apodiktisch）認識は生まれえないはずである。しかるに、幾何学の命題は総じて必当然的であり、必然性を備えている。この事実は、空間が認識主観から独立し物自体に帰属しているのではなく、ア・プリオリに認識主観に備わっている形式であって、そうしたものとして一切の空間的事物の制約としてあると考えるのでなければ説明されない。主観から独立した物自体についてア・ポステリオリに知るという想定はこうして覆される（ibid.,B41.）。独断的観念論は、ア・プリオリな必然的認識の成立を説明しえず、その事実の前で否定されるのである。

これに比べれば、十分な証明（ein hinreichender Beweis）が与えられるまでは決定的な判断は控えねばならないとする蓋然的観念論は合理的で（vernünftig）あり、徹底した哲学的思考様式（eine gründliche philosophische Denkungsart）に適っている、とカントは認める。

要求される証明は、「われわれは外界の事物についても経験を持ち、単に想像を持つだけではない」ことを示さなければならない。カントは、「デカルトが不可疑としたわれわれの内的経験（die innere Erfahrung）ですら外的経験（die äußere Erfahrung）の前提のもとでのみ可能である」ことが証明されうるならば、そしてその場合にのみ、それは可能である、と言う（ibid.,B275.）。その証明を彼は次のように与える。「私は私の存在を時間のうちで規定されたものとして意識する。すべての時間規定は、知覚のうちの恒常的なものを前提する。しかるに、この恒常的なものは、私のうちなるものではありえない。なぜなら、まさしく時間のうちの私の存在はこの恒常的なものによって初めて規定されうるのだからである。従って、この恒常的なものの知覚は、私の外の物によってのみ可能であり、私の外なる物の単なる表象によって可能なのではない。それ故、時間のうちの私の存在の規定は、私が私の外に知覚する現実的な物の現存によってのみ可能である。ところで、時間のうちの（私の存在の）意識は、この時間規定の可能性の意識と必然的に結合されている。従って、それは、時間規定の制約としての私の外なる諸物の現存の意識とも必然的に結合されている。すなわち、私自身の存在の意識は、同時に私の外なる他の諸物の存在の直接的な意識なのである」（ibid.,B275f.）。

「時間のうちでの私の存在の意識」が成り立つためには、すべての時間規定の制約たる恒常的なもの（Etwas Beharrliches）の知覚がなければならない。だが、この恒常的なものは私のうちにある（時間のうちなる私の存在）とは言えない。むしろ、それが、時間のうちなる私の存在を意識するための条件だからである。それは私の外にあり、それについての知覚も、この外なる物によって可能であるとしなければならない。こうして、私の外なる物の現存が主張されることになる。私が私の存在を意識する時には、同時に私の外なる他の諸物を直接意識しているのである。

時間のうちでの私の存在の意識とは何か。それは、デカルトが懐疑の末に到達した「コギト・エルゴ・スム」ではないであろう。これは、空間をも時間をも捨象した意識だからである。カントが「内的経験」(die innere Erfahrung)と言うように、問題となっているのは、私の内的経験であり、経験的な意識に他ならない。それが成立するために、恒常的なものの知覚ないし意識が必要とされているのである。それは、内的経験の制約である以上、これに先立ってあり、内的経験のうちにあるのではなく、外にあるものの知覚とされざるをえない。その知覚とは「外的経験」(die äußere Erfahrung)に他ならないということになる。

問題となっているのは、内的経験と外的経験の関係である。観念論の特徴が、外的経験を内的経験に還元する傾向にあるのに対し、カントはそれを逆転し、前者を後者の先行条件とすることによって、内的経験に還元されない外的事物の存在を回復しようとするのである。それによって、カントは実在論の可能性を確保していると言うことができる。まさしく、観念論論駁が遂行されているのである。

だが、その実在論には留保がつけられなければならない。独断論的観念論の論駁に見られたように、空間を物自体に備わる性質と見なすことはできない。それは、ア・プリオリな必然的認識の可能性に撞着するからである。それは、認識主観にア・プリオリに備わる形式と見なされなければならない。その形式のもとで諸直観が整序され、対象(Gegenstand)の像が構成されるのである。それが客観(Objekt)と称されるものに他ならない。空間は、外官の形式として、外的経験の成立条件である。従って、ここでは、論駁の中で主張されたことの逆の事態、認識主観すなわち私がむしろ外的経験の条件であるという関係が成立していることになる。そして、そのように見ることを、カントは「超越論的観念論」(der transzendentale Idealismus)と呼ぶのである。観念論を論駁しつつ、カントは新たな観念論を主張しているのである。

このことは、矛盾或いは悪しき循環と言うべきであろうか。問題となるのは、「論駁」において吟味されたのは、内的経験と外的経験の相即性と条件関係であり、そうした二種の経験がそもそも如何にして可能かを問うのが超越論的観念論であるということである。なるほど、時間規定を捉えるには、空間的延長を想定しなければならない。恒常的な延長体の上での点の運動量として時間を知るのである。(6) だが、そうすることのすべてが主観のなす経験である。その経験の主体たる主観、「私」は、「時間のうちなる私の存在の意識」とは異なる次元にある。この意識を持つものこそが「私」なのである。それは、その意識の内容、時間のうちなる私の存在を超えていると見なさなければならない。

この超越的な私から見れば、経験の内容は観念的なものである。だが、経験された私にとっては、経験の対象は外にある実在的な物である。そこでは、実在論が主張される。カントはそれを「経験的実在論」(der empirische Realismus) と呼ぶ。そして、超越論的観念論と経験的実在論は齟齬するものではないと言うのである。

超越論的観念論は、ア・プリオリな必然的認識の可能性と認識の客観的妥当性を保障するために避けえない考え方であった。だが、それは物自体 (Ding an sich) への通路を閉ざすという結果を含んでいた。物自体の認識は不可能とされ、客観的認識は経験可能な現象についてしか成立しないことになるのである。カントのこの裁定は、「知を廃棄し、信仰の場を確保する」という積極的な意味を持っていた。だが、真理の探究という知の要求からすれば、それは二次的な真理に甘んじることを余儀なくさせ、不可知論という疑いを誘いかねない。(7) こうした超越論的観念論の自己制限に対しては、様々な異論が起こることとなった。既述のとおり、ヤコービは「(物自体という) 前提なしにはカント哲学に立ち入ることはできず、その前提を以てしてはそこにとどまることはできない」ともどかしさを表明した。(8)

こうして、物自体の概念を如何に止揚するか、がカントに続く学徒たちの課題となる。それは、カントに倣って人間を有限なものとして限定するか、有限性を超えて無限なものを視野に収めることができるものとするかの岐路である。ヘーゲルが格闘した課題もそこにあった。そして、それは、カントの超越論哲学そのものを批判的に超克するという課題に通じていた。物自体ならびに超越論的観念論に対して、ヘーゲルはどのような洞察を有していたかを見なければならない。

二　超越論的観念論と物自体

一切の対象が主観の定立作用によってあるとする超越論的観念論の見方を適用すれば、物自体ですら主観から離れて思惟されるわけではなく、思惟の産物でしかないということになるかもしれない。ヘーゲルによれば、それは、一切の規定の捨象によってまったく無規定とされた空虚な抽象作用の産物に他ならない。「われわれおよび事象に関係する思想から隔たって別の極にあるとされる事象とは、それ自身思惟物（Gedankending）であり、まったく無規定なものとしてのそれである」[9]（W.d.L.I/1.S.14.）。

思惟の彼岸とされているものが、逆に思惟の産物に他ならない。そのようなものとして、それは思惟のうちに回収されるべきものである。そして、それはまったく無規定（ganz unbestimmt）とされているかぎり、複数の物として語られるわけにもいかない。それは「ただ一つの思惟物」（nur Ein Gedankending）として考えられねばならない。それが、いわゆる物自体なのである（ibid.）。

「諸物が自体的にあるとされるのは、他のものに対してあるというあり方が悉く捨象される、すなわち総じてそれらが一切の規定を持たず、無として考えられるかぎりにおいてである」（ibid.S.109.）。そうしたものについて、人はそれが何であるかを問うことはできない。「何か？」という問いは、問われるものの規定を示すことを要求しているが、無規定とされているものについては、その答えは予め拒まれている。人がそれについて知ることができないということは、当然の帰結になる。それは、深遠な知恵を言い表しているように見えるが、物自体が真理を欠く空虚な抽象物でしかないことを告白するものである。ヘーゲルは、スピノザの実体概念に向けたのと同じ批判[10]をそれに向ける。「物自体とは、人がその中では一切のものが一体であるとしか知りえない絶対者と同じものである」（ibid.）。

こうした物自体の概念を前提とする超越論的観念論とは何か。ヘーゲルは言う。「そのように、物自体は無規定的なものとして前提されるのであるから、すべての規定はそれの外、それとは別の、それが無関係である反省に属することになる。超越論的観念論にとっては、この外在的反省（die äußerliche Reflexion）が意識なのである」（W.d.L.I.S.331.）。この観念論が立脚する意識は外在的反省にすぎない。そして、「この哲学体系は、形式、内容に関する諸物の一切の規定性を意識のうちに移すのであるから、私が木の葉を黒ではなく緑と見、太陽を丸くて四角ではないと見、砂糖を甘くて辛くはないと感じ、時計の第一、第二打を連続的と見て、並存しているのではないと聞き、第一打を原因として、第二打の結果と規定しないということは、私、主観に属することになる」（ibid.）。

近代哲学において第二性質（secondary quality）と呼ばれた色、味、音のみならず第一性質（primary quality）たる形、更には時間的前後、因果関係をも主観たる私のうちに置く観念論は、ヘーゲルからすれば、主観的観念論（der subjektive Idealismus）と称されるべきである。彼は、超越論的観念論をバークリ流の観念論にまで後退させたかのようである。だが、知覚と認識に携わる主観の活動に対して、カントは自由（Freiheit）の意識を対置した。それによれば、私は私を普遍的で無規定なものとして捉え、右の多様な規定を私から分離し、私にとって外在的なもの、諸事物に帰属するものと見なす（ibid.S.332.）。そうすることによって、私は物自体と同じく無規定なものとなる。私は、物自体と同じく、多様な規定から自己内還帰した同一性である（ibid.）。こうして、超越論的観念論は無規定な物自体を両極に持つ体制、別言すれば、一切の規定を捨象することによって物自体を彼岸に立てる一方、主観自身も一切の規定を自己から分離することによって無規定な物自体であるとする思想であることが明らかになる。

とはいえ、超越論的観念論は、主観を被制限性と有限性から解放するものではない。それは、常識が外的事物に帰属させる多様性と変化を自我のうちに包摂し、自我のうちで生起していると見なす。内容的には、自我は経験的意識と異ならない。そして、自我が多様性や変化によって制限されているという事態は変わらない。制限の形式が変わるだけである。従って、超越論的観念論が立脚する立場は依然不十分であると言わざるをえない。その不十分さの本質は、抽象的な物自体を究極の規定としてこれに固執し、反省ないし多様な諸性質を物自体に対立させるという点にある。この対立を解消するには、物自体は本質的に反省をそれ自身に備えており、それ自身の固有性を付与されているとするか、或いは外在的なもの自身を物自体またはその規定として規定する外はない。

そもそも思惟の及ばない彼岸として真の接近を拒んでいた物自体が単に思惟の抽象作用によって生み出された思惟物にすぎないとするならば、それは思惟のうちに回収され、思惟は自らの制限から脱出することができるはずである。そして、超越論的観念論は絶対的観念論（absoluter Idealismus）に変貌する。ヘーゲルにおいては、物自体概念の批判と止揚は超越論的観念論のそれであり、後者を克服できるか否かは物自体概念を止揚できるか否かに懸かっているのである。

そうだとすれば、一体何故にまた如何にして物自体の概念は生み出されたのか、それを生み出した思惟とは何か、が問われなければならない。物自体と外在的反省の対立があるとすれば、この対立そのものがどこから発生したのか、物自体のそもそもの由来は何であるのか。ヘーゲルは、「本質論」における「現象」の章「現存」（Existenz）の節において、右のような物自体批判に続けて、物自体概念の発生過程を明らかにしている（ibid.,S.327.）。このことは、物自体とそれに対立する主観は決して根源的なものではないことを示唆している。従って、そこにこそ物自体概念の由来とその止揚の可能性が求められねばならない。

現存とは何か。それは「本質から生じる（現れ出る）存在」（das Seyn, das aus dem Wesen hervorgeht）である、とヘーゲルは言う（ibid.,S.324.）。現存の語源〈exsisto〉の「出現する、出来する、生ずる」の意味を継承して、彼は動詞〈existieren〉を「出現する」〈hervortreten, hervorgehen, sich herausstellen〉の意味で用い、〈Existenz〉を「現れ出ること」ないし「現れ出たもの」のこととする。まさしく本質から出来し、本質を根拠とするものとして、現存するものは根拠を持ち、根拠によって措定されたもの、媒介され制約されたものなのである（Was existiert, hat einen Grund und ist bedingt.）（ibid.）。

しかし、この根拠関係、媒介は、現存するものを生じさせて後、根拠をなお背後に残しているような関係ではない。

むしろ、根拠そのものが現存へと止揚されるのである。根拠は、現出することにおいて現出することそのことを止揚するものに他ならない。この意味で、現存は、「根拠と制約によって関係づける媒介を止揚することから現出した直接性」（die aus dem Aufheben der durch Grund und Bedingung beziehenden Vermittlung hervorgegangene Unmittelbarkeit）である（ibid.）。

現存において根拠が止揚されている以上、「現存するものは根拠を持たず、無制約である」（Was existiert, hat keinen Grund und ist unbedingt.）とも言われることになる（ibid.）。それは、無根拠なもの（das Grundlose）、無制約なもの（das Unbedingte）である。「根拠と制約によって媒介されるとともに、媒介の止揚によって自己と同一である直接性が現存なのである」（ibid.,S.322.）。

とはいえ、この自己同一的な直接性は、媒介の止揚によってあるものとして、否定性を宿している。根拠を持ち制約されたものでありながら、根拠を持たず無制約である。根拠の側から見れば、現存とは「自己を否定する中で成立した自己自身との同一性」（seine in seiner Negation zustande gekommene Identität mit sich selbst）であり、媒介の働きでありながら、自己を自己と同一なものとし、そうすることで直接性である媒介」（die Vermittlung, die sich mit sich identisch gesetzt hat und dadurch Unmittelbarkeit ist）である（ibid.,S.326.）。媒介の面について言えば、現存は媒介の諸規定を帯びているはずである。だが、それらは止揚されており、自己のうちに反省し直接的な存立を持つに至っている。

直接性の面について見れば、現存は（媒介の）止揚によって自己を措定した直接性であるから、本来否定的な統一（negative Einheit）である。だが、その否定性は直接性のうちでさしあたり消えている。そうした現存は「或るものの一つ」（das Eins des Etwas）ないし「現存するものないし物」（Existirendes oder Ding）と見なされる（ibid.,S.323.）。そして、無根拠、無制約なものとして、自己のうちにあるというあり方（Insichseyn）をしている（ibid.,S.326.）。とはいえ、存在する或るもの（seyendes Etwas）とは違い、「媒介が自己自身のうちに反省することによって生じた直接性」（ibid.）としてなのである。

従って、現存は媒介の契機を有しており、その中には現存するものないし物と現存の区別がある。そして、前者を自己内存在とするならば、現存はそれに対して外在的なもの（äusserliche Existenz）となる。こうして、物そのものと現存の区別が生ずる。そして、前者が物自体（Ding an sich）と呼ばれることになるのである（ibid.f.）。

三　物自体と固有性

媒介の止揚によって生じた直接的なものは無制約であり、根拠そのものを止揚している。その意味で、それは本質的とされ、「物自体」と称される。そこには媒介が止揚された形で保存されている。しかし、この直接性の中で、物自体と媒介は互いに無関係な規定となる。媒介は物自体に対して直接性としてあり、反省されない直接性（nicht reflectirte Unmittelbarkeit）という意味しか持たない（ibid.S.327.）。但し、それは媒介であるから、自己自身に対して他なるものであり、多様な内容を宿し、外在的な定在としてあることになる。

とはいえ、それは止揚された媒介、本質的な直接性との関係のうちにある。但し、非本質的なもの、措定されてあることとしてそれに関係するだけである。ここに、本質性（Wesentlichkeit）と非本質性（Unwesentlichkeit）の区別が生じる。もとより、いずれもが現存の契機であり、現存に含まれることは言うまでもない。それ故、物自体は物の本質的な現存であり、媒介されたもののあり方は非本質的な現存であることになる。しかし、物自体が非本質的な現存の根拠であるわけではない。それは、止揚された媒介であるという規定を持つだけであるから、動きのない無規定な統一であり、非本質的な現存の基礎（Grundlage）という意味しか持たない。それは、規定された多様性を備えてはおらず、それに対して無関係である。それが与えられるのは外在的な反省（die äusserliche Reflexion）によってでしかない（ibid.S.328.）。

だが、外在的反省が外在的であるのは、物自体を他者としてそれに関係するかぎりにおいてである。従って、多様性は物自体から離れたところに独自の自立的な存在を持つわけではない。物自体との必然的な関係のうちに、物自体において反射されるものとしてあるにすぎない。更には、物自体への関係としてのみあるのである。それは、そうした関係の中にありながら、しかし物自体から突き離される。従って、自己自身のうちにとどまることができない。物自体に関係し、その都度反撥されるだけなのである。その結果、それは自己自身のうちで崩壊し、没落する。だが、外在的反省が没落するということは、その外在性が廃棄され、それが本質的な同一性、物自体になるということを意味する（ibid.）。

換言すれば、非本質的な現存は、物自体に対して、さしあたり、その他者に関係するように関係する。それは、物自体に対する他者である。だが、そうであることによって、それは自己自身を止揚し、自体的にあることとなる。こうして、非本質的な現存は物自体において自らの自己内反省を持つに至る。言い換えれば、物自体は外在的現存と同一になるのである（ibid.）。

物自体は自己に関係する（自己同一的な）本質的現存である。だが、それが自己と同一であるのは、反省の否定性を自己のうちに含むかぎりにおいてのみである。それに対して外在的と見えたものは、それ自身のうちの契機に他ならない。従って、物自体とは、自己を自己から突き離して（sich von sich abstossen）他のものとなし、これに関係するものでもある。

だが、非本質的な現存が崩壊してなる物自体は、直接的な本質性としての物自体とは別のものである。従って、幾つもの物自体（mehrere Dinge an sich）があることになる（ibid.）。しかし、前者は後者に対して、他のものであるという以上の規定性は持たない。ともに自己同一的なものであり、自己内反省でしかない。従って、複数の物自体を想定するとしても、それら相互の差異を示す規定性は、外在的な反省によって与えられる他はない。こうして、外在的反省によって相互に関係づけられる幾つもの物自体があることになる。

物自体相互のこの関係は、それらを極とする一つの推理（Schluß）と見なされる（ibid.S.329）。だが、物自体自身は、まったく自己自身のうちに反省したものとして、関係に対して無縁（無関係）である。それらの区別は、それらの関係に属するにすぎない。だが、それらを関係づける媒辞は、それらの外面的現存に他ならない。それらが互いに他のものであり、区別されたものであるのは、この現存による他はない。物自体は言わばその表面を関係のうちに送り込んでいるだけである。物自体は外在的な反省に関係する中で多様な規定を与えられる。それはこれらの規定を自己自身から突き離して他の物自体に送り込む。だが、他の物自体はそれらを反射する。それによって、物自体は他の物自体に対する他のものであることになるのである（ibid.）。

従って、各々の物自体が規定されるのは、互いに他の物自体によってである。それらは、それらの差異性をそれら自身のうちにではなく、他のもののうちに持つだけだから、本来区別されていないことになる。物自体は、それとは区別されていないものに関係しているにすぎない。一方、両極を媒介し関係づけているはずの外在的反省は、その外在性を止揚される。それは、物自体が自己自身に対してのみ関係することであり、物自体の自己内反省（Reflexion in sich）（ibid.）となる。物自体の規定性であることになるのである。

物自体は他の物自体への外在的関係のうちにあるのでも、他の物自体のそれへの外在的関係のうちにあるのでもない。規定性は物自体の表面であるだけでなく、自らを他者となしつつ他者たる自己と自らが媒介されることでもある。こうして、物自体の複数性も止揚される。関係の極であるはずの物自体は互いに対する規定性は持たず、事実上一体化する（in Eins zusammenfallen）。ただ一つの物自体（Ein Ding an sich）があるのみとなるのである。外在的反省の中でそれが関係するのは、自己自身に対してであり、その規定性は、それが自ら他者とした自己に対する自己自身の関係に他ならない（ibid.）。物自体のこうした規定性は、物の固有性（die Eigenschaft des Dings）と呼ばれることになる。

物は固有性を持つ。固有性とは物相互の関係の仕方である。そのかぎり、それは外在的反省であり、物の措定された面に当たる。だが、物は、他の物に関係しながら自己を保存する。それは、措定されてありながら自体的にある。それは、表面で生成と変化に曝されるが、その固有性においては変わることがない。固有性は失われない。却って、物は他のものの中であれこれの結果を生じ、独特の仕方で他のものに関係しつつ自己を表現する。もちろん、他のものの性状に応じながらである[11]。こうして、物はその固有性によって原因となる。原因は、結果を生じながら、結果として自己を保存するものである。その同一性は失われない。よって、固有性は物に独特であり、物の自己同一的な基礎（seine mit sich identische Grundlage）と見なされる（ibid.,S.330.）。この意味でこそ、それは固有性と称されるのである。

しかし、物はまだ現実的な原因として規定されているわけではない。それは「多くの固有性を持つ静止的な物」（das ruhige Ding von vielen Eigenschaften）[12]であり、その諸規定を自ら措定する反省となってはいない。とはいえ、諸々の固有性は物自体自身の規定であり、物自体はその固有性の中に根拠として現前する。そして、措定されてある中で自己同一性を保持するのである。

物が措定されてある面が外在的反省であるとすれば、物は外在的であるかぎりにおいてのみ自己のうちに反省しており、自体的にあるということになる。固有性はその根拠から区別されてはおらず、単に措定されてあるというだけではない。それは、根拠がその外面性に移行したものであり、そうするとともに自己のうちに還帰したものである。固有性自身が根拠であることになる。措定されてありながら自体的にあるのである。根拠とは、こうした固有性の自己同一性の形式に他ならないとも言える。こうして、根拠が自ら突き離し規定して外在的な直接性の形を取りながら自己に関係するということが、根拠関係の全体であることが明らかになる。

このようにして、根拠としての物自体は外在的直接性という形で現存する。それは、現存は外在的な直接性であると同時に自体的にある存在であるということである。物自体と外在的直接性の区別は止揚されている。そもそも、物自体は止揚された媒介としての直接性であり現存であるとされていたのである。こうして、物自体の抽象性と彼岸性は克服されたと見なされる。

四　物の矛盾と解消

物自体は、本質的に現存する。否、物自体はそもそも本質の現存である。根拠関係の媒介が止揚された結果としての止揚された媒介が物自体なのであり、それは媒介の面と同様、本質の現存する働きの契機に他ならないからである。そうした物自体に対して、媒介の側は外在的で直接的な規定性となる。だが、両者は本来不可分である。従って、「外在的な直接性と規定性は、物自体の自体的なあり方ないしその自己内反省に属している」(ibid.,S.332.)。そのことによって、物自体は固有性を持つ物(ein Ding, das Eigenschaften hat)となる。それ故、固有性を持たない物、純粋な物自体であるという物の抽象的な規定は真ならざる規定とされねばならない(ibid.)。物性(Dingheit)は無規定な自己同一性という形式にすぎないのであり、その本質性は固有性によって初めて与えられるのである。そうだとすれば、真の自体存在とは、措定されてある中で自体的にあること(das Ansichseyn in seinem Gesetztseyn)であると言わなければならない。そして、物自体が措定されてあるあり方こそは固有性に他ならないのである。従って、固有性こそが本質的なものとなる。物性は固有性に移行する(ibid.,S.333.)。

こうして、物と固有性の関係の逆転が起こる。本質的なものと見えていた物は非本質的なものとなり、固有性の方が本質的なものとして独立性(Selbständigkeit)を獲得する(ibid.)。これまでは、固有性を捨象した抽象的な物が本質的なものとして規定されていたのだが、今やそれは固有性に関わりなく、それを外から総括するだけの外在的な形式にすぎなくなっている。固有性こそが物を成立させているのである。こうして、固有性は自立的な物質(eine selbständige Materie)として捉えられることになる(ibid.,S.334.)。それは固有性の数に応じて様々なものとしてあると見なされる。そして、物はこれら自立的な物質から成ることになるのである。

自立的な物質となった固有性は、連続性を維持する。それは一定の物に帰属するだけでなく、諸々の物を貫いて行く。だが、そうした連続性は、諸々の物の区別を止揚するという否定的な契機とともにある。それは否定的な統一に他ならない。物質の積極的な自立性に対しては、物の否定的な自立性が対立する。物は固有性によって他の物から区別されるはずであったが、固有性が他の物に連続しているならば、その区別はなくなる。それ故、物は固有性と他の物への関係から離れ、自己のうちに還帰せざるをえない。そうして、自己において規定されたもの、「このもの」(Dieses)と呼ばれるだけのものとなるのである。だが、こうした自己内還帰は自己関係的規定であるにせよ、非本質的とされる他はない。自立的な物質こそがそれを存立させているのであり、その中では諸物の区別とそれらの自体的規定性は止揚されているのである（ibid.,S.335.）。

固有性の側から見るならば、固有性は外在的な規定であるだけでなく、自体的にある現存である。それは、外在性と本質性の統一である。それは、自己への反省と他のものへの反省という二重の運動を含む。だが、そのことによって自己を突き離し、「単純で自己同一的に自己に関係する自立的なもの」と「他のものに対立し、自己のうちに反省して自体的に規定された一者」という規定に分かれる。すなわち、諸物質と「このもの」となる。こうして、固有性の二つの契機が生まれることになる。

固有性が自立的な物質となり、他のものに帰属することから解放されるならば、物も他の物から規定されることから解放される。固有性によってこそ諸物は区別されるはずだったからである。物は他の物への関係から自由となって自己のうちに還帰する。だが、そうすることで物は別の物自体となっている。固有性が自立的となっているため、物においてそれらが関係するということは止揚されているからである。それは、物質の肯定的な自立性に対する否定として、自己同一性を保っているにすぎない（ibid.）。

物は自立的な諸物質から成る。だが、これらの物質は、物の中で関係しあうことに対して無関心である。関係はそれらの非本質的な結合にすぎない。そして、特殊な諸物質がどれだけあるかによって、物の区別が生じるだけとなる。諸物質がこの物に帰属するということはそれらを制限することではなく、それらはこの物を超えて他の物のうちに続いていく。また。それらは互いに制約しあうわけでもない。それらは、自立的なものとして互いに貫通しあうことなく、このものとしての物の中にあるだけである。物はそれらの集まり(Sammlung)にすぎず、それらの並存(das Auch)を意味するにすぎない。[13] 物は、連関を持たない連関をなすものとしてあるだけである(ibid.,S.336.)。

諸物質の集まりでしかない物からは幾つもの物質が分離されたり、またそれに付加されることができる。このことから、物には常住性はなく、変化が付きまとうことになる。変化(生成、消滅)は、外面的な結合が外在的に解消したり、結合されることに無関心な物質が結びつくことである。諸物質は物から出たり物に入ったりする循環を繰り返す。物は、こうしたことを許容するものとして、独自の基準や型を持たず多孔性(Porosität)を備えていると見なされねばならない。それの存在は常に解体の可能性を宿しており、存在も解体も外在的に規定されて起こるにすぎない(ibid.)。

だが、同様のことは諸物質についても言える。諸物質は自立的なものであり、規定されたものとして自己内還帰している。それは、単純で自己とのみ関係する。だが、その内容は規定されたものであり、規定性である。規定されていることによって、それは他の物との関係を宿している。諸物質は、このように、他の物に関係しながらそれであるという否定的な関係としてあるのであり、その関係の場が物であることになる。物は諸物質の単なる並存ではなく、それらの否定的反省に他ならない。諸物質は相互否定的に一点において融合してあるのである。従って、物は延長ではなく、点として考えられなければならない(die Punctualität des Dinges)(ibid.,S.337.)。そこで、一物質は、内容の面からも形式の面からも、他の物質を前提するとともに排斥するという相反する運動を有することになる。「一物質は、内容の相互規定性の面において、他の物質があるところのものではない。また、その自立性の面からすれば、一物質は、他の物質があるかぎり、ないのである」(ibid.)。

すなわち、「一物質が存立しているところでは、他の物質は存立しない。また、他の物質は一つの物質の中に存立しもする。これら異なったすべての物質は互いにそうしているのである」(ibid.)。点としての物の中で、一つの物質は他の物質とともに存立しているとすれば、それらは互いに浸透しあっている(sich durchdringen)と言わねばならない。

だが、物がそれらの並存であるとすれば、それらは互いに浸透しあいながら無関係であり、接触しあうことはない。この二面を同時に可能とするためには、諸物質は多孔的（porös）であり、それぞれの穴隙に他の物質を容れるという形を取らざるをえない。各々は、その意味で自らの否定を宿しており、「その存立は同時にそれが止揚されていることである」（ibid.）ことになる。物がこうした物質から成るとすれば、物は物質とともに止揚される。物は、自立的な存立がその反対によって、すなわちその否定によって自己と媒介されるという自己矛盾的な媒介に他ならない[14]。それは、一つの自立的な物質が他の物質の存立と非存立によって媒介されるということと同じである（ibid.）。

物自体とその固有性という両極を孕むこととなった現存は、こうしてその真相を露呈する。それは、「自体的にある存在」と「自立的な存立」および「非本質的な現存」が一体であるということであり、その自体存在を非本質性のうちに、その存立を他者しかも絶対的に他なるもののうちに持ち、その基礎は儚いものであること（Nichtigkeit）が明らかになる（ibid.）。こうして、物自体の神話は解消する。主観に対する彼岸、現象に対する背後世界と考えられていた物自体の実体性は消え、現象（Erscheinung）こそが唯一客観的実在性を有するとする現象主義が所を得ることになるのである。

注

（1）I.Kant, *Kritik der reinen Vernunft*, 1781, 1787. Abk.: K.d.r.V.

（2）F.Jacobi, *David Hume über den Glauben, den Idealismus und Realismus, Ein Gespräch, Beylage, Über den transscendentalen Idealismus*, 1786, in: *Jacobi Werke*, II, Darmstadt 1980, S.304.

（3）G.W.F.Hegel, *Wissenschaft der Logik*, I, 1812/13, in: GW.11, Hamburg 1978, S.7. Abk.: W.d.L.I.

（4）R.Descartes, *Meditationes de Prima Philosophia*, 1641, Paris 1970, p.69, Meditatio V. "Postquam verò percipi Deum esse, quia simul etiam intellexi cætera omnia ab eo pendere, illumque non esse fallacem; atque inde collegi illa omnia, quæ clare & distincte percipio, necessario esse vera; etiamsi non attendam amplius ad rationes propter quas istud verum esse judicavi, modo tantùm recorder me clare & distincte perspexisse, nulla ratio contraria afferri potest, quæ me ad dubitandum impellat, sed veram & certam de hoc habeo scientiam.”; *OEUVRES DE DESCARTES*, VII, Paris 1983, p.70.

（5）G.Berkeley, *A TREATISE CONCERNING THE PRINCIPLES OF HUMAN KNOWLEDGE*, 1710, in: *THE WORKS OF BISHOF BERKELEY*, vol.1, Oxford, M. DCCCLXXI, pp.167-168.

（6）カントは時間を内的直観の普遍的形式とし、それを基体として同時性や継起が表象されるとしながら、「時間はそれだけでは知覚されえない」と言う。「それ故、知覚の対象、現象の中に時間一般を表す基体が見出されねばならない」と主張する。統覚の中で諸現象がその基体に関係づけられることを通して、変化や同時性が知覚されうる、とするのである。K.d.r.V.,B225.

（7）カントのカテゴリーの演繹によれば、客観は直観の多様が結合されることによって生まれるのであり、この統一は自己意識の統一によってのみ成立するのであるから、概念と物の同一性としての真理が明言されてはいるが、物がそれ自体として如何にあるかは認識されないとされるとして、ヘーゲルはその不整合を指摘する。G.W.F.Hegel, *Wissenschaft der Logik*, II, 1816, in: GW.12., 1981, S.24. Abk: W.d.L.II.

（8）注（2）を参照。

（9）G.W.F.Hegel, *Wissenschaft der Logik*, I/1（1832）, in: GW.21., Hamburg 1985, S.14. Abk.: W.d.L.I/1.

（10）G.W.F.Hegel, *Die Phänomenologie des Geistes*, 1807, in: GW.9., Hamburg 1980, S.17. Abk.: Phä.d.G.

（11）『ヘーゲル論理の学Ⅰ　存在論』作品社、二〇一二年、四三六頁、第二章「定在」訳注（13）を参照。

（12）物のこの体制は、『精神の現象学』知覚論において主題化され、また『論理の学』「概念論」の「認識の理念」における「定義」のもとで前提されているあり方である。山口祐弘『近代知の返照』学陽書房、一九八八年、第三部第二章「知覚の論理と無矛盾性の原理」、二四九頁以下を参照。

（13）『精神の現象学』「知覚と物」を参照。Phä.d.G., S.77.

（14）この事情がアリストテレスの矛盾律の定式に対して持つ意味については、山口祐弘前掲書を参照。

第二章　本質の現象と本質的関係

序

「本質は現象せねばならない」[1]（W.d.L.I.S.323.）――これが、反省論と反省諸規定の考察を通して得られた知見であった。だが、それは、実体的なものとしての本質があって、それが隠れた部分を残しつつ徐々に自己を開示して行くという意味に解されてはならない。本質とは現象することそのことであり、それ以上のものではないと言われているのである。そもそも本質とは、反省であり、それ自身のうちで反省すること（die Reflexion in ihm selbst）であると説かれたのであった（ibid.S.244.）。反省の運動を離れて本質はない。そして、反省とは、自己に関係する否定性（die sich auf sich beziehende Negativität）、否定の否定ないし絶対的な否定性（die absolute Negativität）のことなのである。

本質は現象することであるというテーゼは、本質はこうした自己関係的否定としての反省であるという主テーゼから導かれる系であると見られよう。従って、それもまた否定の否定、絶対的否定性を示す命題に他ならない。

そうした否定性としてあるかぎり、現象たる本質もまた、第一の否定によって区別（Unterschied）と対立（Gegensatz）を生じる。それは、「本質的世界」（die wesentliche Welt）と「非本質的世界」（die unwesentliche Welt）との対立という形を取って現れる。だが、この対立は第二の否定によって止揚される。およそ反省諸規定の考察によれば、対立は矛盾

〈Widerspruch〉に陥り、対立しあうものの内部的崩壊を引き起こす。それらは没落して、本来の根拠〈Grund〉に還る。但し、根拠といっても、両項が不可分の否定的関係にあるということ以上のことではない〈ibid.,S.272, 292.〉。

本質的世界と非本質的世界もまさに対立関係にあるが故に、それぞれ自己の自立性を主張し、自己を全体としながら矛盾に陥り、没落する。それは、二つの世界に分かれた現象そのものが解体することに等しい。そして、両世界が自立的であるということは仮象であり、それらは不可分の関係、否定的統一のうちにあることが明らかになるのである。あるのは、本質のうちなる関係、「本質的関係」〈das wesentliche Verhältnis〉に他ならないことになる。

本章では、現象論の論述に従いながら、現象が本質的関係として捉え返されていく経緯を追跡する。

一　現象と現象の法則

ヘーゲルは「内面性から外に出ること」〈ein Herausgang aus der Innerlichkeit〉を〈Existenz〉と表現する〈ibid.,S.323.〉。〈Existenz〉の真義は「現実存在」や「実存」という訳語で尽くされるものではないであろう。それは「現れ出る」の意味の〈exsisto〉に由来する語であるから、「現出」ないし「現存」という言葉に近いと解される(2)。

それは、「現れ出る」ことであるとするならば、現れ出る主体を前提しているかのように見える。現出する前に何かがあって、それが現出することであるかのように思われる。未だ現れていないものが現れてくるのである。そのかぎり、現存はただ直接的にあることとは違う。それは、表にあるものの背後に遡って、その背景を考えることを求める。現れ出るものから現存を捉えた時、真にそれを理解したことになるのである。

では、何が現出するのか。ヘーゲルは、本質が現れ出〈herauftreten〉、現存に移行すると言う〈ibid.,S.341.〉。現存とは、本質が現出することに他ならず、現出したものが直接的にあるように見えようとも、本質に遡り、本質が現れ出たものとして捉えること、反省〈Reflexion〉を遂行することを求める。それは「反省された直接性」〈die reflectirte

Unmittelbarkeit）とならねばならない。本質への遡行を否定とするならば、本質の現出はこの否定の否定であり、第二の否定である。そもそも現存は、それ自身ではない本質の現出したものであるから、否定の否定としてある。その意味で、現出とは「絶対的な否定性」（die absolute Negativität）であることになる（ibid.）。

〈Existenz〉がこのような意味であるならば、それは「現象（げんしょう）」（Erscheinung）と同義となる。現象とは、現出しつつある（現存のうちなる）本質（das Wesen in seiner Existenz）である。そして、本質はその現出を抜きにしてはない。本質はそのまま現存のうちにあり、現存が反省された現存であることが、現出しつつある本質の契機をなす。従って、現存とは本質の現存、本質的現存（wesentliche Existenz）であり、こうした現存が現象なのである。現象であることは、現存自身の真理に他ならない（ibid.）。

現象は、それ故、本質が現象すること、本質性を伴った現出である。それは、それだけであるわけではなく、自存性（自立性）を持たない。それは措定されてあること（Gesetztseyn）であり、根拠を伴ってあることである。現象と根拠を分けるならば、根拠は現存の否定である。だが、それは現存の否定としてのみ意味を持つのであり、そのかぎりそれ自身措定されてあることに他ならない。それも、別の自立的なものとされるわけにはいかない。現出によってあるもの、現出しているもの（Existirendes）は、他のものへの反省を伴ってある［現象している］。そして、この他のものを根拠としている。しかし、この他のものも、それ自身他のものへ反省しているものに他ならない。現出しているものが、それ自身の存在を持たない無であるとすれば、それに対する他のものとしての根拠の側も措定されてあるにすぎず、それ自身無である。従って、ここには、無なるものが無なるものに根拠を求め、この無なるものから現出するものとして始めの無に還るという運動（die Rückkehr des Nichts durch Nichts zu sich selbst zurück）があるにすぎない（ibid.S.343.）。

この否定の否定の運動においては、互いに措定しあうという関係のみがあり、一方が存立しているということは、他方が措定されてあるということを意味する。根拠は第一のものとしてあるとしても、それはただ「先だって措定されたもの」（ein Vorausgesetztes）にすぎないのである（ibid.）。

無が無を経て自己自身に還るというこの運動の中では、実体的なものはどこにも見出されない。現象にはこうした否定的な面しかないように思われる。だが、ヘーゲルは、この否定的な媒介の中に、現出しているものの肯定的な自己同一性（die positive Identität des Existirenden mit sich）が含まれていると言う（ibid.）。なぜなら、そこには措定されてあることが措定されてあることに関係するという事情があるのみであり、関係する相手は自己と同じく措定されてあることであり、それ自身止揚されたものであって、自立的なものであるわけではないからである。自己自身に関係するということがあるだけである。現出しているものは、自己同一的ないし肯定的な本質性（mit sich identische oder positive Wesentlichkeit）に他ならない。そして、この同一性こそが現象の本質的な内容（der wesentliche Inhalt der Erscheinung）と見なされるのである（ibid.）。

だが、この本質的な内容は、自己同一的なものとしての措定されてあるという面の他に、外在的な直接性という意味で措定されてあるという形式も含んでいる。そして、偶然的で非本質的なものとして、移行を強いられ、生成・消滅するという変化に曝される。だがまた、それは、単純で交替を免れた内容規定、恒常的なものであるという面をも備えている。それは可変的なものを貫く単純なものでありながら、規定され自己のうちに差異を含むものに他ならない。その内容は、非本質的な多様として分散している現象が反省し、単純な区別へと還元されたものである。従って、本質的な意味を含む。その規定性は規定性一般であるだけでなく、現象の本質として、一方とそれに対する他方が対立しあう両項の関係を表す規定性（完全な規定性）でなければならない。そこにおいて、両項の各々は他方のうちにその存立を持つ。それは、それの非存立のうちにあるという矛盾である。だが、それは、両項の存立が同一であるということを意味するものに他ならず、一方が措定されてあることは、他方も措定されてあるということを含意する。それらは、単に異なり互いに無関係な内容でありながら、一つの存立をなしている。非本質的な内容は、止揚されて同一性へと還帰しているのである。そして、こうした統一は、現象の法則（das Gesetz der Erscheinung）と呼ばれることになる（ibid.S.342.）[3]。

二　現象の区別――法則の国と現象世界

現象は、否定的な自己媒介としての現出である。否定的と言われるのは、現出しているものが、それでない他のものによって媒介されているとともに、この他のものでないという仕方であるからである。それ自身の非存立と他のものの非存立という契機がそこにはある。両者は現出しながら消滅するものとしてある。それは、非本質的な現象（die unwesentliche Erscheinung）としてあると言うべきものである（ibid.S.344.）。いずれもが措定されてあるにすぎない。だが、それを通して、両者は不可分であり一体であることが明らかになる。両者は互いに措定しされあうことによって、同一のものとして肯定的に措定されてある（das identische und positive Gesetztseyn beider）のである。この肯定面が「法則」（Gesetz）と呼ばれるものに他ならない。それは、消滅することなく恒常的にある（Bleiben）ことになる（ibid.）。

現象には、このように否定的な面と肯定的な面、非本質的な面と本質的な面がある。前者は現出の持つ存在の直接性（Unmittelbarkeit）である。それは、自体的には、反省された直接性であり、根拠によってあり、自己に還った根拠である。だが、現象の中では、直接性と反省は分離されており、反省された直接性はただある直接性に対して措定されてあることとして規定される。そして、それが本質的で真に肯定的なもの（das Wesentliche und wahrhaft Positive）とされるのである（ibid.）。ヘーゲルは、それを措定されてあること（Gesetztseyn）と結びつけて法則（Gesetz）と名づけるわけである。

こうして、法則は、現象が自己同一性へと反省したもの（die Reflexion der Erscheinung in die Identität mit sich）である。それに対しては、直接的なものが対立する。直接的なものと自己内反省したものというあり方からすれば、両者は区別されている。だが、この区別が生ずるのは、現象の反省による。そして、反省の本性には、現象自身とその反省との本質的な同一性が含まれている。反省とは、措定されてある中で自己と同一なものなのであり、その内容は現象から法則へと続いており、法則と現象の内容に他ならないのである（ibid.,S.344f.）。

従って、この内容が現象の基礎（Grundlage）であることになる。それは、法則が現象の基礎であるということと同じである。だが、現象はこの内容に尽きるものではない。それは、更に直接的な存在という非本質的な内容（der unwesentliche Inhalt）を含む。現象の反省によって、現象と法則の区別が生じるとされたのだが、直接的なものと自己内反省したものという形式上の区別すら法則の内容とは別のものである。とはいえ、法則の内容と区別された直接性は、非存立（Nichtbestehen）としてあるにすぎない。それは自立性を保つことはできず、止揚される。止揚されることにおいて自己同一性を獲得するだけである。すなわち、否定の否定という形をとってである。しかし、それが本質的な内容とされ、現象の基礎とされたものに他ならない。従って、法則である現象の基礎は、現象自身の契機に他ならないことになる。

このことによって、現象と法則の区別は解消する。法則は、現象を超えたところにあるのではなく、現象のうちに直ちに現前して（unmittelbar gegenwärtig）いるのである。「諸法則の国は、現象ないし現象する世界の静止像（das ruhige Abbild）である」とされる（ibid.,S.345.）。だが、むしろ両者は一つの全体をなしていると言わねばならない。現象する世界は、それ自身諸法則の国（das Reich der Gesetze）である。この国は、措定されてありながら、単純な同一のものであり、現存の自立性が解消する中で自己同一性を維持する。それ故、現存は、法則を根拠とし、そこに還帰する。現象は単純な根拠と現象世界の解体運動の両者を含むものに他ならない（ibid.）。

法則は、以上のように、本質の現象、本質的な現象である。それは、現象が措定されてありながら、本来の自己（本質）のうちに反省したものである。それは、自己と非本質的な現存の同一の内容なのである（ibid.）。

しかし、法則とその現象の同一性は、初めはただ直接的で単純な同一性にすぎない。そして、法則はその現存に対して無関係であり、現象は法則の内容とは別の内容を持つ。この内容は非本質的であり、法則の内容に還帰するべきものである。だが、法則にとっては、それは自らが措定したものではない第一次的な与件であり、法則と外在的に結合されているだけである。現象は、法則に含まれていない多くの規定を宿していることになる。

従って、諸法則の国は、現象の静止的な写像であるにすぎない（ibid.）。現象はそれと同じ内容であるが、静止することなき変易（交替）と他のものへの反省として現れる。それは、否定的で直ちに姿を変える現存、対立するものへと移行し自己を止揚して統一に還帰する運動に他ならない。法則はこうした面を持たない。これに対し、現象は、法則ばかりでなく、それ以上のもの、運動する形式という契機を持つ。この意味で、現象は全体（die Totalität）である（ibid. S.346.）。法則はこうした契機を持たないために、現象の肯定的な本質性（現象の本質の肯定面）にすぎず、否定的な本質性（否定の否定という媒介、否定性を宿す本質性）ではない。この否定面からすれば、内容諸規定は、他のものに移行し、それら自身においてそれらの他者となる。これに対し、法則においては、それの含む項の内容は、他のものへの関係に対して無関係である。その項は、それが措定されてあることが他の項が措定されてあることであるというあり方をしているわけではない。法則は、その諸項へと反省した実在的な形式ではないのである（ibid.,S.347.）。

三　現象の自己内反省と法則の完全性

現象の世界は多様な定在を内容とする。この内容は自存性を持たず、他のものの中に存立を持つ。それが存立しているということは、それが解消していることに等しい。それは儚い存在である。とはいえ、この他のものもまた同様の内容である。従って、それが解消して行き着く先は、自分と同様のものに他ならない。現象しているものは、この他者の中で自己自身と出会っているのである（ibid.）。現象は、変化しながら現象として存続する。それでない他のものに移行し解消しながら、そこに存立を得、そこで措定されるのである。このように現象が措定されてあることが、「法則」なのである。「法則とはこのような現象の単純な自己同一性である」（ibid.）と言われる所以である。

とはいえ、この同一性は直接的な同一性であり、抽象的な統一（abstracte Einheit）に他ならない。それは現象内部の同一性であり、現象しているものが他の現象しているものに根拠と制約を持つという関係を示しているにすぎない。それは、せいぜい現象の基礎（Grundlage）であり、その根拠（Grund）とは言えない。それとともに、別の内容が並び立つことがありうるのである。

これに対して、法則の内容は現象の内容とは異なっている。のみならず、現象は法則に対立した面を持つ。現象しているものは、その非存在、それでないことへと反省しており、その同一性は、本質的に、それの否定性、それに対する他者であるからである。現象の同一性とは、現象の同一的な基礎であることにはとどまらない。それを法則と呼ぶにしても、それは現象の否定的な統一であり、現象するものと現象のうちにあるものとの直接的な同一性ではなく、現象するものが否定され解消する中で顕現する同一性に他ならない。要するに、現象は没落し、没落を通してその根拠たる法則を見出すのである。「現象界は没落し、その根拠に還帰する」（ibid.,S.349.）と言われる所以である。法則は、こうした根拠としての現象の否定的な統一に他ならないのである。

従って、法則の内容は単に異なった（verschieden）項の関係というわけではない。自己に対して無関心で、その項相互の同一性も直接的、内的で未だ必然的ではないというわけではない。その項は否定的に関係しあうもの（negativ sich aufeinander beziehende）に他ならない。一方の項は他方の項において措定される。一方の項が措定されているということは、他方の項が措定されているということなのである（ibid.,S.348.）。一方はそこにおいて否定されている。そして、その逆も成り立つ。こうして、各々の存立は、それ自身の非存立であることになる（各々はこの意味で矛盾である）。このことが、それらが否定的に統一されているということに他ならない（ibid.）。また、それによって、各々自身が否定的な統一であるということになる。法則の内容をなす項は、単に異なっているというだけでなく、それらの否定的統一の中で異なっている。それは、それらが対立しているということである。従って、各々はその他者を自己自身のうちに宿しており、自立的な全体であることになる。だが、自立的なものであることによって、自らの他であるという面（他在）を自己から突き離すことになる。それは、それぞれが矛盾であるということに他ならない。そして、矛盾を宿すものは崩壊して根拠に至ることになる（ibid.,S.350.）。その根拠が法則と称されるのである。法則の内容をなす項は、差異性、対立、矛盾という反省諸規定を順次辿り、最後に根拠に達する。(4) それは、法則が具体的なものとして措定され、実在的となることを意味する。変易の中にある現象の単純な同一性、抽象的な統一は、「実在的な同一性」（eine gesetzte und reale Identität）となったのである（ibid.,S.348.）。

こうして、法則と現象の乖離は乗り超えられる。法則は、その項の否定的統一という形式の欠如を克服し、完全なものとなる。現存は完全に止揚されて自己に立ち帰り、それ自身でありながら他であるという絶対的なあり方（ihr absolutes an- und fürsichseyendes Andersseyn）へと戻っている（こうして、一つの完全体が生まれているのである）。法則は、現象の全体を含んでいる。現象には非本質性という側面があったが、この非本質性も反省され、自体的にある非本質性、本質の裏づけを持った否定性（本質的否定性）（die wesentliche Negativität）（ibid.）となっている。こうして、現象は自己内反省した現象（die in sich reflectirte Erscheinung）として、「自体的対自的に存在する世界」（die an und für sich seyende Welt）となる（ibid.）。この世界においては、法則におけるのとは違い、没本質的な多様性、可変性と変化の契機も絶対的な否定性であり、反省された現存としての実在性を持ち、多様ではなく本質的に自己と連関する内容としてある。従って、この世界は感覚に直に現前する感覚的世界ではなく、「超感覚的世界」（die übersinnliche Welt）と呼ばれることになるのである（ibid.,S.349.）。

それは、現存の全体であり、その外には何もない。だが、それは絶対的な否定性（die absolute Negativität）である。よって、否定的に自己に関係する運動（negative Beziehung auf sich）としてある。それは対立を宿し、自己を突き離して、本質的世界と現象世界に分かれる。前者としては、それは現象世界とは異なる自立性を持つに至る。それに対して、現象世界は、本質的世界との否定的統一のうちにあるものとして、この統一の中で没落し、統一を根拠としてそこへ還帰する（ibid.,S.349.）。こうして、根拠たる本質的世界は、現象世界の措定根拠でもあることになる。本質的世界の自己同一性は、自己を止揚し、措定されてあることとなるのである。そのようにして、それは、それ自身現象する世界となる。それは、現象世界の内容の全体であり、現象世界の全多様性の根拠なのである（ibid., S.350.）。

とはいえ、それは現象世界との否定的関係のうちにあるのであり、現象世界を否定するもの、これに対立した世界である。二つの世界は、このように対立しながら、根拠と根拠づけられるものの関係、根拠関係（Grundbeziehung）にあることになる。従って、自体的対自的世界は、現象世界と同一になる。それは、それ自身、区別され多様な世界の全体となった世界である。とはいえ、この同一的連関は対立としても規定されている。現象世界の形式は、それとは別のあり方に反省することであり、現象世界は対立する世界としての自体的対自的世界において真に自己のうちに還っているのである。こうした関係は、自体的対自的世界は現象世界が顚倒した世界（die verkehrte der erscheinenden）であるという形で表現される（ibid.）。(5)

四　両世界の相互転換と本質的関係

自体的対自的世界は、現象世界の対立と矛盾および没落を経て開示された世界であり、現象世界の全内容規定と変化を止揚したものである。そのかぎり、それは現象世界の根拠である。とはいえ、現象世界を止揚したものであり、それとの否定的な統一のうちにあるのであるから、現象世界に対立した項である。その意味で、それは否定的な契機である。しかし、この対立の中で、両世界の区別は消滅する。自体的対自的世界は現象世界であり、逆でもある。それは、各々の世界が他の世界への反省であることによる。

現象世界は他であることへと反省しており、その諸規定と規定性は、他のもののうちに根拠と存立を持つ。しかし、この他のものもまた同様に他のものへと反省したものである。両者は、互いに、他のものの他のものであり、それらが関係する他のものは自己を止揚している。従って、それらはいずれも自己自身に関係しているにすぎない。かくて、現象世界は、それ自身において、自体的対自的世界に他ならないことになる。

逆に、自体的対自的世界は、他であることや交替から自由な自己同一的な内容と見なされる。だが、そうであるのは、この内容は現象世界が完全に自己自身のうちに反省したものだからである。従って、それは、否定的な契機を含んでおり、他であることとしての自己に関係している。それ故、それは、自己自身に対立し自己を顚倒させる没本質的な内容であることになる。そのことによって、それは直接的な現存という形式を獲得しているのである。言い換えれば、自体的対自的世界は現象世界の根拠であるが、後者と対立関係にある以上、止揚された根拠、根拠であることを直ちに止揚されるものなのであり、直接的な現存であることになるのである。

こうして、現象世界も自体的対自的（本質的）世界も自己同一的な反省と他方への反省からなる全体、自体的対自的にあることと現象することとを含む全体である。それらは、いずれも現存の自立的な完全体である。一方は反省された現存、他方は直接的な現存という違いはあるにせよ、各々はそれに対する他方のうちに続いており（sich continuiren）、それ自身においてこれら二つの契機の同一性なのである。

この同一性の観点から見れば、一つの全体（Totalität）があって、それが自己を自己自身から突き離して二つの全体、反省された全体と直接的な全体になるという事実があるのみである。両者は、それぞれ他方の契機を本質的に備えていることによって全体であり、そのかぎりで自立的なものである。但し、自立的であるといっても、他方への本質的な関係としてあるにすぎず、両者の統一の中に自立性を持つということに他ならない。

非本質的世界の真理は、自体的対自的にある世界である。前者は後者に止揚される。だが、後者は、それ自身であるとともに前者でもある。その意味で全体である。従って、両者とも直接的な現存であるとともに、それに対して他であることへ反省したものである。それによって真に自己のうちに反省しているのである。このことは、本質的世界も非本質的世界も止揚され、没落しているということである。世界とは、一般に多様性の没形式的な全体のことであるとすれば、単に異なっているという意味の多様性はもはやない。全体としての世界は本質的な関係としてのみあることになる。二つの世界としての二つの全体も、互いに無関係な自立的なものとしてあるように見えるとしても、不可分な関係にあるのであり、本質の反省による関係こそが、それらの統一の完成に他ならないのである。

本質的世界と非本質的世界の区別は、本質を根拠とする現象において生じた区別であったが、今やこの全連関の中で、両者の関係が回復され措定されて、それらの真理として明らかになったと言うことができる。

注

（1）G.W.F.Hegel, *Wissenschaft der Logik*, I, 1812/13, in: GW.11., Hamburg 1978, S.323. Abk.: W.d.L.I.

（2）第一部第三章注（15）参照。

（3）『精神の現象学』「Ⅲ、力と悟性、現象と超感覚的世界」との対応が注目される。G.W.F.Hegel, *Die Phänomenologie des Geistes*, 1807, in: GW.9., Hamburg 1980, S.91. Abk.: Phä.d.G.

（4）第一部第二章「反省諸規定と反省の論理学」を参照。

（5）Vgl. Phä.d.G., S.97.

第三章　本質の自己開示と現実性

序

「本質は現象せねばならない」[1]。『論理の学』「本質論」の現象論の冒頭でこのように言われている。本質は現象するものであり、現象しないものは本質ではなく、現象することなくして本質はない。更に言えば、現象せずに隠れているものは本質のうちにはない。本質は全面的、完全に自己を開示するのである。本質とは、「自己を開示するものであること」（das sich Offenbarende zu seyn）に他ならない（W.d.L.I.,S.368.）。

このように本質と現象が完全に同一であるところに、「現実性」（Wirklichkeit）の概念が成立する。現象論の展開――（一）現存、（二）現象、（三）本質的関係――は、こうした現実性の概念に向かっての前進なのである（ibid.,S.341~368.）。（三）本質的関係は、A. 全体と部分、B. 力と外化の関係、C. 内なるものと外なるものの関係を経て現実性に達する。

本質と現象の完全な一致を主張するヘーゲルの思想には、彼の現象主義を読み取ることができよう。もとより、それは感覚に現前する感覚的現象のみを現実と認め、背後世界に無関心な現象主義とも、物自体を不可知として現象の認識にとどまるカントの批判哲学とも異なる。現象界に顕現しない隠れた性質はないとする唯現象主義とも言うべきものである。それは、現象のみがあり、現象界こそが絶対的なものであるという思想に通じる。「理性的なものは現実的である、現実的なものは理性的である」[2]という『法哲学』の周知の命題もここに根を有していると言えよう。

　そうであるとすれば、ヘーゲルは如何にして「現実性」の概念に到達したのか、そこに至る論理は如何なるものであったのか、そもそもその意味は何であったのか、が問われる。本章では、「本質的関係」の論述を通してこのことを考察する。

一　全体と部分

　第一の本質的関係である「全体と部分の関係」（das Verhältniss des Ganzen und der Theile）（ibid.,S.354.）の由来は何か。それは、本質が反省する運動であり、現象する働きであることにある。反省は、否定の否定という二段階の否定を含み、現象もそうである。

　この二段階の否定の中で二つの契機が生じる。否定が第一の段階にとどまるならば、連関なき多様性が生じる。それは、ただあると言われるだけの（seyend）直接的なものである。そのかぎり、それは自立性（Selbstständigkeit）を持つと見なされる。しかし、第二の否定によって、この多様性は反省されたものとなる。こうして、「ただあるだけの直接性」（die seyende Unmittelbarkeit）に対して「反省された直接性」（die reflectirte Unmittelbarkeit）が生じる。後者は多様性の否定であり、それを統一にもたらしたものに他ならない（ibid.,S.353.）。

　それらは別々のものと見なされるならば、またもや自立性の外見が生じる。だが、「それに対する他者への反省」（die Reflexion in sein Anderes）、「その他者との関係の統一」（Einheit der Beziehung mit seinem Andern）を離れてあるわけではない。その統一の中では、自立的と見えるものは措定されたものであり、止揚されたものである。統一こそがそれぞれの自立性の本質である。言い換えれば、「他者に反省すること」（Reflexion in anderes）によってこそ、「自己自身のうちに反省すること」(Reflexion in sich selbst) となるのである。総じて、本質的関係とは、こうした二極ないし二項の関係に他ならない。それは「他者へと反省すること」である。そのかぎり、それは区別を含む。区別された項は、互いに無関係で異なっているにすぎないとされるならば、自立的な存立を持つように見える。とはいえ、各々の存立は、他者への関係ないしそれらの否定的な統一の中でのみ意味を持つ(ibid.)。従って、各々はそれ自身とその他者との統一であり、全体(Totalität)である。そのかぎりで、それぞれは自立性を持ち、本質的な自己内反省(wesentliche Reflexion in sich)であることになる(ibid.)[3]。

だが、各々の持つ全体性は、直ちに顕在化するわけではない。また、両項の同一性も完全なものとなっているわけではない。両項は、関係(Beziehung)の外にあって自立性を持ち続ける。同一性と現出している自立的なものの間の相互反省的統一は、まだ現われていない。両項は自立的であり、互いに制約しあい前提しあうという関係にあるにすぎない(ibid.,S.354.)。ヘーゲルが全体と部分の関係(das Verhältniß)と名づけるのは、こうした関係に他ならない。

だが、両項は自立性を持っているとはいえ、統一のうちにあるのであり、他の項を自己のうちに表出させ、両者の同一性としてある(ibid.,S.355.)。自己内反省した自立性はその対立者、直接的な自立者への反省であり、対立者との同一性である。直接的な自立性の方は多様性であるが、反省された自立性との統一を備えてもいる。

こうした関係は、始めは、直接的な関係にすぎない。そのため、否定的な統一と肯定的な自立性は、「もまた」(das Auch)によって結合されるだけである。両項は契機として措定されてはいるが、自立的なものとして現存している。こうした関係においては、一方が他方に対して基礎となり、他方は措定されてあることとなるか、或いは他方が基礎となり、一方は外在的な関係でしかなくなるかである。

とはいえ、両項は関係のうちにあるにすぎない。各々は自立的でありながら、直ちに他方の相関者(das Relative eines Andern)である(ibid.)。それぞれは矛盾に他ならず、その関係も矛盾である。従って、止揚されるべきことになる。

全体(das Ganze)について見るならば、それは反省された統一(die reflectirte Einheit)として自立的な存立を持つ。

しかし、その存立はこの統一から突き離される。その統一は否定的な統一なのであって、全体は自己自身に対する否定的な関係に他ならない。統一は、その存立をそれに対立するもの、多様な直接性、部分において持つのである。全体は部分なしにはなく、部分から成り立つと言わねばならない（ibid.）。そうであるかぎり、諸部分は反省された自立性に対立する（gegen）直接的な自立性であり、それだけであることになる。だが、それらは全体なしにはない。全体とはそれらの関係なのであり、それらは全体をそれらの契機として有するのである。なるほど、諸部分が自立的なものであるかぎり、それらの関係は表面的なものに見えるかもしれない。しかし、諸部分は多様な現存としてあるかぎり、反省を欠き、それら自身のうちで崩壊する。それらは、その自立性を反省された統一すなわち全体のうちに持つだけなのである（ibid.,S.356.）。

こうして、全体と部分は互いに制約しあう。全体は部分の制約であり、部分によって前提される。だが、諸部分を前提するかぎりにおいてのみである。各々は直接的な自立性をそれ自身において持つが、その自立性は他方によって媒介され措定されているのである。だが、こうした相互的な制約関係の全体は、制約されていない「無制約なもの」（das Unbedingte）である。それは、両項の同一性が現存しているということに他ならない。両項はその中で契機としてあるにすぎないこととなる。

こうして、全体は部分に等しく、部分は全体に等しい。部分の中にないものは全体の中になく、全体の中にないものは部分の中にない（ibid.）。関係は両者の不可分性としての同一性であり、一つの自立性（Eine Selbständigkeit）に他ならないことになる（ibid.）。

しかし、全体は部分に等しいといっても、諸部分としての諸部分に等しいわけではなく、総体としての諸部分に等しいのである。総体とは諸部分の統一であり、全体である。従って、全体は全体に等しいにすぎない。逆に、諸部分も全体に等しいといっても、統一としての全体に等しいわけではなく、多様なものとしての全体、諸部分に分かれた全体に等しいにすぎない（ibid.,S.357.）。従って、諸部分は諸部分に等しいというだけである。いずれにおいても、トートロジーが主張されているにすぎない。

このように見るならば、全体と部分は再び別々となる。各々は自己に関係しているだけである。だが、それらは分離されるならば、自己自身を破壊することになる。諸部分と無関係な全体は、抽象的で内に区別を有さない同一性にすぎない。同一性が全体であるとされうるのは、自己自身のうちで区別されていることによってである。しかし、区別された多様な諸規定が自己自身のうちに反省しており、直接的な自立性を持つかぎりにおいてである。――諸部分も同様に全体の統一に対して無関係であるならば、関係を含まない多様なものがあるのみとなる。それは、「自己において他のもの」（das in sich Andere）、自己同一性を有しえないもの、それ自身の他者（das Andere seiner selbst）と言う他はなくなる。そのようなものとして、それは自己を止揚するにすぎない。こうして、各々は自己にのみ関係し、その自立性を維持しようとしても、自己を破壊するだけである（ibid.,S.357.）。各々は自己自身のうちに自立性を持つのではなく、他のものにおいて持つ他はない。そこでは、どちらが第一のもの、始めであり、前提であるかは問われえない。第一のものといえども第一のものではなく、他のものに始まりを持つのである（ibid.）。

こうして、関係とは、両項が互いに媒介されあっていることに他ならないことが明らかになる。ただあるというだけにせよ、反省されたにせよ、直接性（Unmittelbarkeit）という表現は止揚されている。自立性と直接性を主張しようとする各項は、矛盾に陥り、その故に崩壊して両者の統一を根拠として見出すことになる。この統一が自己自身に否定的に関係することによって、ただあるだけと見える直接性の仮象が生み出されるにすぎない。だが、それは措定され媒介されたものに他ならない。このように、直接性が措定されてあること、媒介されてあることに移行することが明らかになるのが、全体と部分の関係に他ならない（ibid.,S.358.）。全体と部分が矛盾によって崩壊して帰するこうした否定的統一は、「力」（Kraft）と呼ばれることになる。

二　力の無限性

以上のように、全体と部分は相互的に制約しあう関係にある。全体なくして部分はなく、部分なくして全体はない。両者は必要十分の関係にあり、また同一性の関係にある。それぞれはその反対を宿してそれぞれである。この意味では、それぞれは矛盾とされる。矛盾を含むものは崩壊し没落する。但し、没落はそれぞれが無に帰することではない。それぞれは自立的な存立を持たず、それだけであるわけではなく、反対との統一においてあるということが明らかになるだけである。それぞれはこの統一を根拠としてあるということが顕在化する。ヘーゲルは、こうした統一を否定的統一（die negative Einheit）と名づけるのである。それぞれはこの統一の契機であり。対立する極に分かれながら、根拠としての統一に繋がっており、また互いに不可分の関係を持つという有機的な連関のうちにある。そこでは、統一が多様性に対して無関係で外在的であるという事情は最早なくなっている。そうした否定的統一を、ヘーゲルは「力」（Kraft）と名づける（ibid.,S.359.）。

力に対して、それを根拠とする契機は、力の発現したものと見なされる。それらは、力によって措定され、担われているのである。「力は発現するに至る」（Die Kraft setzt sich in ihre Aeusserung.）（ibid.）。発現によって生まれたものは外在的なもの（das Äußerliche）となるが、自立性は持たず、根拠としての力に還帰し消え入るべきものとされる。これに対して、力の側はそのことを通して自己を維持する。それは、否定的な自己関係（negative Beziehung auf sich）である。その規定を様々に変えながら、その中で自己のうちに還帰し、自己を保存しているのである。「力は形を変えながら、力自身のなすこの変化の中でそれのあるものであり続ける」（ibid.,S.360.）。

だが、力が発現し外在的なものになるということは、ただあるというだけの直接的なものと見えるものが現れるということである。力は、無媒介にあるという意味の直接性の契機を備えている。そうした外面性に対して、力自身は否定的な統一として規定される（ibid.）。力は、このように二極に分裂する。無媒介にあるとされる側は、「現存している或るもの」（ein existirendes Etwas）と見なされる。そして、力は、自己内反省したものとして、この物に帰属すると見なされる。力と外在的なものの関係は逆転し、物が第一にあり、力はその産物としてあるという関係になる。物は、直接的なものとして、力とは無関係である。物の中には、力を持つ根拠はない。逆に、力は物をその前提とする。そして、外からの力（eine fremde Gewalt）によって物に押し付けられる（eingedrückt）のである。それは、それ自身直接的な存立であることになる（ibid.）。

それは、発現するという活動性を欠いた不活発な物の規定性（eine ruhige Bestimmtheit des Dings）であり、外在的なものと見なされ、終には磁気的、電気的等の物質（Materie）として想定されるに至る。そして、物はそれらへと解体するのである。(4)

無媒介にあるとされている物とは、本来力が措定した契機にすぎない。力は自己内反省する否定的な統一であり、現存として現れる外在性を措定する働きに他ならない。そこにおいては、力が帰属する物はもはや意味を持たない。また、それは規定された物質にすぎないものでもない。そうした自立性の仮象は消え、措定されてあるという真相が露呈するのである（ibid.,S.361.）。

こうして、力は反省されているという面と直接性という面の両面を有していることが明らかとなる。それは「反省された存立と直接的な存立、ないし形式統一と外在的な自立性の統一」（ibid.）である。それは、一方があるかぎり他方はないという対立関係にあるものが相接していることであり、矛盾である。その矛盾の故に、その内実は「自己を自己自身から突き離す」（das sich von sich selbst abstossen）という反撥とならざるをえない。そして、反撥しあう両項は契機にすぎず、止揚されたものにすぎない。反省された直接性（存立）ないし本質的な自己内反省といえども、そうしたものとして措定されているだけである（ibid.）。従って、それは直接的な現存から区別されようとも、直接的な現存に移行せざるをえなくなるのである。力は、自ら現存する外在的な多様性となるべく措定されていることになる。

こうして、力は反省された統一であるとともに、その否定（直接性）でもある。前者としては、力は後者と異なっている。とはいえ、それ自身とその否定との同一性である。よって、力はそれに対して外在的な直接性に本質的に関係している。それなくして力はないのであり、それは力の前提であり制約（条件）である。しかし、前提であり制約であるといっても、力に対して無関係な物ではなく、力の契機に他ならない。従って、力が制約されるといっても、他なるものとしての自己（力）によって制約されているにすぎない。それ故、力と力が互いに関係しあい前提しあっているという事態があるのみである。この前提する働きが他の力として措定されているのである（ibid.,S.362.）。そうした前提作用が二つの力の間で相互的に行われていることになる。どちらもが自己内反省した統一を止揚されたものとして含んでおり、従って他の力を前提するという働きをなすことになる。換言すれば、各々は自己自身を外在的なものとして措定するのである。この外在性という契機は、本来各々自身のものである。だが、各々はまた自己内反省した統一でもあるから、この外在性を自己自身のうちに措定するのではなく、他の力として措定することとなるわけである。

しかし、外在的なものそのものは、自己自身を止揚する。自己内反省する働きは他のものとしての外在的なものに関係するが、この外在的なものは虚ろなものであり、その働きと同じものである。前提する働きは本来自己内反省であるから、自らに対して外在的なもの、否定として前提したものを止揚する。そして、この否定を自己自身として、或いは自己自身の外在的なものとして措定する。すなわち、否定の否定を遂行するのである。この否定の否定は、相互に制約しあう力が、他の力に対する衝撃（Anstoß）となり、他の力がそれに対して否定の働きをなすよう促す関係として捉えられる。二つの力は、他の力が否定作用を発動するよう誘発する（sollicitiren）。それに対する否定作用の意味は、衝撃が外在的であることを止揚し、自己を自己自身から突き離すこと、自己自身の発現として衝撃を措定し返すことである。

こうして、二つの力は誘発し誘発される関係にある。だが、いずれが誘発する力であり、誘発される力であるかを区別する規定はない。むしろ、両者ともが誘発されるものとしてあるのである。一方が誘発されるのは、それ自身の働きによる。或いは、他の力が他の力であり、誘発する力であるということは、それ自身が措定したことである。誘発する力は、他の力の外在性を止揚し、否定すべくこれに関係する。だが、そうするのは他の力を自己に対してあるものとして持つということを前提することによってのみであり、それによって誘発されるかぎりにおいてである。いずれもが直接的なものではなく、媒介されたものなのである。いずれもが規定性を交換し、他方によって媒介されている。しかも、媒介する他方は、一方自身が規定を与え措定しているものなのである（ibid.,S.363.）。こうして、二つの力の一体性が回復されることになる。

要言すれば、力は自己を発現させる（sich äussern）。しかし、この外化は、外在性を自己自身の契機とし、他の力によって誘発されるという事態を止揚するという意味での反作用（Reagierung）である。力は発現（外化）によって自己自身を否定し、他者に対してあるものとなるが、この外在性の中で自己自身に還帰し、外在性の中にありながら自己にのみ関係するという無限な還帰である。しかも、還帰において働きを止めるというわけではない。力の前提の働き（前以て措定する作用）によって力が制約され衝撃を被るという事態が生じるわけだが、しかしその働きは同時に自己内還帰の働きであり、制約と衝撃に反作用する働きに他ならない。制約と衝撃が自らの働きによって生じているかぎり、この反作用は自己への反作用である。こうして、衝撃と外在的なものを措定するということは、それを止揚することである。だが逆に、衝撃を止揚することは、外在的なものを措定することに他ならないのである（ibid.,S.364.）。

こうして、力の働きは、自己を発現させ（外化し）、外在性を止揚し、これを自らが自己と同一である場として規定することにある。他者への関係が自己自身への関係であることに、力の真相はある。このことは、「力の外面性はその内面性と同一である」という命題で表現される。それは、力が無限（unendlich）であることを意味する（ibid.）。

三　同一性の構造

力とその発現の関係の考察の結論として、ヘーゲルは「力の外面性はその内面性と同一である」と述べる（ibid.）。そして、「内なるものと外なるもののこの統一（die Einheit des Innern und des Aeussern）こそは絶対的な現実性（die absolute Wirklichkeit）である」と言う（ibid.,S.369.）。現象と本質の同一性において現実性の次元が拓かれるとされる以上（ibid., S. 368.）、この同一性ないし統一の構造を確認しておくことが肝要である。

全体と部分の関係においては、両項は直接的なもの、自立的なものという見かけを持っていた。だが、それらは本質的な関係の項である以上、各々の自立性は他の項との否定的な統一に他ならないことが明らかにされた。そして、この否定的統一が力として措定されたのである。全体としての反省された統一は、本来、自己自身を外にもたらす働きであり、他となる働きに他ならない。だが、そうして生まれる外面性は再び統一のうちに取り戻される。このことが、力の運動として捉えられるのである。力は外化（発現）し、そうすることを通して自己自身と自らを媒介するものなのである。その運動は、対立しあう規定が互いに止揚しあうということに尽きるのでも、単に移行することにとどまるものでもない。直接性が出発点とされ、それが他であることに移行するように見えたにしても、その直接性そのものは措定されたものとしてあるにすぎず、各々の規定はすでに他の規定なのである。そして、移行と見えていたものはもとの否定的統一への還帰に他ならず、この還帰が措定されることなのである（ibid.,S.365.）。本質の現象の中で反省された直接性が全体とされ、ただあると見える直接性が部分とされたのであったが、この関係は力とその発現の関係として捉えられ、更には「内なるもの」（das Innere）と「外なるもの」（das Aeussere）の関係として捉えられるに至る。そして、両項が一つの同一性（Eine Identität）であることが示されるのである。内なるものと外なるものとは、この同一性の中で反省された直接性という形式と存在という形式を取ったものに他ならない。

同一性とは、これらの形式ないし項の堅牢な統一（die gediegene Einheit）のことである。それは、まずは両項を内容として持つ基礎（inhaltsvolle Grundlage）として捉えられる。両規定は、そこで外在的で無関係な契機としてあることになる。だが、この同一性は内なるものであるとともに外在的となる全体であり、外在的となる中で自己自身に等しくあり続ける。従って、外なるものは内なるものと内容を同じくし、更には一つの事象（Eine Sache）をなすことになる（ibid.）。だが、この事象は単純な自己同一性（die einfache Identität mit sich）として捉えられるかぎりでは、その形式諸規定とは異なっており、これらはそれに対して外在的なものであり続ける。それは、その外面性と異なる内なるものにすぎない。とはいえ、両規定が同一性を形づくっているということは異ならず、事象は両者の統一に他ならない。それ故、内容的には両面は同じであることになる。にもかかわらず、事象と事象の形式を区別して見るならば、両規定は互いに貫きあう同一性である一方、同一性ならびに互いに対して無関係な形式であることになる（ibid.）。

こうして、本質性の形式と非本質性の形式、自己内反省の形式と他のものに反省する直接性の形式の違い、内なるものと外なるものの区別が生ずる。とはいえ、両形式は、本来区別のない単純な形式（die einfache Form）なのである。それらは対立したものとして規定されている以上、その統一は、一方が無媒介に他方であり、一方であるが故に他方であるという抽象的な媒介にすぎないことになる。「内なるものは直ちに外なるものにすぎず、内なるものであるが故に外面性という規定性である。逆に、外なるものは外なるものにすぎないが故に、内なるものにすぎない」（ibid.）。同一性は、「内容に満ちた同一性ではなく、単に無媒介な移行にすぎない。全体の実在的な全体性は提示されていない」（ibid.,S.365f.）。「内なるものは本質（Wesen）として、外なるものは存在（Seyn）として規定されているが故に、事象はその本質のうちにのみあるかぎり、まさにそのことによって直接的な存在にすぎず、事象が存在しているにすぎないという場合には、まさにそのことによってせいぜいなおその本質のうちにあるにすぎない」と言われるだけである（ibid.,S.366.）。

だが、内なるものと外なるものは、互いに他方を前提し、その真理としての他方へと移行するだけではない。他方の真理としてあるかぎり、規定性として措定されているのであり、そのことによって両者の全体を指示しているのである。こうして、内なるものも外なるものも形式上本質の完成であると言うことができる。本質は、内なるものとして規定されているかぎり、欠陥のあるものであり、外なるものに対する関係としてのみあるということを含んでおり、外なるものも存在ないし現存であるだけでなく、本質ないし内なるものに関係するものとしてある。それは、両者の相互関係を示しているだけではない。各々が直ちにその反対であるという絶対的な形式を示しているのである。とはいえ、両者の媒介には、両者をともに含む同一的な基礎（Grundlage）が欠けている。それらの関係は、それ故、一方が他方に無媒介に転換すること（die unmittelbare Umkehrung des einen in das Andere）にとどまる。こうした形の否定的統一は「単純で内容のない点」（der einfache, inhaltslose Punkt）と称される（ibid.）。

こうして、内なるものと外なるものの同一性に二つのタイプがあることが分かる。一つは、両規定の区別に無関係な基礎としてのそれであり、今一つは、両規定の区別の無媒介な同一性、各々がそれに対立するものに無媒介に転換すること（die unmittelbare Umkehrung jeder in ihre entgegengesetzte）である。[5] 前者を内容と呼ぶならば、後者は形式である（ibid.）。だが、これら二つの同一性そのものも無関係にあるのではない。それらは、一つの全体の両面に他ならない。そして、その全体自身、一方が他方に反転することとしてあるにすぎない。基礎ないし内容か自己内反省した直接性であるのは、形式の側の反省によるのであり、この反省が形式の区別を止揚し、区別に対して無関係な同一性、反省された統一として措定することによってである。それは、形式の側から前以て措定されていたもの、形式の前提的反省（die voraussetzende Reflexion der Form）（ibid.S.368.）に他ならない。言い換えれば、形式自身が自己を差異性として規定し、外面性となす一方、自己内反省した直接性もしくは内なるものとしたのである（ibid.）。

このことによって、内なるものも外なるものも、自らと自らに対する他者からなる全体であることになる。内なるものは自己内反省した単純な同一性として直接的なものであり、本質であると同じく存在であり、外面性である。外なるものは、多様で規定された存在として外なるものであるが、非本質的なものとして措定されたものであり、よってその根拠に還帰する。そうして、内なるものとなるのである。

こうした相互移行は、両者の直接的な同一性を示すだけでなく、両者の媒介された同一性でもある。各々は、他方によって、各々が自体的にそれであるもの、すなわち関係の全体なのである。逆に、各々の規定性は、各々が全体であることによって、他の規定性と媒介されている。全体は規定性を通して自己を自己自身と媒介し、規定性は両規定の単純な同一性によって自己自身と媒介しているとも言える。こうして、内なるものと外なるものの同一性が構築されるのである。

四　本質の自己開示としての現実性

以上によって、内なるものと外なるものの完全な同一性が裏づけられたことになる。ここから、「或るものがあるところのもの（或るものの本質）は完全にその外面性のうちにある」と言うことができる（ibid.,S.368.）。そのものの外面性はそのものの全体であり、余すものはない。従って、外面性はそのものの自己内反省した統一でもある。外へと現象することは、他のものに反省することではなく、自己に反省することに他ならない。外面性は、そのものが自体的に何であるかの表現なのである。それ故、物は自己を外化すること以外の何ものでもない。それは、物が自己の本質を開示すること（das Offenbaren seines Wesens）であり、その本質は自己を開示するもの（das sich offenbarende）であるということに他ならない。

こうして、現象論は現象と本質の同一性を回復する。「本質は現象する」という冒頭のテーゼからすれば、それは同語反復的な結論であるかもしれない。しかし、現象する本質とは、否定の否定を含む否定性としての反省であるが故に、それは必然的に分裂と対立を孕み、これを止揚して同一性を確認せねばならなかったのである。それを可能にしたのは、勿論、反省としての本質の運動に他ならない。本質は、一旦分裂と疎外に陥りながら、自己同一性を自ら回復したと言うことができよう。そのようにして回復された本質、言い換えれば、現象と本質の同一性に達した本質的関係は、「現実性」(Wirklichkeit)と呼ばれることになる。

その中では、形態なき本質も支えなき現象も、或いは規定なき存立も存立を欠く多様性も止揚されており、その真のあり方に達している。それは一つの絶対的な全体(Eine absolute Totalität)である。その意味で、現実性は「絶対的」(absolut)と形容される。本質的な関係が到達した「内なるもの」と「外なるもの」の統一を、ヘーゲルは「絶対的現実性」(die absolute Wirklichkeit)と呼ぶのである(ibid.,S.368.)。そして、「絶対者」(das Absolute)とそのあり様の考察に進むことになる。

注

(1) G.W.F.Hegel, *Wissenschaft der Logik*, I (1812/13), in: GW.11, Hamburg 1978, S.323. Abk: W.d.L.I.

(2) G.W.F.Hegel, *Grundlinien der Philosophie des Rechts*, 1821, in: Werke 7., Frankfurt a.M. 1970, S.24.

(3) この関係は、反省諸規定、「肯定的なもの」と「否定的なもの」の関係に似ているが、両者の違いについてヘーゲルは次のように述べる。「肯定的なものと否定的なものという反省規定は、同じく自己内反省した規定であり、その対立者へと反省したものとしてある。しかし、それらが持つのはこうしたそれらの否定的統一以外の規定ではない。これに対して、本質的関係が両項として持つのは、自立的な全体として措定されているものである。(……)しかし、この全体は、本質的に対立したものとして、それを超えた彼岸を有するのである」(W.d.L.I.S.353.)。

(4) この事情に関しては、「現象論」第一節「現存」c「物の解体」が参照される。W.d.L.I.S.336.

(5) こうした転換(Umkehrung)は、H・シュミッツが「対立しあう規定の無媒介な結合」と定義した「無限判断」(das unendliche Urteil)に当たると見なされる。ヘーゲルは「存在論」冒頭の「純粋存在」(das reine Seyn)が直ちに「無」(Nichts)であることを想起しつつ、「総じて一切の実在的なものの始めは、まったく直接的な同一性であり、諸規定をまだ対立させても展開してもおらず、その活動によって内面性から外に出ていないのであるから、外面的なものに対立する規定性としての内面的なものであり、内面的なものに対立する規定性としての外面的なものにすぎない」と言う。「内なるもの」と「外なるもの」の無媒介な転換の論理が示されていると見なされる。H. Schmitz, *Hegel als Denker der Individualität*, Meisenheim/Glan 1957, S.115. 山口祐弘『近代知の返照』学陽書房、一九八八年、二四〇頁参照。

第三部　絶対者論

第一章　様相論の射程
――絶対者への階梯――

序

カントの有限主義を超えて無限なもの、絶対的なものを目ざすことは、ドイツ観念論通有の課題であった。そのことを特に強く意識して思索したのがヘーゲルであった。そのために、ヘーゲルはカントとは異なる思惟方法を開拓せねばならなかった。両者の相違は様相概念の取り扱いにも認められる。

可能性、現実性、必然性のカテゴリーをカントは専ら経験すなわち認識する主観の判断の基準という観点から考察した。如何なる基準の下で対象は可能と見なされ、また現実的さらには必然的と見なされうるかを検討したのである。そして、これらの基準を「経験的思惟一般の公準」と呼んだ。だが、それらがまさしく経験的思惟に関わるものとされるとおり、その考察は様相のカテゴリーをカント固有の「経験」の領野でのみ妥当させることになった。それは、必然性をめぐっても相対的必然性を語りうるのみで「絶対的必然性」には論及しえないのである。そこでも、経験の限界を超えてはならないという戒めが聞かれることになる。

これに対して、ヘーゲルは様相概念を経験や主観の桎梏から解き放ち、概念そのものの考察に徹する。そのことにより、それらは事象のあり方そのものとして扱われることになる。そして、カントがとどまろうとした有限性、相対性の次元を超え、「絶対的必然性」の概念に到達する。それは絶対者の形式として語られるに至る。そこに、絶対者の思想が如何に導かれ、如何なる構造を有しているかを見る手懸かりが与えられていると言えよう。

本章では、カントとの比較を通して、ヘーゲルの様相論の独自性を明らかにし、それがドイツ観念論の課題に対してどれだけの寄与をなしているかを見る。

一　カントの様相概念

カントが神の存在の「存在論的証明」を批判する中で「百ターラーの銀貨」を例として用いたことはよく知られている。彼は、そこで次のように述べる。

「現実的な百ターラーは可能的な百ターラーより些かも多く含むことはない。なぜなら、可能的な百ターラーは概念を、現実的な百ターラーは対象とその措定自体自身を意味するのであるから、現実的な百ターラーが可能的な百ターラーより多くを含む場合には、私の概念は完全な対象を表現することにはならず、従ってまた対象についての相応しい概念であることはなかろうからである(1)」。

現実的な対象がその対象についての概念より多くのものを含んでいるとすれば、概念は常に対象をより少なくしか表現しえていないことになる。対象と概念の一致は望みえない。この一致が得られねばならないとすれば、対象の現実性、対象が現実にあるということは、対象の概念内容には何の変更も加えず、内容を増すものではないと考えねばならない。このことを、カントは「存在（Sein）は明らかに実在的な述語ではない（kein reales Prädikat）、すなわち、或る物の概念に付け加わる（hinzukommen）ことのできるような何らかのものの概念ではない」（K.d.r.V.,A598,B626.）と言い表す。存在する、現実的にあるということは、対象と概念の内容には何の関係もなく、それらから切り離された事柄に他ならない。ここから、存在と概念は分離しており対立しているという考え方が導かれる。存在は概念の外にあるもの（dieses Sein außerhalb meinem Begriffe）に他ならない（ibid.,A599,B627.）。だが、まさにその故に、対象が実際にあるという場合には、対象は私の概念に総合的に付け加わる（zu meinem Begriffe synthetisch hinzukommen）ものでなければならないことになる（ibid.）。

だが、如何なる「実在的述語」でもなく、概念のみならず対象そのものの内容に何ら関わりのない存在ないし現実性が概念に「総合的に付け加わる」とは、どういうことであろうか。概念の分析（Analysis）が新たな内容を概念に付加することがないのに対し、概念に新たな内容を付加することが総合（Synthesis）であるとすれば、「総合的」というこの表現は本来の意味から逸脱したものではないのか。

ともあれ、その意図を斟酌するならば、対象がただ単に考えられているだけでなく、考えている者の前に現前していること、或いは措定されていること（Position）（ibid.）が、「総合的に付け加わる」ということの内実であると考える他はない。主観が対象をただ考えているだけの状態と対象を実際に前にし知覚している状態との違いが、それによって示されている。換言すれば、「存在」とは、対象と主観の関係を表現する言葉に他ならず、そうであるからこそ、対象と概念に何らの内容も付加するものではないことになるのである。

そして、カントにおいて、対象が現前しているとは、感覚的直観を通して与えられる多様な素材を悟性がカテゴリーを用いて思惟することによって対象の像を構成することに他ならないから、存在とは何よりも感覚・知覚から離れては語られえないということになる。カントにおいては、〈esse est percipi.〉としたバークリのテーゼ(2)が生きているのである。

さて、「現実性」（Wirklichkeit）は、「可能性」（Möglichkeit）、「必然性」（Notwendigkeit）とともに、「様相」（Modalität）のカテゴリーと呼ばれる。そして、カントは「様相のカテゴリーは、客観の規定として、それらが述語として付加される概念を些かも増大させることはなく、認識能力に対する関係を表現するにすぎない」（K.d.r.V.,A219, B626.）と言う。現実性について見られたこの事情は、様相のカテゴリー一般について認められるのである。このことは、言い換えれば、様相とは、認識能力、主観が対象を思惟するに当たってどれだけの信念を持ちうるかを表現するものに他ならないということである。それは、対象ないし事象そのものの信憑性を表現するものではない。或る事象が可能的か現実的か必然的か、ということではなく、私がそれをどう思うかが表現されているのである。そして、それぞれの条件に応じて、その思いが生まれるわけである。カントはその条件を「経験的思惟一般の公準」（die Postulate des empirischen Denkens überhaupt）という名の下で示す（ibid.,A218,B265.）。

そこではまず、「経験の形式的諸条件（直観と概念に関する）と一致するものは可能である」（ibid.）とされる。経験が感性と悟性の協働によって成立するかぎり、感性的直観と悟性概念がそれに関与する。感性的直観に触れえないものは経験の対象とはなりえず、カテゴリーの適用が不可能なものも然りである（「神」や「空を飛ぶ人」のように）。

だが、カントは経験の地平を画定するための一層広い可能性の概念を持っている。それは、対象の概念そのものの成否に関わる概念である。概念は、矛盾を含む場合には、成り立たず、廃棄される（sich selbst aufheben）。そして、それによって考えられる対象もまた「無」（Nichts）である。カントは、これを「概念を欠く空虚な対象」（leerer Gegenstand ohne Begriff）と呼び、「否定的無」（nihil negativum）と称し、可能性に対立している（der Möglichkeit entgegengesetzt）と言う（ibid.,A292,B348.）[3]。

従って、矛盾律の厳守が概念と概念によって考えられるものの最低条件となる。すなわち、論理的思考の法則が遵守されていないかぎり、如何なる可能性も認められないのである。概念の「論理的可能性」（die logische Möglichkeit）が保障されていなければならない。とはいえ、カントは、矛盾律などの基準は「真理すなわち思惟一般の形式（……）に関係するだけであって（……）十分ではない」（ibid.,A59,B84.）と言う。それは、「消極的な条件」（die negative Bedingung）にすぎない。単なる論理的法則を超えた諸条件ならびに直観の形式に従うことが要求されるわけである。

こうして、ありうると考えられる可能性の領域が画定される。だが、その中で考えられるものが直ちに現実的であると見なすわけにはいかない。そのためには「経験の質料的条件（知覚）」が満たされなければならない。「それと連関するものが現実的なのである」とカントは言う（ibid., A218,B266.）。論理的・概念的に思惟されたものが、感覚的に見られ、触れられるなどして、感覚的与件によって充たされた時、認識主観は現実的なもの（現実的に対象）を捉えたと言うことができるのである。その対象の直接的な知覚はないとしても、それが何らかの現実的な知覚と関連していることが必要である。その際、その関連は、経験一般におけるすべての実在的な結合の仕方を提示する経験の類推（Analogie）に従っていなければならない（ibid., A225,B272.）。そのようにして、「われわれは一切の物体を貫く磁気的物質を、ヤスリ屑が引きつけられることを知覚することから知る。この素材の直接的な知覚はわれわれの器官の性状からは不可能であるにかかわらずである」（ibid., A226,B273.）[4]。

そして、「経験の普遍的条件に従って現実的なものと連関するよう規定されているものは、必然的にある（存在する existiert）」（ibid., A218,B266.）、とカントは言う。その連関とは、原因と結果の連関に他ならない。「他の与えられた現象を条件として必然的と認識されうる如何なる存在も、因果律に従い与えられた原因から結果するものの存在以外のものではない」（ibid., A227,B279.）。こうして、普遍的な因果律に従い、原因―結果の連鎖の中に現象を位置づけた時に、認識主観は必然的な認識を得たと考えることができるのである。

だが、この連鎖は、感覚・知覚に現れる諸現象の連鎖にすぎない。それは、経験の領野でのことである。「（……）必然性という徴標は可能的経験の領野以上に達することはなく、この領野においてすら、それは実体としてのものの存在に当てはまるものではない。なぜなら、実体は経験的な結果、或いは生起し生成するものとして見なされることはできないからである」（ibid., A227,B280.）。カントは、このようにして、人間の認識の限界――物自体を認識することはできない――を確認するのである。

のみならず、原因と結果の系列は限りがない。原因は更にその原因を前提し、その遡及は無限背進となる。同様に、結果は更にその結果を生み、その追跡は無限進行となる。この無限の連鎖を辿りきることはできない。よって、因果関係の認識は「力学的な因果律に従って何らかの与えられた（原因の）存在から他の（現象の）存在へとア・プリオリに推理する」ことにとどまらざるをえず、必然性もこの可能性に関わるにすぎない（ibid.）。それは、因果系列の一部を捉えるのみである。従って、その必然性は相対的必然性にすぎず、一定の仮定（前提）の下で必然的（hypothetisch notwendig）であるにすぎない（ibid.,A228,B280.）。それは、絶対的必然性（die absolute Notwendigkeit）とは言えない。それは、カントの超越論的観念論から不可避的に帰結することである。

だが、カントはそうした絶対的必然性の概念を知らなかったわけではない。宇宙論的二律背反を扱う超越論的弁証論の第四アンチノミー論において、彼は言う。

「如何なる変化も時間的に先行するその諸条件のもとにある。そして、そのもとで必然的である。ところで与えられているどの条件づけられたものも、その存在に関してはまったく無条件なもの（das schlechthin unbedingte）に至るまでの完全な系列を前提する。この無条件的なもののみが絶対的に必然的(absolut notwendig)なのである」(ibid., A453, B481.)。

或る対象が先行する原因の結果であり、原因は更にその原因を持つというのであれば、或る対象の存在には諸原因の全系列が関与していたと言わねばならない。そして、その系列が完全であるためには、その系列自身は最早先行する原因によって条件づけられたものではなく、無条件（無制約）でなければならない。或いは、そのような原因を持たねばならない。しかも、それはないこともありうるというのではなく、必ず存在していなければならない。その意味で、それは絶対的必然的に存在するのである。こうして、「世界には（……）まったく必然的な存在者が属している」(ibid.,A452,B480.）というテーゼが導かれる。

もとより、このテーゼは、カント自身の主張ではなく、旧来の形而上学における論争的テーゼに他ならない。それに対しては、「世界の内にも外にも、その原因としてまったく必然的な存在者というものはそもそも存在しない」(ibid.,A453,B481.) というアンティテーゼが対立させられるのである。

とはいえ、右のテーゼの論拠は、第三アンティノミーにおいて「自由による原因性」が主張される際の論拠に似ている。「自由による原因性」とは、「先行する他の原因によって必然的法則に従って更に規定されることのない」原因によって何事かが生起させられるような原因性のことである (ibid.,A446,B474.)。すべてのものが更なる自然法則によって生起するのであれば、常にただ従属的な始まりしかなく、従って総じて系統的な由来を持つ諸原因の完全性はない。「しかるに、自然法則の本質は、まさしく十分にア・プリオリに規定された原因なしには何も生起しないということにある」(ibid.)。従って、原因性は自然の法則に従ってのみ可能であるという主張は無制約の妥当性を持つとは言えず、そうした原因性は唯一の原因性とは考えられない。よって、自由による原因性、「自然法則に従って経過する諸現象の系列を自ら始める」絶対的自発性 (eine absolute Spontaneität) を持った原因が想定されなければならない (ibid.)。

先行する原因を常に要求する因果律は自己矛盾に陥る。それは、「十分ア・プリオリに規定された原因」(5)、十分な理由なしには何ものも真とは見なしえないという原理、ライプニッツの充足理由律 (principium rationis sufficientis) に抵触するからである。そのため、先行する原因なしに諸現象の系列を開始する働きがなければならないとされるのである。それは「まったく無制約的なもの」(das schlechthin Unbedingte) に他ならない。

もとより、このテーゼもアンティノミーの一方の側の主張にすぎない。それに対しては、「自由はない。世界の中の一切のものは、自然法則に従ってのみ生起する」(K.d.r.V.,A445,B473.) というアンティテーゼが対立する。そして、それは因果律を一貫して適用しようとする姿勢に基づくものに他ならない。

カントがアンティノミーに対して批判的な態度を取っていることは言うまでもない。彼はテーゼにもアンティテーゼにも与することなく、批判の道を進むのである。従って、「絶対的必然性」という概念に対しても実在性を与えることを拒否する。それは、経験の中では到達できない概念であり、「対象なき空虚な概念」(Leerer Begriff ohne

Gegenstand, ens rationis)（ibid.,A292,B348.）に他ならない。それは、「理念」（Idee）として経験を指導することはできる。だが、決して現実的に把握されることはできない。絶対的必然性に対するこうした消極的な態度は、まさしくカントの超越論的観念論の批判的立場から来るものに他ならない。それは、批判哲学の限界の露呈であり、様相の概念を対象と認識能力との関係の表現にとどめなければならなかったことの帰結であると言える。

二　可能性の逆説

カントは、対象を認識するに当たってどのような場合に可能性、現実性、必然性という表現が用いられるかを示した。これらの概念が用いられるための条件を明らかにしたのである。それを原則という形で提示したのが、「経験的思惟一般の公準」の表である。だが、カントは、それによってどこまでそれらの概念そのものの考察を行ったのであろうか。様相概念は対象と主観の関係を表すだけであると言うことによって、それをただ機能的に定義するにとどまったのではないのか。そのため、また、超越論的観念論ないし経験的実在論の限界に制約されて、因果律に基づく相対的必然性の認識にとどまり、絶対的必然性を語りえない結果になったのではないか。

それは、カントの新しさ、近代性であると言うことはできるかもしれない。だが、古来、様相は、まさしくもののあり方として、存在の様相として考えられてきたのである。ライプニッツは、「矛盾を含まないものはすべて可能である」（Tout ce qui n'implique point de contradiction, est possible.）（Theod.II, § 224,S.252.）と述べ、[6]クリスチャン・ヴォルフは、「矛盾を含むものは何であれ不可能であると言われる」（Impossible dicitur, quicquid contradictionem involvit.）[7]と記した。まさにものの可能性、不可能性が問題とされているのである。その根底には、矛盾を含むものは思惟不可能であるからという理由があるかもしれない。だが、思惟の可能、不可能だけが問題となっているわけではない。アリストテレスによる矛盾律のもっとも古典的な定式「同じものが同時に同じ事情のもとで同じものに属し属さないということはありえない」[8]ですら、もののあり方を述べているのである。

もとより、カントは、無矛盾であることによって思惟可能であることを「論理的可能性」（die logische Möglichkeit）と呼び、経験の形式的条件を満たすことによって可能とされることを「実在的可能性」（die reale Möglichkeit）と呼んで区別する（K.d.r.V., A596, B624. Anm.）。彼は単なる概念的思惟だけでは、対象の構成と認識はありえないことを自覚していた。だが、その可能性は、対象構成ないし認識の可能性以上のものではない。対象の可能性が語られたとしても、それが経験の可能性に帰着させられることが、カントの超越論的観念論の特徴である。経験の可能性の諸条件は経験の対象の可能性のそれである。[9]

ヘーゲルもまた、「自己に矛盾しないものはすべて可能である」[10]として、無矛盾性を可能性の徴標としはする。だが、そこでは矢張り思惟可能性だけが問題となっているわけではない。無矛盾性とは自己同一性のことであるとすれば、自己同一性を持ったものが可能であるとされているのである。可能なものは、A＝Aの形を備えていると見なされる。

だが、ヘーゲルはそうした可能性＝自己同一性の概念的内実そのものに迫っていく。A＝Aという形式は何も言い表していない。それは、判断の否定である。ヘーゲルは、それを「無限判断」（das unendliche Urteil）と名づける。[11]その形式に従ってものの自己同一性を言い表そうとする時（例えば、「木は木である」のように）、ものについての内容的な情報が提供されているわけではない。ものはまったく無規定なままに放置されている。論理的には正しいとしても、新しい報告はまったく含まれていない。そこに可能性を認めるとしても、その可能性はまったく空疎な可能性と言う他はない。ヘーゲルはそれを「形式的可能性」（die formelle Möglichkeit）と呼ぶのである（W.d.L.I., S.381.）。

にもかかわらず、「海は海である、大気は大気である、月は月である」ということが自然に語られる（Enzy., §115.）。それによって、何か異なったものが複数あることが印象づけられる。規定を与えられず区別の徴標のないものが、にもかかわらず相異なった（verschieden）ものとしてあるかのようにである。その時、自己同一性の形式は自己を他のものから区別し、他のものとの関係を断って自己に還帰する運動の表現と見なされる。それは、無規定的、無差別なものの中に差別と差異性（Verschiedenheit）を持ち込むことに他ならない。そして、それは、「AはAである」に対して「非Aは非Aである」と言うことを許容する。このようにして、無制限の多様性が主張されるのである。そうであるとすれば、「可能性の領域は際限のない多様性である」（W.d.L.I.S.382.）ということになる。

「本質論」冒頭の反省理論と反省諸規定の論述によれば、「同一性」（Identität）は「区別」（Unterschied）に移行し、「区別」は「差異性」（Verschiedenheit）と「対立」（Gegensatz）を経て「矛盾」（Widerspruch）に達する（ibid.S.258～290.）。ものとものが互いに異なっているという場合には、それらは共有する何らかの点において異なっているのであり、共通の点をめぐって互いに否定しあっているのである。だが、それは、それらが互いに対立しあっている（entgegengesetzt）ということに他ならない。そして、対立しあうものは、相手を否定的相関者として前提し、それを自らの契機として宿しながら自己であるというあり方をしているのである。それは矛盾に他ならない。Aは「Aかつ非A」であり、非Aもまたそうである。しかし、自己矛盾しているものは可能ではないと言うのであれば、自己同一性の形式によって可能とされたものは不可能であるとされねばならない。それは、可能なものと可能性の概念が止揚されるべきものであることを意味する。

これは、形式的可能性が実在性ないし現実性に対して抽象的なものでしかないということであろう。それは「自己内反省という空虚な抽象」（Enzy.,§143.）であって、具体的な現実から自己を引き離し、自己のうちに逼塞した結果に他ならない。だが、まさにそうであることによって、それは現実を省み、再びそこに歩み寄ることとならざるをえない。ライプニッツが「本質はそれ自身によって現存に赴く」（essentiam per se tendere ad existentiam.）[12]と言ったようにである。

しかし、「AはAである」に対して「非Aは非Aである」も成りたち、或る可能なものに対してはその反対も可能であるならば、現実性が可能性と直接統一されただけでは、その反対を許容するものとしてあると言わねばならない。その反対が可能であるものは、偶然的な（zufällig）ものとされる。偶然的なものは、あることもないこともありうる

（W.d.L.I.,S.383.）。その意味では、それは根拠を欠いている（grundlos）と言わざるをえない。

だが、そのように根拠を持たず、自己自身において自己自身で（an und für sich selbst）存在していると言えないものは、他のものに拠り所を求めざるをえない。それは、他者の中で真の自己内反省を持つのである。こうして、「偶然的なものは、偶然的であるが故に根拠を持たないが、また偶然的であるが故に根拠を持つ」（ibid.,S.384.）ということになる。根拠の明らかでないものは、却ってその根拠が問われる。そして、根拠が示されるならば、それは必然的となる。こうして、偶然的なものは必然的であることになるのである。[13]

三　実在的世界の様相

論理的概念的には、形式的可能性は現実の全体から抽出された形式的同一性にすぎない。この形式を備えていないものは、思惟不可能であり、ましてや存在するとは言えないにせよ、この形式だけでは存在のための十分な条件とは言えない。また、可能なものが直ちに現実的なものになるわけでもない。カントは、「論理的可能性」（die logische Möglichkeit）に対して「実在的可能性」（die reale Möglichkeit）を対置し、また後者を「現実性」から区別せねばならなかった。[14]

ヘーゲルはこの現実性を「実在的現実性」（die reale Wirklichkeit）と呼ぶ。それは、さしあたり「多くの性質を持つ物」（das Ding von vielen Eigenschaften）、「現存する世界」（die existirende Welt）とされる（W.d.L.,S.385.）。「多くの性質を持つ物」とは、まさしく感覚される物であり、「性質」とは多様な感覚的所与に他ならない。そこには、多くのものが一つに統合され、逆に一つのものが多くのものとして現象しているという構造がある。静的に捉えるならば、一つの実体が多くの性質を担っているという関係が成り立っている。ヘーゲルはそれを「自己内反省」（die Reflexion in sich）と表現する。そのような形で、物は自体的にあること（das Ansichseyn）とされる。それは多様性の中で自己を保持しており、多様な外面性がとりもなおさず自己自身への内的関係（innerliches Verhalten zu sich selbst）であるからである（ibid.）。この静的なあり方を、ヘーゲルは、また、「それが生み出すものを通して何かを告知する」（durch das, was es hervorbringt, etwas kundgeben）働きと言い換える。「現実的なものは働くことができる」（Was wirklich ist, kann wirken.）のである。そして、物はただ自体的にあるだけでなく、その性質によって他のものに関係する。そして、その関係の中で自己を開示する。「他のものへのこの関係は、それの開示（die Manifestation seiner）なのである」[15]（ibid.f.）。

物は自己内反省であり、自体的にあるものとして自立的なものであるにせよ、他のものへの関係のうちにあるものとして、この関係のうちでのみその本質的規定性を示し、他の自立的なものの中で自己内反省を持つ。実在的現実性としての物は、自体的なあり方を他のものとの関係の中で開示するものとして、即自から対自へ、可能性から現実性に発展する運動を宿していると見なされる。それは、「それ自身のうちに可能性を（……）有している」のである（ibid., S.386.）。

「実在的現実性の自体存在としてのこの可能性」を、ヘーゲルは「実在的可能性」と名づける。それは、空虚な抽象的同一性ではなく、「内容に富んだ自体存在」（ibid.）である。或る物事の実在的可能性を知ろうと思うならば、その物事の諸規定、それを取り巻く諸事情、諸条件を知らなければならない。それらの中に、その物事が現実にありうるか否かを決定する因子が含まれている。「物事の実在的可能性とは、それに関係する様々な事情のことである」（ibid.）。この様々な事情は、直接的な現存として定在している。それらは、直接的な実在的現実性である。だが、まさに直接的な現実性であるが故に、それ自身の可能性ではない（ibid.）。それは自体存在であると言っても、「他の現実的なものの自体存在」であり、可能性なのである。「実在的可能性は諸制約の全体であるが、自己のうちに反省してはおらず、分散した現実性である。だが、自体存在とはいえ、他のものの自体存在であり、自己のうちに還帰するべく規定されている現実性なのである」（ibid.）。

実在的に可能なものは、その自体存在に関しても、展開され区別された諸事情、それが連関するすべてのものに関しても、自己矛盾を含んでいてはならないし、自己と同一なものでなければならない。とはいえ、それは多様なものであり、他のものと多くの連関のうちにある。そこには差異性がある。そして、差異性は対立に移行し、矛盾に達する。矛盾を宿すものは、崩壊し、没落せざるをえない。「多様な現存は、それら自体自身において自己を止揚し、没落するのであり、可能なものにすぎないという規定を本質的に備えているのである」(ibid.S.387.)。だが、そのことによってこそ、まさしく一つの物事が現実的なものとして出現するのである。こうして、「一つの物事のすべての条件（制約）が完全に揃うならば、その物事は現実的になる」と言われることになる（ibid.）。

とはいえ、「自己自身を止揚する実在的可能性のこの運動は、すでに存在する同じ契機をもたらすにすぎない」(ibid.)。それは、多様な現存の止揚と没落を含むといっても、この否定の中で他のものに移行するわけではなく、「自己自身と一致すること」（ein Zusammengehen mit sich selbst）に他ならない。「実在的可能性の直接的現存、諸制約の圏が止揚されることによって、実在的可能性は、それがそれ自身であった自体存在となる（だけである）」（ibid.）。すなわち、「他のものの自体存在」としての自体存在にである（ibid.）。

従って、実在的可能性の否定は、それが自己と同一となることである。それは、自己を止揚する中で、この止揚を突き返しているのである。そこには、別の仕方であることはできない（nicht anders sein können）という事態がある（ibid. S. 388.）。それは、必然的（notwendig）であるということに他ならない。

ヘーゲルはそれを「実在的必然性」（die reale Notwencigkeit）と名づける。然々の条件（制約）のもとでは、他のものが帰結することはありえない。実在的可能性はすでに現実性という面を有しているから、最早他であることはできない（ibid.）。そこでは、同一性が根底にあり、前提されている。しかも、その同一性は空虚な同一性ではなく、内容に充ちた関係（inhaltsvolle Beziehung）なのである。すなわち、実在的な現実的なものは、現存する諸事情を含む多様性である。それは、直接的存在という規定性を持っており、規定された現実的なものである。それの含む多様性は、可能性、現実的となるべき可能なものである。この可能性が措定されるならば、可能件にすぎないものとして規定される。可能性は他のものの可能性としての自体存在にすぎないことになる。実在的可能性は必然性になることが示されたにせよ、必然性が前提とする可能性と現実性の統一は、まだ回復されていない。従って、必然性はまだ自ら措定したとは言えないものを前提しているのである。

それ故、実在的に必然的なものは制限された現実性であり、観点を変えれば、この制限のせいで偶然的なものにすぎない[16]（ibid.,S.389.）。それは、内容において制限されており、内容によって偶然性を有する。のみならず、形式の中にも偶然性が含まれている。実在的必然性は、可能性と現実性が区別されている状態から自己のうちに還帰することに他ならないが、自己自身から自己に還帰することではないのである（ibid.）。

こうした必然性は、カントが説いた必然性に当たると言えよう。カントは、その都度部分的断片的な因果連関のもとにとどまり、現象間の相対的な必然的関係の考察に徹し、全現象を貫く絶対的必然性は到達不可能な理念とせざるをえなかった。だが、ヘーゲルの独自性はその限界を超えようとすることにある。その要諦は、可能性と現実性、偶然性と必然性を真に統一し、「絶対的現実性」（die absolute Wirklichkeit）の概念を獲得し、「絶対的必然性」（die absolute Notwendigkeit）への道を開くことである。そして、それは絶対者の形式を語ることに通じるのである。

四　絶対者の形式——絶対的必然性

実在的必然性は、諸事情、諸制約を前提しているかぎり、なお偶然性を帯びている。それは、他のようにもありえ、可能なものとしても規定されうる（ibid.）。

だが、それが前提として持っていたものは、実は、それ自身の措定作用（ihr eigenes Setzen）によるものであることが明らかになる。現実性と可能性は互いのうちで止揚され、一方が他方に単純に転換すること（das einfache Umschlagen des einen dieser Momente in das Andere）があるだけである。各々は他のうちで自己と合致するにすぎない。

実在的必然性が現実性と可能性という契機を措定したのであって、それ自身を止揚されたものないし直接性として措定したのである（ibid.,S.390.）。それらは、まさしくそれが前以て措定し（voraussetzen）、前提したものに他ならない。

現実性について見れば、それは実在的可能性であった現実性に基づいて自己と合致することであり、それ自身の否定であるその自体的存在（可能性）から生じたものであって、可能性が否定的に媒介されたものである。他方、可能性の側も、措定されてある（gesetztsein）のであり、その直接性は媒介されたものに他ならない。この措定されてあるという面が止揚されることによって直接性という見かけが生まれたにすぎない。だが、この措定と止揚の働きが消えるわけではない。その働きそのものが措定され、措定されてあることとして規定されなければならない。それを行っているのが必然性である（ibid.）と考えるならば、必然性は最早直接的な前提に縛られたものではなく、より高次のものとなっていると言うことができる。「必然性こそは、自己を偶然性として規定し――その存在の中で自己を自己から突き離し（sich von sich abstossen）、このように突き離すことそのことの中でただ自己のうちに還帰しており、また、それの存在としてのこの還帰の中で自己を自己自身から突き離したのである」（ibid.）。ヘーゲルは、これを「存在がその否定ないし本質の中で自己自身との単純な同一性を保っていること」（die einfache Identität des Seyns in seiner Negation oder in dem Wesen mit sich selbst）と表現し、この同一性を「絶対的必然性」（die absolute Notwendigkeit）と名づけるのである（ibid.）。

こうして、必然性は、規定された相対性の次元を超え、絶対性に高められたと言うことができよう。まったく必然的なものは、それ以外に条件（制約）も根拠も持たない。それは、あるが故にのみある（Es ist, weil es ist.）。ただし、ただあるというのではなく、あることを根拠としてあるのである。あることが二重化され、根拠と根拠づけられるものとなっている。しかも、両者は同一である。それは、「単純な自己内反省」（die einfache Reflexion in sich）と表現される。反省として、それは自己自身を根拠と条件（制約）として持つのである（ibid.,S.391.）。

あること（存在）が自己自身と合致すること（das Zusammengehen mit sich）として、それは「本質」（Wesen）である。

しかし、この単純なものが直接的な単純性でもあるという面から言えば、それは「存在」（Seyn）である。まさしく存在と本質の統一が成立していることになる。ヘーゲルはこうした絶対的必然性を「絶対者の形式」（die Form des Absoluten）と呼ぶ（ibid.）。それは、一方では、「存在する多様性」（seyende Mannichfaltigkeit）へと自己を区別する。区別によって生じた多様なものは、互いに対して自立的な他者という形態を持つ。だが、これらの多様なもののうちに孕まれる可能性が現実的となるのであり、絶対的必然性とは、可能性が現実性に、現実性が可能性に絶対的に転換することである。可能性と現実性の「絶対的同一性」（die absolute Identität）こそが絶対的必然性に他ならない。それは、多様なものへと展開しつつ、これを統一にもたらす「反省」（Reflexion）の運動である。この意味で、それは絶対者の反省であり、形式と呼ばれることになる。

そこにおいて可能性と現実性として区別されていたものは、まさに絶対的必然性によって措定されたものとして、それぞれそれ自身において必然的なものであることになる。それぞれは自己において根拠づけられており、いずれも自由な規定としてある。それぞれは自己内反省の形態のみを有し、他者への関係の痕跡を示さない。まさしく絶対的に必然的なものとして、他者による媒介の絶対的な否定として、或いはただ存在とのみ同一の存在として措定されているのである（ibid.）。これらの現実性相互の接触は、従って、空虚な外在性として現れる。必然性は、それらの中では閉ざされて（verschlossen）おり、不透明（blind）であることになる。これは、絶対的必然性の概念の逆説とも言うべき事態である。

しかし、絶対的必然性はそれらの本質である。それらが自己自身のうちでのみ根拠づけられ、それらだけで形づくられており、自己を自己自身に開示するにすぎないとすれば、その本質は明るみに出ることはない。だが、絶対的必然性はそれらのうちに現れ（hervorbrechen）、それが何であり、それらが何であるかを明らかにするとされる（ibid. S.392.）。それらが自己にのみ基づいて存立しているというそれらの存在の単純性は、他者による媒介を否定するという絶対的な否定性である。この単純性は、表出することなき直接性の自由であると言える。だが、直接性（Unmittelbarkeit）はまさしく媒介（Vermittlung）の否定であり、それ自身この否定によって媒介されたもの、それ自身の反対である。それは、自己自身との矛盾に他ならない。従って、この否定的な面がそれらのうちに現れざるをえない。存在の形を取った存在に抗し、それらの否定、無としてである。

さしあたり、この無は、それらの存在とはまったく異なったものに見える。とはいえ、それらのうちで認められないわけにはいかない。諸現実は多様であり、規定された内容を持つ。この内容は、絶対的必然性がそれらに押印した徴（Maal）と見なされる。それがこれらを絶対的に現実的なものとして解き放ち、自由にしたのである。だが、その自由は不動のものではない。諸現実は他在の中で盲目的に没落するという経験をする。それは、存在が唐突に無に移行すること、生成（Werden）であるかのように見える。だが、それは、諸現実の規定性が何であるかが開示されることであると見なされるのである。それは、諸現実が決して自立的なものではなく、まさしく措定されてあること（Gesetztsein）、自己自身への否定的関係であることが明らかになることである。この意味で、存在は本質であり、生成とは本質の反省、表出（Scheinen）という意味を持つことになる（ibid.）。

そして、存在は、それが否定される中で自己自身との同一性（die Identität des Seyns in seiner Negation mit sich selbst）を保持する。こうした同一性を、ヘーゲルは「実体」（Substanz）と名づける。実体とは、まさしく「自己自身への関係」（das Verhältniß zu sich selbst）としてあるものに他ならない[17]。そして、必然性の不透明な移行は、むしろ「絶対者自身の開示」（die eigene Auslegung des Absoluten）として捉えられる。それは、「絶対者がその外化の中でむしろ自己自身を示す自己内運動」なのである（ibid.）。

こうして、ヘーゲルの様相論は、形式的論理的領域から実在的世界を経て絶対者の形式と運動の考察に達する。それは、カントが感性的・実在的世界にとどまり、絶対的必然性の概念を認識の及ばぬ理念にとどめ置いたことに対するヘーゲル独自の立場の表明であると言えよう。そうして、ヘーゲルはカントを超えるのである。それを可能にしたのは、様相を認識能力と対象の関係において捉えるのではなく、様相の概念そのものの考察に徹したことである。そうすることで絶対者を思惟する地平が開かれ、その形式と運動を論ずる道が開拓されたと言うことができる。

注

（1）I.Kant, *Kritik der reinen Vernunft*,1781,1787,A599,B627.「存在論的証明」をめぐるカントとヘーゲルの対決については、山口祐弘『ドイツ観念論の思索圏』学術出版会、二〇一〇年、第四部第二章を参照。Abk.: K.d.r.V.

（2）G.Berkeley, Tagebuch 429, *Philosophisches Tagebuch*, Übersetzt und Herausgegeben von WOLFGANG BREIDERT, Hamburg 1979, S.54; *The Works of George Berkeley*, D.D., ALEXANDER CAMELL FRASER, M.A., Vol. IV, Oxford, 1871, p.422.

（3）カントは『純粋理性批判』の分析論の末尾に「無の表」を示している。無（Nichts）の概念には、①対象を欠く空虚な概念（leerer Begriff ohne Gegenstand, ens rationis）、②或る概念の空虚な対象（leerer Gegenstand eines Begriffs, nihil privativum）、③対象を欠く空虚な直観（leere Anschauung ohne Gegenstand, ens imaginarium）、④概念を欠く空虚な対象（leerer Gegenstand ohne Begriff, nihil negativum）の四種があると言う。K.d.r.V.,A292, B348.

（4）K.d.r.V.,A225, B272.「経験の類推」（Analogien der Erfahrung）とは、原則論において第三原則とされるものであり、その原理は「経験は諸々の知覚の必然的結合の表象によってのみ可能である」という命題で示され、次の三つの類推を含む。

A　第一類推、実体の持続性の原則

B　第二類推、因果律に従う時間的継起の原則

C　第三類推、相互作用ないし共同性の法則に従う同時存在の原則

（5）G.W.Leibniz, *Philosophische Abhandlungen 1702–1716*, IX, 32, in: G.W.Leibniz, *Die Philosophischen Schriften*, 6, Hildesheim/New York 1978, S.612.

（6）G.W.Leibniz, *Essais de Théodicée*, SECONDE PARTIE, §224, Sur la Bonté de Dieu, la liberté de l'homme et l'origine du mal, in: *G.W.Leibniz, Die Philosophischen Schriften*, 6, Hildesheim/New York, 1978, S. 252.

（7）Christian Wolff, *Philosophia prima sive Ontologia*, in: *Gesammelte Werke*, II-3, §79, Hildesheim/New York 1977, S.62.

（8）Aristoteles, *Metaphysik*, 1005b19～20, Griechisch-deutsche Parallelausg., Hamburg 1978, S.136.

（9）K.d.r.V., A111.「可能的経験一般のア・プリオリな諸条件は、同時に経験の対象の可能性の諸条件である」。

（10）G.W.F.Hegel, *Wissenschaft der Logik*, I, in: GW.11., 1978, S.382. Abk.: W.d.L.I.

（11）G.W.F.Hegel, *Wissenschaft der Logik*, II, in: GW.12., 1981, S.69f. Abk.: W.d.L.II.; *Enzyklopädie der philosophischen Wissenschaften*

1830. in: Werke. 8. Frankfurt a.M.1970. §173. Abk.: Enzy.『近代知の返照』学陽書房、一九九八年、第Ⅱ篇、第二章、第Ⅲ篇、第一章参照。

(12) G.W.Leibniz, *De rerum originatione radicali*, 23 Novemb. 1697, in: *G.W.Leibniz, Die Philosophischen Schriften*, 7, Hildesheim/New York 1987, S.303.

(13) ライプニッツが充足理由律を立てたことの意義もここにある。彼は「必然的真理」(les vérités necessaires)、「永遠の真理」(les vérités éternelles)、「推論の真理」(les vérités de raisonnement) と「事実の真理」(les vérités de fait)、「偶然的真理」(les vérités contingentes) を区別し、前者の真偽の判定には矛盾律で十分だが、後者のそれには充足理由律が必要であると言う。「われわれの推論は二大原理に基づいている。一つは矛盾の原理 (le principe de la contradiction) であり、それによってわれわれは矛盾を含むものを偽と判断し、偽に反対或いは矛盾するものを真と判断する。他の一つは十分な理由の原理 (principium rationis sufficientis) であって、それによってわれわれは、なぜこうなって他のようにならないのかの十分な理由がないなら、如何なる真実も真であること、或いは存在することはできず、如何なる命題も真であることはできないと考える」。G.W.Leibniz, *Philosophische Abhandlungen*, IX 31, 32, 33, in: *G.W.Leibniz, Die Philosophischn Schriften*, 6, Hildesheim/New York 1978, S.612.

(14) K.d.r.V., A596, B624.「概念は自己矛盾していなければ常に可能である。これが可能性の論理的徴標であり、これによって概念の対象は否定的無 (nihil negativum) から区別される。しかし、それにもかかわらず、概念を生み出した総合の客観的実在性が特に示されなければ、その概念は空虚な概念であることがありうる。しかるに、このことは常に可能的経験の原理に基づくのであって、分析の原理 (矛盾律) に基づくのではない。これは、概念の (論理的) 可能性から直ちに事物の (実在的) 可能性に推及することを戒める警告である」。

(15) ヘーゲルは「質論」において次のように言う。「質 (Qualität) は、まず外的な関係のうちで内在的規定として現れるという点においては、もっぱら性質 (Eigenschaften) である。例えば、薬草の性質ということで人が理解する諸規定は、或るもの一般に特有であるばかりでなく、或るものがそれによって特有の仕方で他のものとの関係のうちで自己を保持し、それに加えられる他のものの作用を自己のうちで放置せず、自己自身の規定を他のもののうちで――それが他のものを遠ざけないとしても――現わすようなものである。これに対して、例えば形や姿といった比較的静止的な規定性は性質とは呼ばれない。また、それが可変的で、存在と同一でないものとして表象されるかぎり、質とも呼ばれない。性質の作用〈Qualifizierung〉〈Inqualierung〉とは、ヤコブ・ベーメの深淵だが暗鬱な深さへの傾向を持った哲学の表現である。それは、(酸っぱい、辛い、火のようなの) 質のそれ自身における運動を意味している。(……)」。G.W.F.Hegel, *Wissenschaft der Logik*, I/1, in: GW.21., 1985, S.102. 邦訳『論理の学Ⅰ』「存在論」作品社、二〇一二年、四三六頁参照。Abk.: W.d.L.I/1.

（16）ibid.,S.389. 判断論、推理論に関連づければ、この制限は仮言判断、仮言推理の限界に対応する。山口祐弘『近代知の返照』、学陽書房、一九八八年、第Ⅱ編第二、三章、第Ⅲ編第一章を参照。

（17）真なるものを実体（Substanz）としてでなく、主体（Subjekt）として捉え表現することが肝要であるという『精神の現象学』序文の主張に照らせば、ここに言う「実体」はすでに「主体」に近いものとされていると思われる。前掲『ドイツ観念論の思索圏』学術出版会、二〇一〇年、第三部第一章を参照。G.W.F.Hegel, *Die Phänomenologie des Geistes*, 1807, in: GW.9., 1980, S.18.

第二章　実体の形而上学との対決

序

『精神の現象学』序文における所謂「実体—主体テーゼ[1]」は、一義的な理解の困難な構文となっている。従来それは、「肝心なことは、真なるものを実体としてばかりでなく、主体としても捉え表現することである」と読みならわされてきた。しかし、傍点を付した部分の原文は〈nicht nur als Substanz, sondern auch als Subjekt〉ではなく、〈nicht als Substanz, sondern eben so sehr als Subjekt〉となっているのである。注意すべきことは、「実体として」の前に〈nur〉がないということである。しかし、単純に〈nicht als Substanz, sondern als Subjekt〉というのでもなく、後半には〈eben so sehr〉が現れ、「同じように」と言うのであれば、何と同じというのかという疑問を生む。読み手は、反転して前半に〈nur〉を補い、「実体としてだけでなく、同様に主体としても」と言わざるをえなくなる。そこで、真なるものは、実体プラス主体であるということになる。だが、それは一旦「実体としてでなく」と言い切ったことに抵触するのである。

かつてG・シュミットが提起したこの問題[2]はどうすれば氷解するのか。そのためには、ヘーゲルにおいて実体とは何を意味していたのか、また主体とは何か、が解明されなければならない。そして、ヘーゲルは実体概念に如何なる不完全性を認め、それを批判しようとしていたのかを考えなければならない。この観点から見るとき、ヘーゲルはデカルト以来の近代哲学を悟性形而上学（Verstandesmetaphysik）と呼んで、実体への傾向をその特徴と見なし、これと対決する中から彼独自の思想を創り上げていったことが注目される。「実体―主体テーゼ」はこうした哲学史的対決の宣言なのであり、新しい境地を拓こうとする意思の表明に他ならないのである。

本章では、こうした意義に鑑み、ヘーゲルの近代哲学批判を見る。それを通して、特にスピノザ哲学がヘーゲルに対して持つ意義と重要性が明らかになることであろう。

一　大陸合理論の背理

確実な知を求めて歩み出したデカルトの思索は、厳しい懐疑を経て、「考えるもの」（res cogitans）としての精神を実体として発見するという結果をもたらした。だが、それは、外界存在問題に代表されるような新しい難問を惹起した。「考える我」の外なる世界を回復するには、神の観念に訴えることが必要となった。こうして、神を無限実体とし、思惟を本質とする精神（mens）と延長を本質とする物体（corpus）を有限実体とする実体論が構築されるに至ったのである。(3)

だが、神を媒介とするこの解決策は、自己の確信をこそ真理の基準とするデカルトの原則に照らせば、それに反するもののようにも見える。そして、デカルト以後の思想家たちの努力は、デカルト哲学に孕まれている難問を、超越的な神に依拠して解決しようとする傾向を強めていくのである。

マールブランシュは、物心の関係を説明するために、神が精神と物体の一方の側の変化を機会として他方の側の変化を引き起こしているという機会原因説を唱えた。(4) それは、精神と物体の独立性を認めず、働きの主体を神にのみ認めるという思想に他ならなかった。

スピノザは、更に、精神と物体の実体性を完全に否認し、神をのみ唯一の実体とした。実体とは、「それを理解するのに他のものの概念を必要としないもの」であるという彼の定義からすれば、実体は一つしかありえず、無限なものとしての神でしかありえないことになるのである。これに対して、彼は思惟と延長を実体に帰属する属性と規定した。神はそれぞれの属性の中で自己を展開するのであり、一の属性の中で生ずる変様には必ず他の属性における変様が対応することになる。「観念の秩序と結合は、物体の秩序と結合と同じである」と彼は述べ、物心並行論を唱えた。[5]

だが、実体の唯一性を説くスピノザにおいては、個体とその自由は認められず、その普遍主義に対しては、個体の実体性を認めることへの要求が生まれることとなった。ライプニッツは、不可分の一と見なされうるものにのみ実体性を認め、「数学的点」（point mathématique）でも「物理学的点」（point physique）でもない「形而上学的点」（point métaphysique）にそれを見出した。[6]それは、数学や物理学が対象とする延長世界に属するものではなく、それを超えた形而上学的なものであって、精神的な表象作用を営むものとされたのである。

モナド（monade）と呼ばれるこの表象主体は、全宇宙の観念を先天的に与えられており、その生得観念（idea innata）を識閾下から徐々に明るい表象にもたらす活動を営むと考えられた。モナドは無数にあるはずであるが、それぞれが全宇宙の観念を宿しているのであれば、一のモナドの表象には他のすべてのモナドの表象が対応していることになる。諸々のモナドはそうした一致した表象を持つ「宇宙の生きた鏡」（miroir vivante de l'universe）である。それは外を覗くことなく、生得観念によって全宇宙を表象しているのであるから、窓を持つ必要がない（単子無窓論）。他のモナドとの一致は、予め定められているのである（予定調和説）[7]。

だが、そのようなモナドも必ずしも自存的なものではない。自己自身によって存在しているという意味の自己原因性を備えているわけではない。神を除く大多数のモナドはあくまで創造されたものであり、創造主たる神の被造物である。神は最大のモナドとされるが、自らが創造するモナドのうちに生得観念を植えつけ、それらの間に一致と調和が成り立つようにしたのである。他のモナドとの交渉なしに存立しうる個体としてのモナドも神の創造活動にその根拠を有していたことになる。自立的であるべき個体が、却って、神に依存するという反対の事情がここにも認められるのである。

このように、「コギト・エルゴ・スム」の命題によって、近代的自我の発見と自己意識の立場の確立に寄与したとされるデカルトに発する近代形而上学、実体論は、デカルトその人からして自我の自立性を必ずしも貫きえず、自我にとっての確実性を余りにも厳格に追求した結果隘路に追い込まれ、それを突破するために神に依拠せざるをえないという仕儀になっている。それは、哲学としては背理であり、実体論としては不整合であると言うべきであろう。ヘーゲルの課題は、こうした状況を如何に打開するべきかにあったと見なされる。

二　ヘーゲルの実体論批判

先行思想に批判的であると言っても、ヘーゲルはそれを一方的に拒斥するわけではない。一旦それを認めた上で、それがそれ自身からより高い立場に上昇する必然性を見ようとするのである。スピノザ主義に対する彼の態度はまさしくそのようなものであった。「スピノザ主義の唯一の論駁は、次の点にのみ存しうる。すなわち、その立場がまず本質的で必然的なものとして承認され、次にこの立場がおのれ自身からより以上の立場へと引き上げられるということにである」(8)（W.d.L.II.S.15.）。

スピノザ主義に対する共感がこの記述から窺われる。だが、ヘーゲルはそれを「欠陥のある哲学」と言わざるをえなかった。それは、唯一の実体とされるものと反省の関係をめぐる問題であり、反省と反省の多様な規定作用が「外在的な思惟」（ein äusserliches Denken）にとどまっているということである(9)（W.d.L.I.S.376.）。スピノザの体系が実体として掲げるものは「一つの不可分の全体」であり、絶対的なものである。その中に含まれていないものはない。だが、含まれているものは、その中で解消されているのであり、自然な表象活動や規定作用を営む悟性が自立的なものと見なすものであっても、その自立性を剥奪され、単に措定されてあるというあり方（Gesetztseyn）へと貶められている。それだけではなく、その中では一切の規定性は抹消され、『精神の現象学』で言われたように、「すべての牛が黒くなる」[10]ことになる。すなわち、唯一の実体はあらゆるものの識別を不可能にする闇夜なのである。

もし規定されたものを考えようとするならば、この一切を解消させている一なるものを裁断し切片とするという否定的な作用に訴えなければならない。その意味で、スピノザは「規定することは否定することである」（Determinatio est negatio.）と述べた[11]。このテーゼは、唯一の実体が否定されることによって規定が生み出されるという点で、実体の絶対的な一性（統一）を前提し、示唆している。ヘーゲルは、この意味で、それをスピノザ哲学の絶対的な原理であると言う。しかし、そのことを積極的に説くためには、この否定にとどまるのではなく、それを更に否定し、規定を実体に返還することが必要であろう。否定の否定ないし「自己を否定する否定」（sich negirende Negation）、絶対的な否定が要求されるのである（W.d.L.I.S.376.）。スピノザの否定はそこに達することはなかった。

それは、否定が実体自身のなす否定ではないことを物語る。否定が主体的な自己否定であるならば、主体によって捉え返され、主体のうちに回復され、とどめられるはずである。従って、ヘーゲルは「スピノザの実体はそれ自身絶対的な形式（die absolute Form）を含んではいない」と言う（ibid.）。それ故、実体を認識する作用も「内在的な認識」（immanentes Erkennen）ではないことになる。認識とは規定を与えることであるとすれば、外在的な否定によって遂行される他はないからである。

スピノザが思惟（cogitatio）を実体の属性（attributum）としたことは事実である。そのかぎり、思惟は実体に内在しているに違いない。だが、それは今一つの属性、延長（extensio）に密着しており、それから分離されることはなく、積極的な規定・形成作用（Bestimmen und Formiren）でも、自発的かつ自己還帰的運動（die zurückkehrende und aus sich selbst anfangende Bewegung）でもない（ibid.）。それは、延長とともに、実体が展開していく場ないし形式にすぎない。そうした思惟しか備えていない実体は、人格の原理（das Princip der Persönlichkeit）を欠いている、とヘーゲルは言う。

そうした思惟が認識を営むとしても、それは「外的反省」(die äussere Reflexion) にとどまらざるをえない (ibid.,S.377.)。外的反省とは、有限なものとして現象するもの、属性や様態といった規定性、そもそも自己自身をすら実体に基づいて捉えそこから演繹することはできず、外在的な悟性として諸規定を所与として受け取り絶対者に送り返すことはするが、絶対者からそれらを始めさせることはできないのである。そうであればこそ、諸規定を送り返された絶対者は、それらの区別を掻き消す闇夜として理解される他はないのであろう。

実体は自己原因 (Ursache seiner selbst, causa sui) であるというスピノザの定義は、これに対する反論となるかもしれない。実体とは「その本質が現存を含み、その概念はそれが形成されるために他のものの概念を必要としないものである」というのである。[13] 現存 (Existenz) をヘーゲルの意味で理解するならば、[14] 実体はまさしく現出し現象するものであるということになろう。だが、その定義は直接的に立てられた前提に他ならず、媒介されたものではない。絶対的なものは媒介を含み、媒介を経て自己を措定するものでなければならない。ヘーゲルからすれば、スピノザの実体はそうした運動を欠き、「それ自身によってある」というだけの不動の境地にあるものと見えるのである。

では、そうした実体から属性はどのようにして導かれるのか。属性は悟性 (intellectus 知性) が絶対者の本質として把握するものとされる。だが、悟性 (知性) とは、属性たる思惟の様態 (modus) に他ならない。属性より下位のものによって実体の本質として捉えられたものが、属性とされるのである。実体そのものでも属性そのものでもなく、実体に対して外在的で無媒介に現れるもの、他のものが実体を規定しているという構造が認められる。そのため、無数にあるはずの実体の属性のうち、思惟と延長のみがそれによって捉えられるとされるのである。だが、その必然性は示されず、これらの属性は「経験的に」(empirisch) 拾い上げられるだけである、とヘーゲルは評する。

唯一の実体、唯一の絶対者は、「様態 (modus) たる外的反省によってのみ、右の両規定の下で、一方では諸表象の全体として、他方では物とその変化の全体と見なされる」(ibid.,S.377.)。そして、そうした区別を立てた外的反省は、また、それを絶対的同一性のうちに連れ戻し、そこに沈めるのである (zurückführt und versenkt)。この運動の全体は、絶対者の外で行われることであって、実体、絶対者そのものは不動の同一性であり、属性や様態を発生させるものではなく、ただ消滅するものとして受け入れるにすぎない。

様態とは、「他のもののうちにあり、この他のものを通して捉えられるものである」[15]とされる（ibid.）。それは、属性の規定が措定されたもの、「規定された規定性」（die bestimmte Bestimmtheit）である、とヘーゲルは言う。諸属性は、実体の本質として、それぞれに実体の全体を表現しており、従って自己自身に基づいて捉えられねばならない。従って、他の属性に対しては、「無規定な差異性」を持つだけである。とはいえ、それぞれは絶対者の本質として規定されたもの（規定されたものとしての絶対者）であるから、互いに他であるというあり方（Anderssein）をしており、自己自身から捉えられるだけではない。他のものを通して捉えられるという属性の側面が、様態と名づけられるのである。だが、ヘーゲルによれば、それは直接的に与えられたものであり、実体のうちに消え入る虚ろなものであって、自己内反省としては認識されない。

実体たる絶対者から始め、属性に至り、様態に達するスピノザの説明は、完全であるとヘーゲルは言う。だが、これら三つの段階は連続的な内的展開の形をなしてはおらず、順次列挙されるにすぎない。しかも、第三の様態は、否定的に自己に関係する否定（sich negativ auf sich beziehende Negation）としてあるわけではなく、運動の同一性に還帰し、真の同一性となるようなものではない（ibid.,S.378.）。総じて、絶対者が非本質的なものに向かって進む必然性は示されず、非本質的なものがそれ自身で同一性のうちに解消するという運動は欠けている。同一性の生成もその諸規定の生成も認められないのである。――スピノザに高い評価を与えながら、ヘーゲルはこのようにその欠陥を指摘する。そして、それは新プラトン主義者プロティノスにも見られる欠陥であると言う[16]。自己照明的な光である絶対者は、自己を照らすだけでなく、外へと流出するが、それにつれて曇りなき明るさから遠ざかり、ますます不完全なものを生み出していく。流出は生起としては捉えられず、生成は喪失が進んでいくことであり、闇夜に達するばかりである。そして、それは最初の光に立ち帰ることはないのである（ibid.）。

二つの思想に欠けているのは自己内反省（die Reflexion in sich）である、とヘーゲルは言う。そして、その欠陥を補うべく登場したのがライプニッツのモナド論であると考えるのである。モナドは一であり、世界の内容の全体を宿している。相異なる多様なものはそのうちで姿を消しているが、否定的な仕方で保存されている。全世界を観念ないし表象として自己のうちに包含し、自己内反省しているのがモナドである。それは「自己内反省した否定的なもの」（ein in sich reflectirtes Negatives）と呼ばれる。それは、保存している観念をそれ自身のうちで開示する。開示すること（Manifestation, Offenbaren）がその働きである。そうした働き以外の何ものでもないという意味で、モナドはエンテレキーである。

とはいえ、モナドは無数に存在し、互いに区別されており、規定されている。その規定性は、表象の内容の特殊性と開示の仕方にあると考えられる。自体的、実体的には世界全体の鏡であるが、開示の働きにおいてはそうではないのである。だが、こうした制限はモナド自身が設けたものではない。それは、他の存在者、神によって措定されたものであり、予定された（prädestinirt）ものである。更には、モナドは自己のうちに閉ざされているに拘わらず、制限されたものである以上他のものに関係せざるをえないことになるが、それらの関係も他の存在者、神によって調和すべく予定されているのみである（ibid.S.378.）。

こうして、自己内反省という原理によって、外からの作用は遠ざけられているに拘わらず、モナドには受動性の面がある。それにはある種の自立性が帰せられるが、しかし、それは被造の存在者である。モナド内部の変化は受動性のない活動であり、モナド自身の開示と考えられる。そこには自己内反省と個別化の原理（das Princip der Individuation）が本質的なものとして現れている。だが、内容と形式の区別がなおあり、そこにモナドの有限性が認められなければならない。これに対して、神たる絶対的なモナドの概念においては、形式と内容の絶対的な統一があるのみならず、「自己自身に関係する否定性として自己を自己から突き離し、そうすることで措定し創造するものとなる反省の本性」（ibid.S.379.）が見出されるかもしれない。しかし、個体化の原理が一層深く論じられることはなく、相異なる有限なモナドの区別と絶対者に対するそれらの関係についての概念も、絶対者自身から生まれることはなく、論弁的で独断的な反省に委ねられているだけである。従って、内的な一貫性を持つには至らないと言わざるをえない。こうして、ライプニッツによるスピノザの補完も不十分なものであったとされることになる。

三　反省の自己疎外と内在性

ヘーゲルが絶対者を論じるに当たって、A「絶対者の開示」、B「絶対的属性」、C「絶対者の様態」の順で論述を進めているのは、スピノザを念頭に置いてであることは言うまでもない。Aの「絶対者の開示」というタイトルは、スピノザの実体を「夜」と譬えたことに対する距離を思わせる。前節で指摘されたスピノザの欠陥をヘーゲルが如何に克服しようとしているかが、見られるはずである。第一に大きく異なる点は、ヘーゲルが絶対者を定義によって無媒介に措定するのではなく、本質の反省の運動の中で生じる一契機として導出することである。「内なるものと外なるものの統一」（die Einheit des Innern und Aeussern）としての「絶対的現実性」（die absolute Wirklichkeit）が「絶対者」（das Absolute）と称されるのである（W.d.L.I.,S.369.）。従って、この統一が如何なる事情にあるかが問われなければならない。

先ず指摘されるのは、この統一においては、内なるもの（das Innere）と外なるもの（das Aeussere）の区別が空虚で外面的な区別となっているということである（ibid.）。なぜなら、そこでは内なるものも外なるものも互いに他を宿してそれぞれであるということが、両規定の反省の結果明らかとなっており、いずれもが全体（Totalität）であるからである（ibid.,S.371.）。それぞれは、他との関係を自己のうちに止揚しているが故に、他との区別に囚われることがなくなっている。そうした、区別を含まない（克服した）同一性が、言うところの統一なのである。従って、それは「単純で堅牢な同一性」（die einfache gediegene Identität）（ibid.,S.370.）、「絶対的同一性」（die absolute Identität）と形容されることになる（ibid.f.）。

それは、「全体と部分」、「力とその発現」、「内なるものと外なるもの」という関係の形を生み出しながら発展進化してきた反省が作りだした無差別態であると言うことができよう。だが、それは反省そのものを止揚するものに他ならない。反省によって反省が止揚され、疎外されることになる。統一、同一性は反省の介入を許さない単純さと堅牢さ(Einfachheit, Gediegenheit)を持つのである。その結果、それは一切の規定性を解消した無規定な(unbestimmt)ものとなる。そして、反省は、それに対して外から外的反省(die äussere Reflexion)として関わる他はなくなる。それ故、絶対者とは何かを規定しようとすることは、不首尾に終わる。如何なる述語をそれに付与しようとも、それは否定されねばならない。「絶対者自身は一切の述語の否定(die Negation aller Prädikate)、空虚なものとしてしか現われない」(ibid.S.370.)。そのような絶対者こそは、まさしく闇夜としてのスピノザの実体に相当するものであろう。とはいえ、絶対者は「一切の実在性の総体」とも言われ、「一切の述語の肯定」(die Position aller Prädikate)としても語られねばならない(ibid.)。絶対者とは一切の述語の否定であるとともに肯定として、まったく典型的な矛盾(der formellste Widerspruch)であることになる。

だが、こうした矛盾に巻き込まれるのは、「外的反省」(die äussere Reflexion)に他ならない。それは、多くの規定を拾い集め、絶対者に帰属させるとともに、その有限性と相対性を暴露し、絶対者に相応しくないものとするのである(ibid.)。これは、ヘーゲルが「外在的弁証法」と呼ぶ思考様式に他ならない[18]。それは、肯定と否定を真に統一にもたらすことはできず、思惟を中断するか、絶対者そのものを無と観ずる他はないことになる。

それ故、反省の仕事は、その働きを絶対者のうちに止揚することにしかない(ibid.S.371.)。それは様々な区別と諸規定ならびに運動を受容するが、同時にそれらを没落させるのである。こうして、一切のものの否定として絶対者を示すことになる。ヘーゲルは、それを「絶対者の否定的開示」(die negative Auslegung des Absoluten)(ibid.)と呼ぶ。

これはかつて否定神学が用いた方法に相当しようが、そこには肯定的な面もあるとヘーゲルは言う。有限なものは没落させられることによって、絶対者に関係づけられており、絶対者をそれ自身のうちに含むことを示すのである。

有限なもの（E）は無限なもの（U）たる絶対者の否定（-U）であるとすれば、その否定（-E）は無限なもの（--U）となることである。有限な諸規定は絶対者という深淵（Abgrund）に臨んでいるのだが、同時に絶対者を根拠（Grund）としているということが示される。それらは否定されるべき影像にすぎないが、それらに存立を与えているのは絶対者そのものに他ならないと考えられる。影像が影像であるのは、絶対者がその中で表出するかぎりにおいてである（ibid.,S.372.）。それは、絶対者の表現、射像（Ausdruck, Abbild）と見なされる。絶対者は、それを通して透視（hindurchblicken）されるのである。しかし、絶対者の透視を可能にしている有限なものの透視可能性（透明性）（Durchsichtigkeit）は、ただ消え去ることを本質とする。有限なものには、絶対者に対する区別を保持させるようなものはなく、それを通して表出するもの（絶対者）によって吸収される媒体にすぎない。有限なものが絶対者のうちに帰入し消滅するならば、透視を可能にしている媒体も消滅することになる。

従って、絶対者の肯定的開示と見なされるものも、単なる仮象（Schein）にすぎないことになる。真に肯定的と言えるものは、絶対者自身に他ならない（ibid.）。絶対者が表出する場である形式は、虚ろなものである。外的反省はそれを外から受け取り、そこに開示作用の開始点を見出す。だが、それは絶対者のうちで始まるものではなく、むしろそこで終わるものにすぎない。開示の働きは絶対者に関係し、そこに帰着することによって、絶対的な行為であると言われえようが、その開始点からしてそうであるわけではない。開始点は絶対者の外にある規定にすぎないのである（ibid.）。

絶対的同一性としての絶対者はこうした困難を伴っている。だが、それは、翻ってみれば、同一的なものとして規定されたものにすぎない。反省がそれを対立や多様性に対立するものとして措定したのである。それは、反省と反省による規定作用一般を否定するものでしかない（ibid.）。外的反省による絶対者の開示が不完全であるだけでなく、到達点とされるだけのこうした絶対者そのものも不完全であるとせねばならない。要するに、それは、外在的反省によって立てられた絶対者でしかないのである。絶対的に絶対的なもの（das absolut Absolute）なのではなく、一つの規定性の中の絶対者（das Absolute in einer Bestimmtheit）、属性に他ならない。しかし、絶対者は外的反省の対象、外的反省によって規定されたものであるわけではない。それは、抽象的な同一性ではなく、存在と本質、内なるものと外なるものの同一性に他ならない。従って、それはそれ自身、自らを自己のうちで表出させ属性とする絶対的な形式でなければならない。反省について言えば、反省は絶対者に対して外在的（äusserlich）であるだけであってはならない。それは、外在的であるが故に、直ちに内在的（innerlich）でなければならない。絶対者に対立するかぎり、反省は止揚され、絶対者と一体となるべきものである（ibid.,S.373.）。こうして、絶対者の開示は絶対者自身の働きであり、自己のもとで始まり自己に到達する働きであることになる。

四　絶対者の自己開示作用

スピノザにおいては、属性とは、知性が絶対者の本質として理解し捉えたものである。知性自身が思惟の一様態であるにせよ、属性は実体自身が自ら措定したものではない。実体と外的反省の対立が制限としてあるのである。これに対して、ヘーゲルは、属性自身絶対者が措定したものでなければならない、と主張する。「絶対者が属性なのである」（ibid.）。

ヘーゲルにおいて、属性とは何か。「絶対者が属性であるのは、絶対者が同一性という規定の中にある単純で絶対的な同一性（die absolute Identität）としてあるからである」（ibid.）。絶対的同一性であるとはいえ、同一性という形式しか備えていないとすれば、それは抽象的な同一性と異ならない。むしろ、それは、外的反省の捉える絶対者にすぎず、絶対的に絶対的なものではなく、一の規定性の中にある絶対者である（ibid.,S.372.）。ヘーゲルはそれを属性（Attribut）と呼ぶのである（ibid.）。

とはいえ、絶対的同一性という以上は、一切の規定を止揚した抽象的同一性（die abstracte Identität）にとどまるものではなく、反省が自己自身を止揚することによって到達したものである。それ故、反省ならびにすべての規定が止揚されたものとしてそのうちに措定されていると言わなければならない（ibid.S.373.）。それらは、否定的なものとしての否定的なもの、単なる仮象として措定されてもいるのである。そこには、反省の開示作用の肯定的な面があると言えよう。それは、制限された有限なものをそれ自体で存立するものとしては認めず、その存立を絶対者に融合させ、それの属性とするのである。

だが、反省は、それらが属性であることをすら止揚し、有限なものと自らの区別する働きまでも単純な絶対者のうちに没入させる。こうして、反省は、その区別作用から遠ざかり、絶対的同一性に還帰しようとする。とはいえ、そうするとしても真の絶対者に至りつくことにはならず、規定された抽象的な同一性に到達するだけである。同一性の形式のうちにある同一性にである（ibid.S.374.）。

反省は絶対者に内在するものとなったとはいえ、こうした同一性の定立にとどまるならば、この規定作用は外面性を置き去りにするものでしかない。外面性を絶対者の表現、外化と考えるにしても、それを単に措定されただけのものとして消滅させるにすぎない（ibid.）。それ故、絶対者を属性に貶める抽象的同一性という形式は、それ自身措定されたものであって、それ自体において虚しいもの、外在的仮象、（絶対者の）単なるあり方（bloße Art und Weise zu seyn）、様態にすぎないことが明らかとなる。

様態（Modus）は否定的なものとしての否定的なものであり、絶対者に対して外在的な反省に他ならない。それは、絶対者が自己の外にあること（das Aussersichseyn des Absoluten）であり、絶対者が存在の可変性と偶然性のうちに自らを見失っていること、対立するものに移行し、自己に還帰せずにあることである。それは、全体の見えない形式と内容諸規定の多様性に他ならない。

とはいえ、様態はこのようなものであるだけでなく、外在性として措定された外在性であり、仮象としての仮象として、すでに止揚されるべきものとされている。それは単なる外在的なあり方ではなく、自己のうちに反省する運動を宿している。すなわち、絶対者である自己同一性と合体するのである。従って、逆に見れば、様態のうちで初めて絶対者が絶対的同一性として措定されていることになる（ibid.,S.374.）。様態という外在的なあり方を取りながら、それを止揚して自己内還帰するものが絶対者なのである。絶対者は、このように自己に関係する否定性（sich auf sich beziehende Negativität）としての自己同一性である。それは、表出しつつ表出することとして措定されている表出作用（Scheinen, das als Scheinen gesetzt ist）とも言われる（ibid.,S.375.）。

　こうして、絶対的同一性に始まり、属性から様態に至り、これらの規定に対して否定的に関わり、始めに還るという運動が遂行されて、一つの円環が閉じられることになる。こうした反省の運動（die reflektierende Bewegung）こそが絶対者としての絶対的同一性なのであり、絶対者の開示とはこうした円環的運動を辿りきることに他ならない。それは、本来、絶対者自身の、絶対者自身による開示でなければならないが、開示に携わる反省について見るならば、それは、それ自身の諸規定と外在的なものから始め、諸様態や属性の諸規定を絶対者の外に見出されたものとして受け取り、これらを無差別の同一性（die indifferente Identität）（ibid.）に送り返すという働きを遂行するだけのように見える。だが、無差別の同一性とは、動きを欠き反省されていない絶対者でしかなく、規定された絶対者ないし属性に他ならない。開示する反省は、そこにこそ開始点を持つべきである。そして、こうした規定性は、まさしく規定性であるが故に、反省する運動（die reflektierende Bewegung）に属する。その運動によって、絶対者は第一の同一的なものとして規定されているのであり、絶対的な形式を獲得するのである。そして、自己と同じものとしてあるのではなく、「自己自身と同じとするもの」（das sich selbst Gleichsetzende）としてあることになる。

　反省を拒否したものと見える無差別的なものが、却って、反省の運動に属しているという事実によって、絶対者と反省の対立を主張し続けることは無意味となる。まさしく絶対者自身が反省の運動を遂行しており、反省は絶対者に内在し、絶対者自身の運動とされねばならない。それは、属性から様態にまで下降し、そこから自己を回復し、自己と同じものとなろうとする運動なのである。

その中での様態の意義を考えるならば、様態は最先端の外在的規定でありながら、絶対者自身の反省の運動に他ならない。それは、絶対者が何であるかを規定し、絶対者自身を示すことなのである。それは、絶対者の外に出る運動であり、外在性であるが、それを通して絶対者が見透される透視可能な外面性（die durchsichtige Aeusserlichkeit）に他ならない。外に向かってあること（das Seyn nach Aussen）が、内面性（Innerlichkeit）そのものでもあるのである（ibid.）。

　こうして、絶対者とは何かという問いに対して、答えが与えられる。「自己を開示すること（sich zu manifestiren）が絶対者の内容である」というのである（ibid.）。絶対者とは、自己を分裂させることとして直ちに自己と同一であり、否定的なものとしての否定的なものである絶対的な形式であるとも答えられ、また自己自身を担う開示の運動であり、様態としてありながらそれ自身自己自身との絶対的同一性であり続けるものであって、自己を自己自身に対して開示する絶対的な働き（absolutes sich für sich selbst Manifestiren）であるとも答えられる。内なるものと外なるものの同一性としての現実性が、ここで確認される。それは、スピノザに対してのみならず、ヘーゲルと同時代の哲学（シェリング）に対しても計り知れない意味を持つのである[19]。また、隠れたところのない「自由」（Freyheit）と「主体性」（Subjectivität）の国としての「概念」の次元もここから望むことができることになる。

注

（1）G.W.F.Hegel, *Die Phänomenologie des Geistes*, 1807, in: GW.9., S.18. Abk.: Phä.d.G.

（2）G.Schmidt, *Hegel in Nürnberg*, Tübingen 1960, S.207. 山口祐弘『ドイツ観念論の思索圏』学術出版会、二〇一〇年、第三部第一章参照。

（3）R.Descartes, *MEDITATONES DE PRIMA PHILOSOPHIA*, 1641/42, in: *OEUVRES DE DESCARTES*, VII, Paris 1983, p.71, Meditatio VI.

（4）N.d.Malebranche, *Von der Erforschung der Wahrheit*, Drittes Buch, Zweiter Teil, Kapitel VI, Hamburg 1968, S.57f.; *RECHERSCHE DE LA VERITE* in: *MALEBRANCHE TOME* I, Paris 1962, p.450. Rech. II, 6, 7, II.

（5） B.d.Spinoza, *Ethica ordine geometrico demonstrata*, 1677, Pars Prima, De Deo, Definitio III, "Per substantiam intelligo id, quod in se est, & per se concipitur: hoc est id, cujus conceptus non indiget conceptu alterius rei, à quo formari debeat." in: *Spinoza Opera* II, Heidelberg 1972, S.45; ibid., Pars III, De Mente, Propositio VII, "Ordo & connexio idearum idem est ac ordo, & connexio rerum." ibid., S.89. Abk.: Ethica., Vgl. "substantia, res quae per se apt est existere" R.Descartes, Meditationes. Paris 1970, p.45.

（6） G.W.Leibniz, *Philosophische Abhandlungen 1684–1703*, V, *Systeme nouveau pour expliquer la nature des substances et leur communication entre elles, aussi bien que l'union de l'ame avec le corps*, in: *G.W.Leibniz, Die Philosophischen Schriften*, 4, Hildesheim/New York 1978, S.482; *Philosophische Abhandlungen 1702–1716*, IX–1, in: op.cit.,6, S.607.

（7） G.W.Leibniz, *Philosophische Abhandlungen 1702–1716*, IX–78, in: *Die Philosophischen Schriften*, 6, Hildesheim/New York 1978, S.607, 620.

（8） G.W.F.Hegel, *Wissenschaft der Logik*, II(1816)，in: GW.12., Hamburg 1981. Abk.: W.d.L.II.

（9） G.W.F.Hegel, *Wissenschaft der Logik*, I(1812/13), in: GW.11., Hamburg 1978, S.376. Abk.: W.d.L.I.

（10） Phä.d.G, S.17.

（11） *B.d.Spinoza Opera*, IV, Heidelberg 1972, S. 240.

（12） 「概念論」において、「絶対理念」が「人格」（Persönlichkeit）とされることになる。W.d.L.II., S.236.

（13） B.d.Spinoza, Ethica., S.45. Definitio I. "Per causam sui intelligo id, cujus essential involvit existentiam, sive id, cujus natura non potest concipi, nisi existens."

（14） 本巻第１部第三章注（15）を参照。

（15） Ethica., Def. V. "Per modum intelligo substantiæ affectiones, sive id, quod in alio est, per quod etiam concipitur." in: *Spinoza Opera*. II., S.45.

（16） Vgl. G.W.F.Hegel, *Vorlesungen über die Geschichte der Philosophie*, II, in: Werke.19., Frankfurt a.M. 1971, S.463.　新プラトン学派で還帰が語られるようになるのは、プロクロスにおいてであるとされる。ibid., S.484.

（17） 「本質論」第二部現象、第三章本質的関係、Ａ　全体と部分の関係、Ｂ　力とその発現の関係、Ｃ　外なるものと内なるものの関係。W.d.L.I.,S.354～368.

（18）山口祐弘『ヘーゲル哲学の思惟方法』学術出版会、二〇〇七年、二四頁。
（19）第一巻第四部第三章および本章前注（8）を参照。

第三章　実体の完成と止揚

（一）主体性の国への助走

序

近代哲学の初期、実体（Substanz）の概念は体系構築に当たっての重要な基幹的概念であった。十七世紀は実体の形而上学が花開いた時代ともされる。デカルトは、実体を「存在するために他の如何なるものも必要としないもの」（res quiæ ita existit, ut nulla alia re indiget ad existendum）、「それ自体で存在するもの」（res per se existens）と規定した[1]。スピノザはそれを「それ自体においてあり、それ自体によって理解されるもの、すなわち、その概念が、他のものの概念を必要とせずに形成されるもの」（id, quod in se est, & per se concipitur, hoc est id, cujus conceptus non indiget conceptu alterius rei, à quo formari debeat）と定義した[2]。

デカルトは、神と精神および物体の三つの実体を認め、これらを無限実体と有限実体に分けたが、実体の定義に忠実であろうとすれば、複数の実体を考えることは整合性を欠くことになろう。更には、精神と物体の相互関係を考えることは定義に違反していることになる。実体の自存性を真に考えようとすれば、他の実体を想定する余地はなく、実体はただ一つであるという見解に至らざるをえない。スピノザが説いたのはこうした思想であった。他のものの概念なしに理解されねばならないのは、それが存在する唯一のものだからである。唯一のものは他のものを経由して比量的に捉えられ規定されるわけにはいかないのである。

だが、そうした定義に拘わらず、実体の本質規定は実体自身によってなされるのではなく、実体そのものとは別の知性によって遂行されることとなった。実体の本質として知性が捉えたものが、延長（extensio）と思惟（cogitatio）という属性なのである。「属性によって、私は、知性が実体についてその本質を構成するかぎり（のものとして）把握するもの（id, quod intellectus de substantiā percipit, tanquam ejusdem essentiam constituens）を理解する」（Ethica.Definitio II.）とスピノザは言う。ヘーゲルはこの知性を「外的反省」（die äußerliche Reflexion）と呼ぶようになるが、唯一の実体に対して外在的な反省があり、それ自身によって理解されるはずのものが他のものによって理解されるとすれば、ここにも不整合が生じていると言わねばなるまい(3)。

スピノザの実体論のこうした難問と格闘しながら独白の実体概念を追求したのが、ヘーゲルであった。彼は、本質の反省の運動を通して「本質的関係」（das wesentliche Verhältniß）の諸段階（全体と部分、力とその発現、内なるものと外なるもの）を考察し、内なるものと外なるものの統一としての「絶対的現実性」（die absolute Wirklichkeit）を導き、これを「絶対者」（das Absolute）と呼びつつ、その頂点たる「絶対的必然性」（die absolute Notwendigkeit）を実体と呼ぶに至るのである(4)。そうした実体とは如何なるあり方をしているのか、その様態は如何なるものか、そしてそれは如何なる発展可能性を宿しているのかが見られなければならない。

一　絶対的必然性と実体

ヘーゲルは、「本質論」の「現実性」（Wirklichkeit）の章（W.d.L.I.S.369.）において、可能性、現実性、必然性等の様相の概念を論ずる。その頂点にあるのが「絶対的必然性」（die absolute Notwendigkeit）の概念である（ibid.,S.389.）。それは、絶対者の形式とも実体とも呼ばれる。このことは、ヘーゲルの様相論が、形式論理の次元のみならず実在的世界をも超えて形而上学の領域に及んでいることを物語る。カントが感性的・経験的世界にとどまり、絶対的必然性の概念を認識の及ばぬ理念（Idee）としたことに対するヘーゲルの独自性が示されていると言えよう。(5)

では、絶対的必然性とは何か。それは、存在と本質の統一とも、可能性と現実性の統一とも規定される。「存在がその否定ないし本質の中で自己自身との単純な同一性を保っていること」（die einfache Identität des Seyns in seiner Negation oder in dem Wesen mit sich）が絶対的必然性である（ibid.,S.390.）。

絶対的に（まったく）必然的なものは、それ自身以外に条件（制約）も根拠も必要としない。条件つきのもの、仮言判断で表現される必然性は、相対的であって、絶対的とは言えない。絶対的に必然的なものはあるが故にのみある、と言わなければならない。もとより、ただあるというのではなく、あることを根拠としてあるのである。あることが二重化され、根拠と根拠づけられたものとなっている。しかも両者は同一である。それは自己原因（causa sui）とも言われえよう。スピノザは、「その本質が存在を含むもの、すなわちその本性は存在するとしか考えられえないもの」（id. cujus essentia involvit existentiam, sive id, cujus natura non potest concipi, nisi existens）と自己原因を規定した（Ethica, Pars Prima, De Deo, Definitiones I, S.45.）。

ヘーゲルはそれを「単純な自己内反省」（die einfache Reflexion in sich）と表現する（W.d.L.I.,S.391.）。それは、自己自身を根拠と条件（制約）として持つのである。直接的にあることが一旦自己自身（直接性）から離れ自己の根拠に向かい、それによって根拠づけられたものとしての自己に立ち戻る運動として、それは反省（Reflexion）である。あること（存在）が自己自身と合致すること（das Zusammengehen mit sich）として、それは本質（Wesen）である。だが、それが単純な自己内反省とされ、この単純性が直接的な単純性でもあると見られるならば、それは存在（Seyn）である。まさしく存在と本質の統一があるのである（ibid.）。

ヘーゲルはこうした絶対的必然性を「絶対者の形式」（Form des Absoluten）と呼ぶ（ibid.）。絶対者は、一方では、「存在する多様性」（seyende Mannigfaltigkeit）へと分化する。分化によって生じた多様なものは、互いに対して自立的な他者となる。だが、それらが一体となることによって、そこに孕まれていた可能性が現実的となる。可能性が現実性に転換し、両者の同一性が成立する。こうして成立する可能性と現実性の「絶対的同一性」（die absolute Identität）（ibid.）が絶対的必然性に他ならない。それは、多様なものへと展開しつつ、これを統一にもたらす運動であり、「反省」と呼ばれる。それが絶対者の反省であり、絶対者の形式と呼ばれるのである。

この観点から見れば、可能性と現実性として区別されていたものは、まさに絶対的必然性によって措定されたものとして、それぞれそれ自身において必然的であり、自己において根拠づけられていることになる。従って、それらはいずれも自由な（frei）規定としてあり、他者への関係の跡を示さない。それぞれは自己のうらに反省しており、他者による媒介を否定し、ただ存在とのみ同一の存在として措定されている。これらの存在の相互的接触は、従って、空虚な外在性として現れる。必然性は、それらの中では閉ざされており、不透明（verschlossen, blind）となっている（ibid.）。

だが、絶対的必然性はそれらのうちに出現し（hervorbrechen）、それが何であり、それらが何であるかを明らかにするとされる。それらが自己にのみ基づいて存立しているということは、他者による媒介を否定するという絶対的な否定性である。しかし、そこに直接性を見るとしても、それはまさにこの媒介の否定によって媒介されている。それは、それ自身の反対であり、矛盾である。この否定的な面が、それらのうちに現れ（hervorbrechen）ざるをえない。存在そのものとしてのそれらに抗し、それらの否定、無としてである[6]。

このことは、さしあたり、それらの存在とはまったく異なったことのように見える。とはいえ、それはそれらのうちに認められないわけにはいかない。諸現実は多様であり、規定された内容を持つ。この内容は絶対的必然性がそれらに押し与えた押印（Maal）（ibid.,S.392.）であり、徴と考えられる。絶対的必然性がこれらを絶対的に現実的なものとして解き放ち、自由にしたのである。だが、その自由は不動のものではない。諸現実は盲目的に没落すること（blinder Untergang）を経験する。それは、存在が唐突に無に移行することであり、生成することであるかのように見える。だが、それは諸現実が何であるかを開示する（offenbaren）ことと解される。それは、諸現実が決して自立的なものではなく、まさしく措定されたものであること、自己自身への否定的関係であることが明らかとなることである。この意味で、存在は本質であり、生成とは本質の反省、表出としてあることになるのである。こうして、存在は否定されながら自己自身との同一性を保持していることになる（die Identität des Seyns in seiner Negation mit sich selbst）。こうした同一性を、ヘーゲルは実体（Substanz）と名づけるのである（ibid.）。実体とはまさしく「自己自身への関係」（Verhältniß zu sich selbst）としてあるものに他ならない。

二　実体の概念

「世界の中で起こるすべての変化を通じて実体は存続し、偶有性のみが交替する」（K.d.r.V..A184.B227.）とカントは言う。純粋に論理的な意味では、実体とは諸状態の担い手として、判断において主語によって指示されるものである。だが、それは、諸々の述語の主語として語られるとしても、述語を離れた実体そのものが何であるかは不明瞭である。ロックは、それを「何かよく分からないものの観念」[7]と説いた。カントは、実体の概念が実際に用いられるためには、図式（Schema）が必要であると主張した。そして、それは空間的・時間的直観のうちにある恒常的なもの（das Beharrliche）のことであるとした（K.d.r.V..A144.B183.）。認識が成り立つためには、生起の交替の中で、実体は恒存するということが前提されなければならない。それを主語として立てることによって、変易する諸規定がそれと結合され、判断が成立するのである。これに対して、変化・交替する諸規定は偶有性（Akzidenz）と呼ばれる。判断の主語―述語関係に実体―偶有性関係が対応するのである。

こうして、変化に関わりのない恒常性が実体の特徴をなすことになる。そして、それは、時間の中の恒常性であるか否かに拘わらず、哲学史を通じて実体概念の普遍的な徴表と見なされてきた。デカルトの「自己によってあるもの」、スピノザの「他のものの概念なしに理解されるもの」、ライプニッツの「不可分のモナド[8]」はいずれもこうした特徴を備えていると言えよう。そして、それはシェリングの「無差別的同一性[9]」の概念に継承されていくのである。

しかし、ヘーゲルが絶対的必然性に与えた実体という規定は、これらの実体概念とは大きく異なる。恒常的とされる実体は、自ら運動することも変化することもなく、また自らのうちで規定を生み出すこともない。まったく無差別であるとすれば、それに規定を与えることもできない。それはただ「ある」としか言うことができない。これに対して、ヘーゲルは、実体は「本質と存在の究極の統一」であり、「すべての存在の中の存在」（das Seyn in allem Seyn）であるとし、「反省以前の直接的なもの」（das unreflectirte Unmittelbare）でも、「現存や現象の背後にある抽象的な存在」（ein abstractes, hinter der Existenz und Erscheinung stehendes）でもないとする。それは、直接的な現実性そのものでありながら、自己のうちに反省してあることに他ならない（absolutes Reflectirtseyn in sich）。それは、「自己において自己に対してある存立」（das an und fürsichseyendes Bestehen）なのである（W.d.L.I.S.394.）。

「本質と存在の統一」は、「反省と存在の統一」とも言い換えられる。それは、反省という表出作用とそれによって生み出された影像の統一、すなわち表出するとともに措定されてあること（das Scheinen und Gesetztseyn）である。表出することが表出すること自身に関係しており（das sich auf sich beziehende Scheinen）、自己に反省している。表出の作用はそのような仕方であるのである。このようにあること＝存在が実体なのである（ibid.）。

実体はこうした自己媒介構造（die absolute Vermittlung seiner mit sich）を持つ存在である。それは「あるが故にある存在」（das Seyn, das ist, weil es ist）とも表現される（ibid.）。自己を根拠とし自己のうちから現出しながら根拠としての自己へ還っているというあり方をしているのである。自己を根拠としてあるという面について言えば、それは「措定されてあること」（das Gesetztseyn）である。

とはいえ、根拠としての自己との繋がりが断たれているわけではない。それは、「自己と同一の、措定されてあること」（das mit sich identische Gesetztseyn）である。それは、表出作用の全体（scheinende Totalität）と異なるものではない。

措定されることが直ちに措定することに立ち戻り、自ら措定しつつ措定されたものとなっているという構造が明らかになる。表出することと措定されてあることは同一の事柄の両面に他ならず、互いに他を含んで成り立っている。そして、この措定されてあるという面を、ヘーゲルは「偶有性」（Accidentalität）と名づけるのである（ibid.）。

「偶有性」とは、一般に、「ある主語にたまたまという仕方で起こり、付随している性質のあり方」を言う。[10] それは、「偶然性」（Zufälligkeit）と同義であり、生成、発生、消滅の領域で見られるあり方である。この次元で見るならば、可能性と現実性の統一とされた実体においても、存在するものの各々が無媒介に転換しあい、それぞれにとって他のものでしかないものへと移行するという事態を目の辺りにせざるをえない。だが、実体において、存在は影像である。従って、存在するものとしての可能性と現実性相互の関係は、同一ないし互いに映現しあうもの同士の関係であり、反省の関係である。それ故、偶有性のうちに見られる運動も、単に直接的な移行としてだけではなく、反省諸規定に従ってであると考えられなければならない。反省においては、単に異なっているという関係（差異性Verschiedenheit）は対立（Gegensatz）から矛盾（Widerspruch）に至り、対立しあうものの没落を経て根拠（Grund）に達する（W.d.L.I, S.258~291.）。[11] 根拠は対立しあうものにとっては無であるが、また根拠づける働きとして根拠づけられるものを生み出すとともに、自己へと反省するもの（Reflexion in sich）である。この反省が止揚され、根拠づけられたものが自体的にあることとして現れるとしても、それは反省と無関係ではなく、反省された自体的にあることに他ならない。それは、他のものへと移行するが、この移行は自己内反省に他ならない。こうして、それは根拠によって根拠とともにあることが明らかとなるのであり、「必然的な現実的なもの」（das nothwendige Wirkliche）（ibid.,S.394.）となるのである。

偶有性は、こうして偶然性という見かけを払拭して、必然性を回復する。それは、絶対的必然性たる実体から区別されたものではない。偶有性の運動は、実体の活動態（Actuosität der Substanz）に他ならないのである。実体自身が抵抗なく（障害なく）出現すること（Hervorgehen）なのである。実体は別の或るものに対して働きかけるのではなく、単純で抵抗のない境位としての自己に対して働いているにすぎない。実体たる絶対的必然性は、相対的必然性（die relative Nothwendigkeit）にとって前提であり制約であったものを止揚することで成立したのであったが、前提されたものは、そもそれ自身が措定したものであり、これを止揚することは、反省・表出によって生まれた影像が消えるということである。止揚されるべき直接的なものは、前以て措定されたものであり、すでに止揚されている。措定＝止揚するという働きの中で初めて直接的なものは生まれるのであり、それを影像として生み出す表出の働きもそうである。止揚が開始されるべき直接的なものとは自己自身であり、自己自身から始めるということが、始点となる自己自身を措定することに他ならない。こうして、偶有性は実体の運動に回収されるのである。

三　創造と破壊の威力としての実体

右のように、表出し影像を生じるとともに一体性を維持しているものが、実体である。こうした同一性としての実体は全体であり、偶有性と見える影像を包含している。従って、偶有性自身が完全な実体であると言うことができる。そこにも、存在の単純な同一性とその上での偶有性の交替という区別が生まれる。だが、それは見かけの上のことにすぎない。前者は表象作用（Vorstellen）によって思い浮かべられるものであり、形式なき実体（die formlose Substanz）の観念であって、表象作用は影像を影像として規定しえておらず、無規定な同一性を絶対者と思いなしてこれに固執する。それは、無媒介な規定性ないし自体存在もしくは可能性という規定にすぎない。ヘーゲルからすれば、これがスピノザやシェリングの実体ないし絶対的無差別の概念なのであろう[12]。

後者、偶有性の交替に関して言えば、偶有性が消滅することは、現実性としての偶有性がそれの自体的なあり方、可能性に還帰することであり、現実態から可能態としての自己に立ち帰ることである。とはいえ、その自体的なあり方とは、それ自身実体によって措定されたあり方に他ならない。従って、それも現実性である。可能なものもまた、内容的には別の規定された現実的なものなのである。ヘーゲルは、そうした発生、消滅を通して実体そのものが明らかになると言う。「実体は可能なものを内容を持った現実性に移行させ、この現実性を通して創造的な力を示し、現実的なものを可能性に還元し、破壊的な力（zerstörende Macht）として自己を示すのである」（ibid.,S.395.）。だが、創造と破壊は同一である。「創造は破壊的であり、破壊は創造的である」（ibid.）。否定的なものと肯定的なもの、可能性と現実性は、実体の必然性の中では同一であるからである。こうして、実体は、偶有性の交替の中に創造と破壊の力を備えた「絶対的な威力」（die absolute Macht）として現れることになる。

これに対して、偶有性そのものは互いに力を及ぼしあうことはない。偶有的なものが他のものに力を及ぼすように見えるとしても、それは実体の力によるものに他ならない。「実体が両者を自己のうちに包含し、否定性として不等な価値を置き、一方を消滅するものとして、他方を別の内容を持ち発生するものとして規定するのである。——永遠に自己を分裂させて形式と内容の区別にもたらし、永遠にこの一面性から自己を純化するが、この純化そのものの中で規定と分裂に逆戻りするのである」（ibid.）。——一つの偶有性が他の偶有性を駆逐するように見えるとしても、それら自身を存立させているものは形式と内容のこの全体に他ならず、その中でそれらはともに没落するのである（ibid.）。

だが、そうであるとすれば、ここには実体とその力の一方的な作用のみがあって、偶有性の独自性は些かも認められない。諸偶有性の中で、実体は直接的な同一性を保持し現前している。そこには、実体と偶有性の実在的な区別（realer Unterschied）はない。従って、実体はその完全な概念に従って開示されているわけではまだない、とヘーゲルは言う（ibid.S.395f.）。それは区別されたものの同一性、区別を宿す同一性なのでなければならないであろう。実体が自己同一的な自体的対自的存在として（自己同一性を保持しつつ自己に即しまたそれだけであることとして）偶有性の全体としての自己自身から区別される場合、それは「力」（Macht）として両者を媒介するのみである。媒介者たる力は、諸偶有性の否定性の中で不変であり続け、偶有性が存立しているにしても、単に措定されてあるにすぎないという意味での必然性（Notwendigkeit）を持つにすぎない。媒介者としての力は、実体性と偶有性の統一であって、その両極が固有の存立を持っているとは言えない。実体性は否定的なものとして自己に関係することはなく、自己同一性という形でのみある力の直接的な自己との統一としてあるだけである。そこでは、関係というものは消滅している。否定的なものないし区別の面は消滅し、同一性の面だけが残っているのである。

影像ないし偶有性の側について見れば、それは、自体的には、力を通して現れた実体である。とはいえ、それは、自己と同一な影像、実体（ないし本質）が表出したものとしては措定されていない。それに応じて、実体の側も自己の形態ないし措定されたあり方として偶有性を持つのみで、自己自身を持ってはいない。実体としての実体としてあるとは言えないのである。それは、自己を形式的な力として示すだけであって、実質的な区別を生み出すわけではない。実際には、それは、諸偶有性の中に潜んでいる内なるもの（Inneres）としてあるにすぎず、偶有性の側もそれに付帯してある（an der Substanz）にすぎない（ibid.,S.396.）。

実体性の関係がこのような事情にあるとすれば、それはスピノザの実体概念やシェリングの絶対的無差別の概念に抗しうるものではないであろう。しかし、実体は反省（Reflexion）である。偶有性は、自体的には、実体なのであって、それ故実体として措定されてもいる、とヘーゲルは言う（ibid.）。それは、自己に関係する否定性として規定されており、また自己に関係する単純な自己同一性として規定されている、と言うのである。そのようなものとして、それは「自己に対してある、力を持った実体」（für-sich-seyende mächtige Substanz）であるとされる。そして、ここから、原因（Ursache）と結果（Wirkung）の概念が生まれるのである。

四　実体の運動と主体性の国

絶対的必然性の別名である実体は、「あるが故にある存在」（das Seyn, das ist, weil es ist）とされていた（ibid.,S.394.）。それは、存在の自己自身との統一、自己を根拠として持つ存在である。それは、あること以外にありえないもの、ないことのありえないものという意味で必然的にある。だが、根拠によってあるものは、根拠づけられたものであり、措定されたものである。あるが故にあるとされるといっても、その存在は措定されてあることであり、影像という意味を持つことを忘れてはならない。それは根拠との関係のうちにあり、媒介されたものとしてあるのである。そこには、根源的な存在が影像、措定されてあることへと移行するという運動がある。だが、逆に、措定されてあることが根源的な存在、根源性に移行するという面もある。そのことによって、存在と影像の同一性が成り立っている。

しかし、この同一性はまだ措定されたものとなってはいない。それは、表立っていない隠れた必然性（die innere Nothwendigkeit）にとどまっている。しかし、この秘匿性は止揚され、同一性は措定されたものとならなければならない。そうすれば、関係のうちにある項の実体性は失われ、必然性が露呈する。ヘーゲルは、因果性の運動の中にこうした実体性の止揚と必然性の顕在化の働きを見るのである。

因果性の関係（Causalitätsverhältniss）（ibid.,S.396.）が生まれるのは、絶対的な力としての実体が自らを規定して偶有性となるが、この偶有性が措定された外面性として実体から区別されることによってである。実体は偶有性に移行しながら、自己のうちに反省する。だが、またこの自己内反省を止揚して、自己を自己自身に対して否定的なものとして措定する。このことによって、実体は原因（Ursache）という意味を持ち、この否定的なものは結果（Wirkung）という意味を得るのである。

原因は、根源的な事象として、絶対的な自立性を有し、結果に対して自己を保存する存立という規定を持つ。しかし、それは結果に移行してしまっている。結果の中には、原因の中にないものはない。だが、原因の根源性は結果において止揚されている。両者の間には、こうした同一性がある。とはいえ、結果だけが現実的なものとして残るというわけではなく、結果が措定されてあるということは、原因の根源性に反省すること、原因が自己自身のうちに反省することである。原因は結果の中で初めて現実的となり、原因となる。従って、それは「自己原因」（causa sui）とも呼ばれる。

実体と偶有性の関係からこうした因果関係が導かれたわけだが、原因が有限である場合にも同様の同一性は認められる（ibid.,S.399.）。雨が原因となって湿気が生ずるという場合、内容的には同じ水があるだけである。形式の上から見れば、結果のうちで原因は消える。だが、そのことによって、結果という形式規定も消える。結果は原因なしには何ものでもなく、無関係な湿気であるにすぎない。通例、原因には更に先行する原因があり、結果には更なる結果が後続するという見方がなされる。それは、原因は原因、結果は結果という形式的な区別のもとに立ち止まるからである。原因は有限な原因であり、結果もそうである。そして、原因は有限であるが故に、また措定されたもの、結果でもあるという見方が生まれ、その原因を求めて無限背進が引き起こされる。逆に、結果の側は、原因との同一性の故に、それ自身原因と見なされ、別の結果を生じる。こうして、結果の系列の無限進行が惹起されるのである。

結果が原因と異なっている場合には、更なる事態が生じる（ibid.）。結果は措定されてある。しかし、措定されてあるということは、措定するもの、自己の根源へと反省することであり、自己内反省である直接性に立ち帰ることである。原因が作用して結果を措定するということは、別の実体を措定することに他ならない。原因と結果は異なるとされているのであるから、結果の自己内反省によって生ずるのは別の実体なのである。原因の措定作用は、そうした実体を前以て措定することである。そして、原因は、それに対して働きかけることになる。この実体は能動的ではなく、受動的と見なされるが、実体である以上能動的であり、自らのうちに措定された結果を止揚し、反作用（Gegenwirkung）する（ibid.,S.404.）。それは、第一の実体の能動性を止揚して、それに反作用することに他ならない。こうして、因果性の関係は相互作用（Wechselwirkung）となるのである（ibid.,S.407.）。

相互作用において、無限進行は止揚される。これは、原因と結果という形式規定がそれぞれについて交替的に適用され、また両規定の区別と同一性が交替的に当てはめられることによって生ずるのである。第一の実体の作用は第二の実体の作用として、第一の実体に送り返される。いずれもが、能動的かつ受動的、受動的かつ能動的である。両者の区別は空虚になっている。

こうして、「結果の中で実体としての自己を止揚するとともに、この作用の中で初めて自己を自立化させる原因」（eine

sich in ihrer Wirkung ebenso als Substanz aufhebende als sich in diesem Wirken erst verselbständigende Ursache）があるのみとなる（Enzy., §155.）[13]。区別することの空虚さが明らかとなり、各規定はその反対に転化する。こうして、諸規定の空虚さが顕在化するのである。根源性の中に結果が措定され、根源性は止揚される。原因の作用は反作用となる。こうした相互作用を通して、隠れていた同一性（die Identität als noch innere und verborgene）が露わになる、とヘーゲルは言う。それは、必然性の覆いが取り除かれ措定されることである、と言うのである（Enzy., §157.）。

ヘーゲルは、こうした隠れた同一性が開示されることに、自由（Freiheit）への移行を認める。「必然性は自由になる。但し、それが消滅することによってではなく、ただそれのまだ隠れている同一性が開示されることによってである」（W.d.L.I.S.409）、と彼は言う。その開示は、互いに区別されたもの自身の間での同一的な運動であり、影像としての影像の自己内反省に他ならない。単独で自由であるかのように見え、互いに映しあうことのない現実性という形を持った諸項が同一性として措定され、それぞれの自己内反省の全体が区別された状態が止揚され、同一の全体としても現われ、同一の反省としてのみ措定されるのである（ibid.）。

こうして、実体の全運動が語られうることになる。それは、二つの全体へと自己を区別する。一方は、絶対的な形式として自己を自己から区別する運動であり、規定性（規定されたあり方）から自己のうちに反省すること、措定されたあり方を自己自身のうちに含み、その中で自己と同一なものとして措定されている単純な全体として根源的なものである全体（die Totalität, welche（……）Ursprüngliches ist als die Reflexion aus der Bestimmtheit in sich, als einfaches Ganzes, das sein Gesetztseyn in sich selbst enthält, und als identisch mit sich gesetzt ist）であり、他方は、規定性から同じく自己内反省しているが否定的な規定性となっている全体（die Totalität als die Reflexion aus der Bestimmtheit in sich zur negativen Bestimmtheit）である（ibid.）。後者は、自己同一的な規定性として同じく全体ではあるが、自己と同一な否定性として措定されている。ヘーゲルは、前者を「普遍的なもの」（das Allgemeine）、後者を「個別的なもの」（das Einzelne）と名づける。だがまた、両者は同じ否定性であり、同一性であるとも言う。普遍的なものが自己と同一であるのは、規定性を止揚されたものとして含んでいるかぎりにおいてであり、否定的なものとしての否定的なものであることにのみよる。個別性の側も、規定されたものが更に規定されたものとして規定されてあることであり、否定的なものとして規定された否定的なものであって、普遍性と同じ同一性である（ibid.）。両者のこうした同一性を、ヘーゲルは「特殊性」（Besonderheit）と呼ぶ[14]（ibid.）。それは、個別的なものから規定性という契機を受け取り、普遍的なものから自己内反省という契機を受け取って、直接的な統一のうちに含んでいるのである。

ヘーゲルは、更に、これら三つの全体は同一の反省であると言う。それは、否定的な自己関係として、前二者へと自己を分かつが、その区別は完全に透明なものであって、規定された単純性ないし単純な規定性へと分かっているにすぎない。これは、それらの同一性に他ならないのである。このようにして、隠れているものは明るみに出、不透明性は払拭される。こうした境地を、ヘーゲルは「自由の国」（das Reich der Freyheit）と言う。それは概念（Begriff）と呼ばれ、「主体性の国」（das Reich der Subjectivität）と称される（ibid.S.409.）。

こうして、ヘーゲルは客観的論理学（die objektive Logik）から主観的論理学（die subjektive Logik）への道を拓く。それは、実体と実体性を止揚し、主体と主体性へと移行する階梯に他ならない。「真なるものを実体（Substanz）としてでなく、それに劣らず主体（Subjekt）として捉え表現する」とした『精神の現象学』の宣言[15]がここで実現されているのである。実体性の関係から因果性の関係を経て辿られた過程が玩味されなければならない。

注

（1）R.Descartes, *Principia Philosophiae*, 1644, in: *OEUVRES DE DESCARTES*, VIII-1, Paris 1982, p.24f.
（2）B.d.Spinoza, *Ethica ordine geomerico demonstrata*, 1677, Pars Prima, Definitio III, in: *Opera* II, Heidelberg 1972, S.45.
（3）後期フィヒテが取り組んだのもこの難問であった。山口祐弘『ドイツ観念論の思案圏』学術出版会、二〇一〇年、第三部、第一、二章参照。
（4）G.W.F.Hegel, *Wissenschaft der Logik*, I（1812/13）, in: GW.11., Hamburg 1978, S.353～392.

（5）I.Kant, *Kritik der reinen Vernunft*, 1781, 1787, A508.B536.

（6）このことは、それらには「運命」（Schicksal）として経験されることになる。

（7）J.Locke, *OF HUMAN UNDERSTANDING*, Book 2, 19, in: *THE WORKS OF JOHN LOCKE*, I, 1823, Darmstadt 1963, p.163. "of substance we have no idea of what it is, but only confused obscure one of what it does."

（8）G.W.Leibniz, *Philosophische Abhandlungen 1702–1716*, IX–1, in: *G.W.Leibniz, Die philosophischen Schriften*, 6, Hildesheim/New York 1978, S. 607.

（9）F.W.J. Schelling, *Darstellung meines Systems der Philosophie*, 1801, in: *Schellings Werke*, III, München 1977, S.21.

（10）『哲学・思想辞典』岩波書店。

（11）第一部第三章「反省諸規定と本質の運動」を参照。

（12）前注（2）、（9）を参照。

（13）G.W.F.Hegel, *Enzyklopädie der philosophischen Wissenschaften*, I, in: Werke. 8., Frankfurt a.M. 1970. Abk.: Enzy

（14）ここで、特殊性は普遍性と個別性の統一として導かれるが、「概念論」では、「A　普遍的概念、B　特殊的概念、C　個別的なもの」の順に論じられる。次章注（8）参照。

（15）G.W.F.Hegel, *Die Phänomenologie des Geistes*, 1807, in: GW.9., Hamburg 1980, S.18.

第三章　実体の完成と止揚

（一）概念の発生

序

『論理の学』において、「概念論」（Begriffslehre）[1]は「存在論」と「本質論」[2]に続く第三巻の位置を与えられている。このことは、「概念論」が前二巻に従属するということを意味するわけでは勿論ない。むしろ、「概念」（Begriff）が前二巻の主題である「存在」（Sein）と「本質」（Wesen）の統一であり、これらの基礎（Grundlage）としてあるということに他ならない。それは、存在と本質を止揚するものであり、両者はその中で没落するとともに保存されるのである。それは、存在と本質の真のあり方を示すのである（W.d.L.II.S.213.）。

だが、存在と本質の統一は、「概念論」に先立ち「本質論」の最終段階で「実体」（Substanz）として提示されていた（W.d.L.I.S.394.）。それは、「存在と結合され、現実性に歩み入っている本質」と規定される（W.d.L.II.S.11.）。従って、概念は実体を直近の前提とし、これを継承するものであることになる。実体は、自体的には（an sich）すでに概念であり、概念はそれの開示されたもの（Manifestirtes）である（ibid.）という関係にあるのである。

従って、実体の概念に至る存在論と本質論すなわち客観的論理学の行程は、概念の発生的提示（die genetische

Exposition des Begriffes）という意味を持つ（ibid.）。実体と概念の関係は、実体の真理（die Wahrheit der Substanz）（ibid.,S.12.）は概念であり、概念は実体の完成（die Vollendung der Substanz）（ibid.,S.14.）であるという形で示される。この完成は、実体より高次のもの、「主体」（Subjekt）に達することとして捉えられる。

この関係の確認は、「真なるものを実体としてでなく、それに劣らず主体として捉え表現することが肝要である」とした『精神の現象学』[3]のテーゼを理解する上でも重要である。それは、実体と主体の概念を如何に解するかの厳密な考察を必要とする。それを解明する鍵は、まさしく『論理の学』における客観的論理学から主観的（主体的）論理学への移行過程、実体の真理が概念であり、概念は実体の完成であるとされる事情にあると言えよう。本章では、こうした観点から、実体が完成され概念が発生する過程を明らかにする。

一　実体と実体性の関係

実体とは何か。表象（Vorstellung）の立場では、それは「単純な同一性としてある存在」（die einfache Identität des Seyns）として捉えられる（W.d.L.I.S.395.）。それは形式を欠いて（formlos）おり、無規定的な同一性（die unbestimmte Identität）であるにかかわらず、表象はそれを絶対的なものと見なし、それに固執するのである（ibid.）。ヘーゲルは、それは真理性を持たず、直接的（無媒介）な現実性もしくは自体存在ないし可能性という規定しか持たないとする。それは、「すべての牛が黒くなる夜」（Phä.d.G.,S.17.）と形容されたスピノザの実体[4]やシェリングの絶対的無差別[5]の概念に並ぶものと考えられる。

これに対して、ヘーゲルは、実体を「本質と存在の究極の統一」（die letzte Einheit des Wesens und Seyns）と規定する（W.d.L.I.S.394.）。本質は反省（Reflexion）であるから、実体は反省を備えた存在である。それは、表出する（scheinen）とともに、それによって生まれる影像（Schein）を自己自身のもとに回収する存在、否、こうした運動そのものに他ならない。それは、反省を欠く直接的なもの（das unreflectirte Unmittelbare）でも、現存や現象の背後に隠れた抽象的なもの（ein abstractes, hinter der Existenz und Erscheinung stehendes）でもない（ibid.）。それは、直接的なものとして現れる現実性でありながら、完全に自己内反省していること（absolutes Reflectirtseyn in sich）なのである。反省が直接性の反対である以上、現実性は直接性を否定され、媒介されたものとなっていることになる（ibid.）。

その構造は、実体を「あるが故にある存在」（das Seyn, das ist, weil es ist）と定義する際に現れる（ibid.）。それは、存在が根拠（Grund）を持ち、しかも自己自身を根拠としていることを物語る。存在は、他のものによってではなく、まったく自己によってのみあり、「自己を自己自身と絶対的に媒介すること」（die absolute Vermittlung seiner mit sich selbst）としてあるのである。ただあるというだけでなく、自己を自らあらしめる（自己自身によってある）という仕方であるのである。それは自体的かつ対自的にある（an und für sich seyn）と表現される。実体とは「自体的かつ対自的にある存立」（ein an und für sich seyendes Bestehen）に他ならない（ibid.）。

このように自己を自らあらしめるという働きは、光（Licht）に喩えられる。光の存在は輝き出る（表出する）働き（scheinen）以外のものではない（ibid.,S.393.）。光は光ることによって光であり、光ること以外のものではない。光ることによって自己をあらしめるという意味では、光は自己自身を措定する働き（Sich-selbst-setzen）である。それによってあらしめられるという面から見れば、それは措定されてある（gesetzt sein）ということになる。この両面が不可分であることが、光の特徴である。

それと同様に、実体は自己を措定する（setzen）とともに措定されてあるというあり方（Gesetztsein）をするものに他ならない。それが、反省と存在の統一とされることの意味である（ibid.,S.394.）。措定と措定されることのこうした関係は、「自己に関係すること」（sich auf sich beziehen）とも表現される。措定することが自己自身によって生じており、自己の根拠を自己のうちに見出すのだからである。表出することは自己に関係する表出（das sich auf sich beziehende Scheinen）である（ibid.）。自己を根拠として措定されてあるという面について言えば、措定されておりながら措定する働きから分離されてはいない。両者は不可分であり、一体である。よって、それは「自己と同一の措定されてある存在」（das mit sich identische Gesetztseyn）と表現される。

　自己に関係する表出を「実体」と呼ぶならば、措定されてあるという面は「偶有性」（Accidentalität）と呼ばれることになる。それは、「表出しているものの総体」（scheinende Totalität）（ibid.,S.394,396.）という意味を持つ。だが、それは実体の表出（影像 Schein）なのであるから、実体から遊離しているわけではなくそれに還帰するべきものとしてある。実体と偶有性の関係は、可能性（Möglichkeit）と現実性（Wirklichkeit）の関係として捉えられる。まさしく、表出することには、可能性が現実性となり、現実性が可能性に還帰することが含まれており、可能性と現実性の統一（die Einheit der Möglichkeit und Wirklichkeit）（ibid.,S.394.）なのである。偶有性は、実体の表出によって発現する一方、実体に還帰する。

　しかし、偶有性のこうした運動は、実体の活動態（Actuosität）[6]に他ならない。ただし、活動的であると言っても、実体が他の或るものに対して働きかけるというのではなく、単純で抵抗のない境位としての自己に対して働きかけるにすぎない。それは、実体が静かに立ち現れること（ruhiges Hervortreten ihrer selbst）と形容される（ibid.）。実体が表出によって前もって措定したものを止揚するだけである。それは、影像（Schein）が消滅することである。

　だが、それによって、実体は単純な同一性を回復し自己内還帰するというわけでは必ずしもない。影像としての直接的なものを止揚する働きは、再び直接的なものを生み出すことに他ならない。まさしく表出が繰り返されるだけなのである。「自己自身から始まることとは、まず、始まりとなるこの自己を措定することに他ならない」とヘーゲルは言う（ibid.,S.394f.）。すなわち、止揚されるべき出発点に常に再び帰着するのみなのである。偶有性を生み出し止揚せんとすることにおいて、絶えず偶有性を生み出し続けるのが実体の働きなのである。

　実体は、こうした表出の働きの同一性として、偶有性を自己のうちに含む。逆に、偶有性は完全な実体そのものに他ならない。そこには、「存在の単純な同一性」（die einfache Identität des Seyns）と「そこにおける偶有性の変化交替」（der Wechsel der Accidenz an derselben）の区別が認められるかもしれない。だが、それは実体の影像の一形式（eine Form ihres Scheins）にすぎない（ibid.S.395.）。前者こそは、先に見たとおりの、表象が捉える没形式的な実体なのである。

これに対して、諸々の偶有的なものの変化交替は、それ自身実体の影像（現れ）に他ならない。そこにおいて、実体は、その変化交替を支配する「絶対的な力」（die absolute Macht）（ibid.）として現前していることになる。偶有的なものが消滅することは、現実性としてのそれが、その可能性に還帰することに他ならない。しかし、その可能性も一つの措定されたあり方でしかないから、同じく現実性でもある。しかも、内容的に、別様に規定された現実的なものである（ibid.）。従って、それもまた必然的に還帰すべきものなのである。だが、このように、可能的なものを内容のある現実性に移行させ、現実的なものを可能性に還帰させているのは、実体に他ならない。前者においては、実体は創造的な力（die schaffende Macht）として、後者においては破壊的な力（die zerstörende Macht）として現れる。とはいえ、両者は同一である。創造は破壊であり、破壊は創造なのである（ibid.）。

これに対して、諸々の偶有的なものは力を及ぼしあうことはない。そのように見えるとしても、それは実体の力によるのであり、実体が両者を包括し、一方を消滅するものとして、他方を発生するものとして、規定しているのである。実体は、永遠に自己を分かって形式と内容の区別を生じるとともに、永遠にそれを精算するのだが、この純化そのものの中で規定と分裂に立ち戻るという運動を繰り返していることになる。しかも、自己同一性を失うことはない。それは、直接的な同一性を保ちつつ、諸々の偶有的なものの中に現前しているのである。その限り、実在的な区別はそこにはない（ibid.S.395f.）。

だが、そうだとすれば、実体の完全な概念が開示されているとは言い難い。実体が、自体的対自的に自己同一的なものとして、偶有的なものの全体から区別されるならば、諸々の偶有的なものを、否定されながら肯定的に存立するものたらしめ、存立していながら措定されたものたらしめる媒介者の役を演じているだけである。それはまさしく実体性と偶有性の統一であるが、その両極は固有の存立を持たないことになる。そうである以上、実体性の関係は所詮消滅すべき関係であるにすぎない。力が同一性の形を取って、自己自身との直接的な統一を保っているだけなのである（ibid.,S.396.）。否定的な契機、区別はなく、同一的なものという一方の契機があるだけとなる。

影像もしくは偶有性は、それ自体として見れば実体である。しかし、実体と同一の影像として措定されているわけではない。従って、実体は偶有性をその外形もしくは措定されたあり方として持つだけで、実体としての実体とは言えない。それは形式的な力として現れるだけで、それによって生み出される諸区別は実体的に（substantiell）あるわけではない。実体は、諸々の偶有的なものの中に隠れたもの（Inneres）にすぎず、これら偶有的なものも実体に付帯しているだけとなる（ibid.）。

しかし、実体は反省でもある。それ故、偶有性は自体的には実体であり、実体としても措定されているのでなければならない。それは、まさしく実体の影像であり、実体によって措定されたものであって、実体に還帰すべきものとして、実体との同一性を保っているのである。それ故、実体は「自己に関係する否定性」（sich auf sich beziehende Negativität）としてあることになる。偶有性を否定的なもの、措定されてあることとして措定しつつ自己に関係し、この意味で「自己に関係する単純な同一性」（sich auf sich beziehende einfache Identität mit sich）としてあるのである。それは原因（Ursache）として、「それだけで存立する、力のある実体」（für-sich-seyende, mächtige Substanz）であることになる。それは原因（Ursache）という意味を獲得し、実体と偶有性の関係は原因と結果の関係として捉えられる。実体性の関係（Substantialitäts-verhältniss）は、因果性の関係（Causalitätsverhältniss）に移行するのである（ibid.）。

二　因果性の関係

1．形式的因果関係

実体は、力として、表出する働き（das Scheinen）であり、その結果（影像 Schein）として偶有性を生じる。しかし、その影像（Schein）の中で自己自身に反省しもする（Reflexion-in-sich in ihrem Scheine）（ibid.,S.397.）。そうすることで、影像への移行の働きそのものを照らすのである。また、表出の働きを影像として規定し、偶有性を措定されたにすぎない存在（Gesetztseyn）として措定する。

すなわち、力としての実体は自己を規定する。しかし、規定作用をなしつつ直ちにそれを止揚して自己のうちに還帰する。自己を規定しながら、規定者たる実体そのものは直接的なものなのである。だが、直接的であることによって、それは、却って、すでにそれ自身規定されている。それは規定作用を止揚することとしてあるからである。その自己規定は、この規定されたものを規定されたものとして措定することを含む。そうして、措定されてあることを止揚し、自己のうちに還帰するのである。

だが、こうした実体の自己内還帰は、自己に否定的に関係することに他ならず、それ自身の規定作用、自己を規定されたものにすることである。すなわち、自己を自己から突き離す（abstoßen）ことに他ならない。それによって生じる規定されたものこそは、還帰の運動が開始されるべき起点に他ならない。従って、実体の力の働きは、偶有性の生成する様を明らかにし、措定されてあることを措定し開示する働き（Manifestation）であることになる（ibid.）。それは、原因（Ursache）が結果（Wirkung）を措定することと要約される。そして、結果とは、実体が措定されてあることであり、措定されてあることとしての実体である。但し、措定されてあると言っても、消滅し移行するのではなく、自己同一性を保つそれである。原因は結果の中で完全な実体として開示されており、措定されてあることとそのことにおいて自己に還帰しているのである。

このことによって、原因と結果、実体と措定されてあることの完全な同一性が成り立っているように見える。だが、措定されてあることが自己のうちに反省し、規定されたものが規定されたものとして規定されたとしても、それに対して実体は措定されていないものとして対立する。実体は絶対的な力として自己のうちに還帰するにせよ、そうすること自身が規定することに他ならない（ibid.）。自己に還帰し自己の措定を成し遂げることによって、却って自己を規定し限定するのである。実体は措定されてあることを止揚し（否定し）自体的にあるというあり方を回復しようとして、まさに自体的にあることとして措定される(gesetzt)。自体的にあることが規定性として措定されているという現実は、それ自身結果に他ならない。それは、実体が原因として働いたことで生じた結果なのである。この意味で、「実体が原因として持つ現実は、その結果のうちにのみある」と言われることになる（ibid.）。

ヘーゲルは、そこに原因と結果の必然性を見る。

実体は力として自己自身を規定するのであるから、現実的な実体である。だが更に、この規定性を明るみに出し（開示し）、措定されてあることとして措定する。自らの措定（規定）作用を反省する。そうすることで、それは原因という意味を得るのである。それは、実体が現実的と呼ばれる所以の現実性、すなわち自己規定の働きを措定されてあることないし結果として措定することに他ならない。結果は、原因とは別であり、根源的なものに対して措定されてあることであって、根源的なものによって媒介されたものと見なされるかもしれない。しかし、原因は、自らのこうした媒介作用を止揚し、自ら自身を規定しながら根源的に自己に関係するのであり、自己のうちに還帰するのである。原因は、従って、その結果（作用）の中で初めて真に現実的なものであり、自己と同一なものである。こうしたあり方は、原因の必然性（die Nothwendigkeit, welche die Ursache ist）と呼ばれる（ibid.）。

これに対して、結果の側は、まさしく原因の開示（Manifestation）に他ならないから、原因と同様に必然的と見なされる。「結果は、原因が含まないものは何一つ含まず、逆に原因はその結果の中にないものを何一つ含まない。原因が原因であるのは、結果を生み出すかぎりにおいてであり、原因は結果を持つという規定以外の何ものでもなく、結果は原因を持つという規定以外の何ものでもない」（ibid.,S.398.）。原因と結果の同一性こそは、両者の必然性と言われることなのである。

しかし、このように原因と結果がまったく同一ということになれば、原因と結果という形式上の区別は意味を失う。それらは、自体的にあるものと措定されてあるものとして区別されていたのである。原因は結果のうちで消滅し、結果もまた原因の規定性にすぎないかぎり、消滅することになる。因果性は消滅し、原因と結果の関係に無関心な直接性が生まれる。因果関係はそれに外在的に付帯しているにすぎないことになる（ibid.）。形式と内容の分離が起こるのである。

だが、そうである以上、いずれが原因であり結果であるかは、問題とならなくなる。原因は結果であり、結果は原因である。両者の区別はまったく形式的である。その意味で「形式的な因果関係」（die formele Causalität）があるだけとなる。区別の形式（Form）は、関係のうちにあるはずであった内容（Inhalt）に対しては外在的であり、形式と内容は互いに異なったものにすぎなくなる。内容は形式とは異なり、形式から区別された限定された内容となる。

2．規定的因果関係

では、そうした内容そのものはどのようなあり方をしているのか。形式を失った以上、それは無規定的と見なされるかもしれない。とはいえ、それは因果関係に由来し、その中の同一的なものなのであるから、まったくの無差別的同一性のみをそこに見るのは誤りである。それは、関係の痕跡は残しており、異なったものの同一性としてあると言わなければならない。その異なったものが、ともに原因即結果、結果即原因としてあり、区別のつかない状態になっているのである。それ故、内容は原因でもあり結果でもある二つのものの関係としてあることになる。しかも、これらは互いに異なったものとして規定性、限定性を帯びており、限定されたもの同士が原因と結果として関係しあうという形をなす。それは、有限な実体間の関係となる。原因は内容の面から規定されており、結果もそうである。こうして、それは「規定された因果関係」（das bestimmte Causalitätsverhältniß）と呼ばれることになる（ibid.,S.398.）。

とはいえ、有限な実体間の関係であるにせよ、同一であるという面は失われておらず、関係の中でこの面が顕在化し、事象の因果関係による説明はトートロジーとならざるをえない。同一の事象が、一方では原因として固有の存立を持ちながら、他のものの中で措定されてあるというあり方を与えられるのである。原因と結果という形式は、この同一の事象に対して外在的なもの（外的反省）にすぎないから、一つの現象を結果として規定し、そこから原因に遡り、当の現象を把握し説明することは、主観的な悟性が行う同語反復的な考察にすぎない。そこでは、同一の内容が異なった形式で繰り返されるだけである。原因の中にあるものは結果の中にあるものに他ならない。

①雨はものを湿らす。しかし、雨と湿りの本質は同じ水である。雨はこの水がそれだけである事象という形を取ったものにすぎず、湿りとしては付加的なもの（Adjektives）、自らの存立を自らのうちに持っていない措定された形であるにすぎない。水そのものにとっては、一方の規定も他方の規定も外在的なものである。同じ水が異なった形で言い表されているだけである（ibid.S.399.）。

②ある色素が一定の色を生み出す時、この色素が作用するものという形を取る一方、結果という形を取っているにすぎない。いずれの形もこの色素に対しては外在的である（ibid.）。

③内面的な心情が行為を引き起こすと言う時、行為はそれの外化であり、それによって生まれる外的定在は、その内的心情と同じ内容と価値を持つ（ibid.）。

④一物体への一定の衝撃によってその物体の運動が生まれる時、ぶつかる物体が含んでいた存在とぶつかられたその物体に伝えられる存在は同じである。衝撃の前後にあるものは同じ量の運動に他ならない。そして、前者は後者に伝える分を失うのである（ibid.）。

原因と呼ばれるものが他に如何なる内容を持っていても、それは問題の結果に対しては何ら原因ではない。当の結果と同じものが原因とされるだけなのである。

因果関係は、このように原因と結果の同じ内容を示すものであるから、原因と結果が別々の内容を持つ場合には、これらの内容は外面的に原因と結果として結合されているにすぎない。それらは自ら作用したり、関係に入ることはない。それらは没関係的であり、直接的（無媒介）な現存（eine unmittelbare Existenz）にすぎない（ibid.S.401.）。

とはいえ、それらは内容であるかぎり、自体的には原因と結果の同一性としてあるに違いない。この同一性は、直接的（無媒介）で存在する同一性（unmittelbare, seyende Identität）であることになる。それは、「多様な諸規定をその定在のうちに持つもの」（ein Ding, das mannichfaltige Bestimmungen seines Daseyns hat）として捉えられる。そして、それが何らかの観点において原因または結果でもあるとされるのである。このことは、原因と結果はこのものをそれらの基体（Substrat）とし、そこに本質的な存立を持つと言い換えられる。各々はそのうちに特殊なもの（ein besonderes）として存立するのである。ただし、それは直接的な存立にすぎず、形式の統一ないし関係としてのそれではない。

この「もの」は、原因とされる場合には、「自己に対する否定的関係」（die negative Beziehung auf sich）（ibid.S.402.）となる。それは本来原因と結果の同一性なのであるから、それが関係するもの、結果として生ずるものは、それ自身に他ならない。しかし、それが関係するものは、直接的に現実的なものとして規定されており、措定されてある存在であり、内容としては何らかの規定一般である。そのかぎり、関係は否定的な自己関係なのである。

だがまた、「もの」は原因と結果の自体的にある同一性としての基体（Substrat）であるから、因果性はそれに対して外在的であり、それの措定されたあり方に他ならない。従って、それが原因たる実体（ursachliche Substanz）とされる場合には、その因果性は自らの措定されたあり方、外在的な因果性に否定的に関係することとなる。この実体の作用は、従って、外のものから始まり、この外的規定から自由となり、自己のうちに還帰し、自らの直接的な存在を保存することである。それは、自らのうちに措定された因果性を止揚することに他ならない（ibid.）。

例えば、雨は湿りの原因である。だが、雨と湿りは同じ水である。この水が、雨であり原因であるという規定を持つのである。だが、それは、この規定が他のものによって水の中に措定されることによってに他ならない。別の力が水を空中に押し上げ、一つの塊とし、重力がそれを落下させるのである。水が地面から遠ざけられることは、その根源的な自己同一性、重さには疎遠な規定である。水の原因性は、このような規定を遠ざけ、根源的な自己同一性を回復することにある。だが、それは自らの原因性を止揚することに他ならない（ibid.）。

水は、雨ともなり湿りともなる同一の基体である。雨と湿りはこの基体の変状とも見なされよう。それが、原因と結果の関係において捉えられるのである。だが、原因たる雨を雨たらしめるものは、それ自身ではなく、他の力（温度上昇）であり、雨はこの力によって基体のうちに措定された規定に他ならない。雨が降って地面が湿るということ（結果）は、この力が否定されることであるとともに、原因としての雨が止揚されることである。こうして、もとの水が回復されることになる（ibid.）。――このように、因果性は、基体に対して外から措定されたものであり、基体はこの措定された因果性を止揚し自己に還帰するところに固有の働きを持つ。それが基体自身の因果性であるということになる。雨としての水の原因性は、それ自身、措定されたあり方であり、結果に他ならない。このことは、原因から原因に遡ってゆく無限背進（unendlicher Regreß）を生ずる（ibid.f.）。

その理由は、原因とされるものが有限であり規定されたものであって、結果に対立する一契機として規定されたものであることにある。それは、その否定を自らの外に持ち、よって措定されてあること、結果であることを免れないのである（ibid.S.403.）。

原因と結果の同一性は、措定されてもいる。とはいえ、第三のもの、直接的な基体（Substrat）としてにすぎない。原因性の根源性は、ここでは、直接性にすぎず、形式の区別が規定性として措定されているわけではない。有限な反省は、こうした直接的なもののもとに立ち止まり、形式統一をそれから遠ざける。そして、ある場合にはそれを原因と見なし、他の場合には結果と見なすのである。そうして、形式統一を無限の彼方に押し遣り、弛みなく進みながらそれに到達することができないことを告白することになる。

雨が湿りの原因となったのは、外なる力によってであった。だが、それは、結果（湿り）の中で自己に還帰することはなく、むしろ自らの原因性を失うこととなった。これに対して、結果は、実体すなわち自己に関係する存立である基体に向かって起こるのであり、そこにおいてこの措定されてある存在（結果）は措定されてある存在となるのである。その実体は自らのうちで結果が措定されるわけだが、そのことによって原因として振る舞い、結果を自らによって生み出されたものとする。それは、実体の自己内反省（die Reflexion in sich）として規定される（ibid.）。

とはいえ、ここでも、原因はその結果の中で自己に還帰することはない。その結果をまたもや別の基体、他の実体において措定するにすぎない。だが、この他の実体もそれを措定されたものとなし、自らを原因として明らかにして、その結果を自己から突き離す（von sich abstoßen）。こうして、結果の側においても、結果から結果への無限進行（unendlicher Progreß）が生じることになる（ibid.）。

ここでは、形式的因果性の場合とは異なり、原因が結果のうちで消滅し、結果が原因のうちで消滅するというわけではない。結果は新たな原因となり、原因は更にその原因を持ち、その結果である。原因と結果の概念は常に対をなして保存される。「これらの規定の各々は、措定される中で止揚され、止揚される中で措定される」（ibid.S.404.）。無限進行においては、このことが一の基体から他の基体への外在的移行という形で行われる。一の基体に宿る原因性が他の基体のうちに結果を生じ、この結果が原因となってまた別の基体のうちに結果を生ずるのである。しかし、実際には、原因と結果が互いに反対になること（他のものになること）は、同時にそれら自身を措定することに他ならない（ibid.）。それぞれは、その反対を含んでそれぞれなのである。原因と結果の同一性は、先には自体的にあるものと見なされ、両者を外在的なものとする基体とされたのであったが、それは原因と結果自身の概念によって措定されたのであり、因果性の働きに対しそれより先にあるものとして措定（前提 voraussetzen）されたものであることが明らかになる。このことは、同一の基体に対する因果関係の外在性が止揚され、以前同一的なものに対して外在的であるとされていた反省が、それに内在的となることを意味する。

こうして、因果性とは、原因と結果の同一性を一の基体として前提する（voraussetzen）働きである。原因は、こうした前提されたこのものに否定的に関係しているのである。この前提されたものは外在的な他者と見なされるが、自体的には因果性そのものに他ならない。それは因果関係の実体と言うべきものであり、原因と結果を偶有性とする実体的同一性（die substantielle Identität）である（ibid.）。だが、それは、直接的なものないし自体的にあるだけで対自的にあるのではなく、抽象的な自己同一性という規定性しか持たない純粋存在ないし本質である場合には、「受動的な実体」(die passive Substanz)とされることになる(ibid.,S.405.)。そして、それに対しては、「作用する実体」(die wirkende Substanz)が対立する。この実体とは、規定された因果性の中で自己自身を否定し結果に移行しながら、そこから回復された原因のことに他ならない。それは、直接的なものとして、本質的に措定的に振る舞い、自己を否定にもたらしながら、これを経て自己を自己と媒介するもの(反省されたもの)である。因果性は、そこでは、それが内属する基体を持つわけでも、同一性に対する形式規定にすぎないのでもなく、それ自身実体に他ならない。言い換えれば、因果性だけが根源的なものとしてあるのである。基体とは、それが前もって措定(前提)した受動的な実体であったにすぎない。

こうして、右の原因は自己自身に対する否定的な力であるとともに、それが前提したものでもある。よって、それは自己を自己に対する他のものとして措定しつつ、これを受動的な実体としこれに作用する。そうして、この他在を止揚し自己のうちに還帰するのである。しかし、そうすることでこの還帰を一つの規定性として規定することになる。それは、自己を措定されてあることとする。それは、それ自身の作用の結果に他ならない。

他方、受動的な実体は、自立的な他者であると同時に前提されたものであるとともに、自体的にはすでに作用する原因と同一であるという二つの面を持っている。それに応じて、この原因の作用も二重になる。受動的実体の自立性を止揚する一方、受動的実体との同一性を止揚し、自己をそれに対する他者として措定し、前提するのである(ibid.)。後者によって受動的実体は保存される。だが、そのため、前者の働きは受動的実体の若干の規定を止揚することに止まり、同一性は受動的実体に対して外在的に起こるにすぎないことになる(ibid.)。

こうして、作用する原因と受動的実体の間に懸隔が生まれる。その限り、作用は暴力(Gewalt)となる。暴力とは、外在的なものとしての力である(ibid.)。力が外在的になるのは、原因である実体が、その作用の中ですなわち自己自身を措定する中で、自己自身を止揚されたものとして措定することによる。すなわち、措定したものを自己の他者とし、他のものを自ら前もって措定する(前提する)という働きをするからである。他のものがそれ自身の措定(前提)

したものに他ならないかぎり、暴力的な原因の作用は、それ自身に対して否定的に関係することであり、それ自身を開示すること（die Manifestation ihrer selbst）に他ならない。他方、暴力を被る側の受動的なものは、自立的なもののようであっても、措定されたものにすぎず、原因としての作用する実体が現実的となる以前の可能態であり、その開示のための制約（Bedingung）という意味を持つことになる。それに暴力が加えられることによって、それが何であるかが明らかになるとともに、作用する実体が何であるかが明らかになるのである。それ故、暴力を被るものに対しては、暴力を加えることが可能であるだけでなく、加えねばならないということにさえなる。逆に、他のものに対して暴力を加えることができるのは、加えるものがこの他のものを支配する力であることによってであり、その中で自己と他のものを開示する（manifestiren）のである（ibid.,S.406.）。

それ故、受動的実体に対して暴力を加えることは、正当であるということになる。それが暴力を被って失うものがあるとすれば、直接性という仮象に他ならない。それは、本来措定されてあるということからすれば、疎遠なものにすぎない。却って、それは、措定されたものという固有の規定において規定されるのである。措定されてあるというそれ固有の規定において措定されることで、それは止揚されるわけではなく、自己自身と合致し保存されることになる。まさしく作用する能動的実体によってである。だが、これに対して、能動的実体の方は自己自身を止揚されたものとし、受動的実体を措定したのであった。このことから、能動的実体と受動的実体の間に逆転が起こる。受動的実体は、自らの働きで自己と合致し、自己を根源的なものとし、原因となる。他のものによって措定されることと、自ら成るということが同じになる（ibid.）。ここから、受動的実体の反作用（Gegenwirkung）が始まるのである。

三　作用と反作用および相互作用

受動的な実体の自体的なあり方は、措定されてあるということである。その自体的なあり方が措定され、明らかになる。つまり、措定されてあるということが措定される。逆に言えば、それの措定されたあり方（何として措定されているか）が、それの自体的なあり方である。それは、自体的に、措定されてあることに他ならない。従って、措定されてあるということは、その本来のあり方（それの自体的なあり方）から自ずと結果する。この結果の原因は、それ自身に他ならない。能動的実体の作用の結果としての措定されたあり方が自らの措定されたあり方の原因であるという意味で、逆転が起こっていることになる。

このことによって、能動的実体の作用（結果）は止揚される。原因が実体的な現実性を持つのは結果においてのみであるから、その結果が止揚されるならば、原因の実体性も止揚される。そもそも、原因は結果となることによってその否定的規定を失い、受動的なものとなるという逆説を宿している。だが更に、今や反作用するものとなった受動的実体によっても止揚されるのである。

こうして、原因（能動的実体）は受動的実体として振る舞うことになる。だが、この受動的実体もまた、それに加えられる作用を通して、原因的実体として再生する。こうして、初めの原因は、作用しその結果を反作用として送り返されることで、再び原因になるのである。ここに、無限進行に陥ることなく自己に還帰する相互作用（Wechselwirken）が生まれることになる。それは無限（unendlich）と形容される（ibid.,S.407.）。

相互作用の概念には、直接的な実体性の存続が根源的なこととして前提されることはなくなり、原因と根源性がその否定を介して自己を自己と媒介することとして成立するということが含まれている。

相互作用は、さしあたり、互いに制約しあう前提された実体間の相互的な因果性として示される。各々は、他方に対して能動的であると同時に受動的である。それ故、それらの区別はなくなっている。区別は仮象であり、この仮象は完全に暴かれ透明になっているのである。それらが実体であるのは、いずれも能動的なものと受動的なものの同一性であるという点においてのみである。それらの区別すらがなくなるというのであれば、相互作用という表現そのものが不適切であることになろう。それは、空虚な有様を示すものに他ならない（ibid.）。

そこには前提された直接性はなく、原因となる活動（能動性）を制約するものが、原因自身によって媒介されたものであり、その活動そのものによって媒介された受動性に他ならない。総じて、原因が原因であるのは、自己を結果とすることによってである。それは、その結果を制約として原因である。この制約によって制約されたものとして、それは受動的である。だが、原因を受動的たらしめる制約は、原因が自らの否定によって生み出したもの（結果）である以上、原因は自己自身によって制約されているのであり、受動的になっている。これが、上述の作用と反作用の逆転のメカニズムである。その意味で、相互作用の概念は、因果性の概念そのものの分析の産物に他ならないと言うことができる。因果性は、そこにおいてその絶対的な概念に達したと見なされる（ibid.,S.408.）。

因果性とは、まずは、その中で関係しあう諸規定が実体であり互いに自由な現実性としてある関係として捉えられる。それは「実在的な必然性」（die reale Nothwendigkeit）（ibid.,S.385.）とも「絶対的な自己同一性」（die absolute Identität mit sich）（ibid.,S.262.）とも呼ばれたものに当たる。必然性は、その限りでは「隠れた内的同一性」（innere Identität）（ibid.,S.409.）である。因果性はこの同一性を開示する（manifestieren）こととして働く。そこでは、実体的に他者であるという見かけは止揚され、必然性は遮られることのない自由（Freyheit）へと高められる。その概念たる相互作用においては、根源的な原因性は、その否定たる結果ないし受動性から生じ、またそこへと消え入ること、生成（Werden）として示される。とはいえ、この生成そのものも見かけに他ならない。他者への移行は、自己自身への反省である。原因は結果によって原因なのであるとすれば、結果は原因の根拠であることになるが、その根拠たる結果すなわち原因の否定は、原因が自己自身との肯定的な合致（ihr positives Zusammengehen mit sich）を果たす所以である（ibid.,S.408.）。

必然性と因果性は、区別されたものの連関と関係としての直接的な同一性を含むとともに、それらの絶対的な自立性を含み、実体的な差異性の根源的な統一としてある。従って、それらは絶対的な矛盾（der absolute Widerspruch）（ibid.）であり、止揚されるべきものである。そして、それらは、右の過程において消滅したことになる。必然性はあるが故にある存在であり、自己自身を根拠とする自己自身との統一なのである。

だが、それらは根拠を持つが故に、存在ではなく、根拠の影像であり、関係ないし媒介以上のものではない。一方、因果性とは、根源的な存在、原因が影像、単なる措定されてあることへと移行し、逆に措定されてあることが根源性に移行する運動の措定されたものである。それによって、関係のうちにある項の実体性は失われている。区別されたものがそれら自身のうちで同一であることを示す運動、区別という影像（仮象）が止揚され自己のうちに反省することによって、隠れていた同一性が開示される。自由にそれだけであり、互いに映しあうことのない諸現実の形を持つ諸項が同一性として措定されるのであり、諸項は自己内反省して全体（Totalität）という規定を持つ。それらは、互いに区別されながら互いに同一の全体として現われ、同一の反省として措定される。そこに、「絶対的実体」（die absolute Substanz）と称されるあり方が見出されるのである（ibid.,S.409.）。

それは、自己を区別して、一方で規定性からの自己内反省として、その措定されたあり方を自己のうちに含み、その中で自己同一的なものとして措定された全体となる。他方では、同じく規定性から自己のうちに反省しているが、否定的な規定性となる。この規定性は、自己同一的な規定性として同じく全体であるにかかわらず、自己同一的な否定性（die mit sich identische Negativität）として措定されるのである。前者は、先に受動的実体と呼ばれたものに当たり、後者は、原因的実体と呼ばれたものに当たる。ヘーゲルは、前者を「普遍的なもの」（das Allgemeine）、後者を「個別的なもの」（das Einzelne）と名づける（ibid.）。[7]

とはいえ、普遍的なものは、規定性を止揚されたものとして含むことによって自己と同一なのであり、否定的なものとしての否定的なもの（das Negative als Negatives）である。そのことによって、それは個別性と同じ否定性である。他方、個別性の側は否定的なものとしての否定的なもの、規定されたものが規定されたものとして規定されたもの（規定された規定されたもの das bestimmte Bestimmte）である。このことによって、それは普遍性と同じ同一性である。それらは、単純な同一性を形づくる。それは、個別的なものからは規定性の契機を受けとり、普遍的なものからは自己内反省という契機を受けとって、直接的な統一のうちに保存する。ヘーゲルは、それを「特殊性」（Besonderheit）と名づける(8)（ibid.）。

それらのうちには同一の反省が認められる。それは、否定的な自己関係として、まず普遍性と個別性に自らを区別するが、とはいえ区別を完全に透明なものとし、規定された単純性（die bestimmte Einfachheit）もしくは単純な規定性（die einfache Bestimmtheit）となるのである。これは、区別された両項の一にして同じ同一性に他ならない（ibid.）。

ヘーゲルは、ここに、不透明な実体性を完全に止揚した「主体性の国」（das Reich der Subjectivität）、遮るものなく開放された「自由の国」（das Reich der Freyheit）を見る。そして、それを「概念」（Begriff）と名づけるのである（ibid.）。

四　概念の発生と構造

ヘーゲルは、「概念論」の冒頭で、客観的論理学第二巻「本質論」において概念の具体的発生の提示が行われているとして、その主要契機を次のように要約する。

「実体は絶対的なものであり、自体的対自的にある現実的なものである。――自体的にとは、可能性と現実性の単純な同一性、一切の現実性と可能性を自己のうちに含む絶対的な存在者（本質）としてあるということであり、対自的にとは、この同一性が絶対的な力或いはまったく自己に関係する否定性としてあるということである」（W.d.L.II, S.12.）。

可能性と現実性の区別が解消しているように見える単純な同一性が、まさしく可能性が否定（止揚）されて現実性となり、現実性が否定されて可能性に戻るという否定的な運動を内実としているという事情が読み取れる。これらの契機によって措定されている実体性の運動は、以下の点を本質的に含むとされる。

①実体は絶対的な力（die absolute Macht）ないし自己に関係する否定性であり、自己を区別して諸々の実体と根源的な諸前提からなる関係になる。その関係とは、受動的実体（die passive Substanz）と能動的実体（die active Substanz）との関係に他ならない。前者は、自体的にあるという単純な存在の根源性である。それは、力を持たず自己を自ら措定することはなく、根源的に措定されてあるものにすぎない。後者は、自己に関係する否定性であり、自己を他のものとして措定し、これに関係する。この他のものとはまさしく受動的な実体であり、能動的実体はそれを自らの力によって前提として措定するのである。このように前提する働きをなすということは、実体の運動が自体的にあるという一方の契機の形式のもとに置かれるということであり、能動的、受動的実体として関係しあうものの規定性は、この関係の規定性でもあるということを意味する（ibid.）。

②力（Macht）は、自己自身に関係する否定性として自己を措定する。そして、そうすることで自己が前提したものを再び止揚する。――これは、力が自己の否定性と前提作用をまさに自己の働きとして対自化するということである。自己に対してあるというあり方（das Fürsichseyn）が生まれているのである。このことは、力が原因となることを意味する。前提する働きであったものが、措定する働きとなることである。その結果、力は力として現れ、措定されていることは措定されていることとして現れる。前提の中で根源的とされていたものは、原因の働きの中で他のもの（原因）に関係づけられることで、それが自体的にあるものとなる。すなわち、措定されたものであることが明らかになる。一方、原因は結果をもたらすが、他の実体（受動的実体）のうちにおいてである。それが力であるのは、他のものとの関係においてであり、その限りで原因として現れるのである。そして、このように現れることによってのみ、原因なのである。受動的実体は作用を被るが、そのことによってのみ措定されてあることが顕在化する。そうして、初めて受動的実体なのである（ibid.S.12f.）。

③原因は受動的実体に作用し、その規定を変える。だが、そのことが可能なのは、受動的実体が措定されてある存在だからである。しかし、それが受けとる新たな規定とは、原因性に他ならない。受動的実体は、それ故、

原因、力、活動性となる。更に、原因によって受動的実体のうちに措定されるものは、作用する中で自己同一性を保っている原因自身に他ならない。――また、作用することは、原因を結果に移すことであり、措定されてある存在にすることである。そして、原因は、結果の中でそれが何であるかを明らかにする。原因は、作用することによって、それが本質的にあるところのものを示すのである。この意味で、結果は原因と同一である（ibid.,S.13f.）。

こうして、受動的実体は原因性を獲得し、能動的実体は措定された存在となるという逆転が起こる。「各々はそれ自身の反対（das Gegentheil ihrer selbst）である」（ibid.,S.13.）。だが、各々は、互いに反対となることによって、自己自身と同一でもあり続ける。「能動的実体は、作用することによって原因ないし根源的実体として自己を開示する。すなわち、自己を自己自身の反対として措定することによってである。それは同時にそれが前提していた他在、受動的実体を止揚することに他ならない。逆に、働きかけられることによって措定されてある存在は、措定されてある存在として、否定的なものは否定的なものとして開示され、従って受動的実体は自己に関係する否定性として開示される。そして、原因は、それ自身に対するこうした他者の中でまったく自己とのみ合致するのである」（ibid.）。

このように、各々が自己を自己自身の反対として措定することによって、前提されていた、自体的にある根源性は対自的になる。すなわち、絶対者たる実体（die absolute Substanz）が自体的にそれであるとされていた可能性と現実性の単純な同一性は、自体的かつ対自的にあるというあり方を獲得するのである。それは、まさしく、右のように措定することが前提されているものを止揚することでもあることによってである。それは、絶対的な実体が、それが措定されているというあり方から、またその只中で自己自身に還帰しており、まさしくそのことによって絶対的であるということを意味する（ibid.）。

こうして、自体的対自的にあるというあり方は、それが措定されてあることとなることを通して初めて生まれるのである。ヘーゲルは、それを無限な自己内反省（die unendliche Reflexion in sich）と呼ぶ。そして、そこに実体の完成（die Vollendung der Substanz）を見るのである（ibid.,S.14.）。

しかし、完成されることによって、実体は最早実体ではなくなる（nicht mehr die Substanz）とされる。それは、より高次のもの、「概念」（Begriff）であり、「主体」（Subject）であるというのである（ibid）[9]。実体性の関係の移行は、それ自身の内在的必然性によって概念が実体の真理であることを開示することに他ならない。そして、そうした概念、主体は、最早遮るものなく開かれた（frey）境位にあり、自由の国（das Reich der Freyheit）であるとされるのである（ibid.,S.15.）。

とはいえ、概念は、単純な自己関係としてありながら、絶対的に規定されてもいる。だが、この規定性は、また自己にのみ関係するものとして、直ちに単純な同一性である。規定性が自己自身に関係するということは、それが自己と合致することであるが、しかし、また規定性を否定することでもある。こうして、概念は自己同等性を回復するのである。

こうした自己同等性としての概念は、既述の通り[10]、「普遍的なもの」（das Allgemeine）と呼ばれる。しかし、この同一性は同じく否定性という規定を帯びている。しかも、それは自己に関係する否定ないし規定性（die Negation oder Bestimmtheit, welche sich auf sich bezieht）（ibid.,S.16.）である。こうした概念のあり方を、ヘーゲルは「個別的なもの」（Einzelnes）と呼ぶ（ibid.）。二つのあり方は対立しているようであるが、いずれもが全体である。いずれもが他の規定を含んでおり、一方が把握され言表される時には、直ちに他方が把握され言表されるからである。従って、二つの全体はまさしく一つの全体に他ならない。それが自己を二分して二つであるという見かけを生み出しているにすぎない。しかし、この見かけは仮象にすぎない。両者の統一こそが真相であり、それは「特殊性」（Besonderheit）と呼ばれていた（W.d.L.I.S.409.）。こうして、概念は、三つの契機を含むものとして成り立っていることが明らかになる。ヘーゲルは、この構造の提示を「概念の概念」（der Begriff des Begriffes）と言い表す（W.d.L.II.S.16.）。「概念」の具体的な構造がこれによって示されるのである。

ヘーゲルは、こうした概念の構造を自我（Ich）ないし純粋な自己意識（Selbstbewußtsein）のうちに認める。「自我は、概念として定在するに至った純粋概念そのものである。（……）自我は、第一に、純粋で自己に関係するこの統一である。但し、直接的にそれであるのではなく、それが一切の規定性と内容を捨象して制限のない自己自身との同等性という自由へと還帰することによってである。従って、それは普遍性である。それは、捨象する働きとして現れる否定的な振る舞いによってのみ現れる統一であり、自己との統一であって、一切の規定されたあり方を自己のうちに解消して含んでいる。

第二に、自我は、同じく直接的に自己自身に関係する否定性として、個別性であり、他のものに対立し、それを排斥する絶対的な規定されてある存在であり、個体的な人格（die individuelle Persönlichkeit）である。絶対的な普遍性は、同様に直ちに絶対的な個別化でもある。自体的対自的にあるということは、直ちに措定されてあるということであり、措定されてあることとの統一によってのみ自体的対自的にあることなのである。こうした普遍性と自体的対自的にあるということが、概念としての自我の本性をなしているのである」（ibid.,S.17.）。

まさしく実体性の関係において「単純な自己同一性」と「自己関係的否定性」として対立していた契機が、因果性の関係における「受動的実体」と「能動的実体」の概念を経て、「普遍性」と「個別性」として継承されていると言うことができる。そして、前二者の止揚としての概念が自我ないし純粋な自己意識に他ならないとされることの中に、「主体」（Subjekt）の概念が「主観」（Subjekt）を含意し、「概念論」が「主観的論理学」（die subjektive Logik）とも言い換えられる理由があると言えよう。それが単なる主観的観念論への回帰ではなく、カントが提唱した超越論的観念論と超越論的論理学を踏襲し深化発展させて、新たな形而上学、存在論を構築しようとしたヘーゲルの意図が読み取れるのである。(11)

注

（1）G.W.F.Hegel, *Wissenschaft der Logik*, II., 1816, in: GW.12., Hamburg 1981. Abk.: W.d.L.II.

（2）G.W.F.Hegel, *Wissenscaft der Logik*, I., 1812/13, in: GW.11., Hamburg 1978. Abk.: W.d.L.I.

（3）G.W.F.Hegel, *Die Phänomenologie des Geistes*, 1807, in: GW.9., Hamburg 1980. S.18. Abk.: Phä.d.G.

（4）B.d.Spinoza, *Ethica ordine geometrico demonstrata*, 1677, in: *Opera* II, Heidelberg 1942, S.45. Definitio III. "Per substantiam intelligo id, quod in se est & per se concipitur: hoc est id, cujus conceptus non indiget conceptu alterius rei, à quo formari debeat." Abk.: Ethica.

（5）F.W.J.Schelling, *Darstellung meines Systems der Philosophie*, 1801, in: *Werke*.3., 1977, S.20, 21.

（6）原語"Actuosität"は、"ac(k)t"(<actus)+"ös"="ac(k)tuös"の名詞形。接尾辞"-ös"は「〜の性質の、〜の様態の」という意味を表す。

（7）この「個別的なもの」の意味と位置については、次注を参照。

（8）普遍から個別を経て特殊に至るこのプロセスは、「概念論」における普遍―特殊―個別の序列とは異なっているように思われる。後者においては、普遍的なものの自己規定によって生じる対立項が特殊とされるのであり、この特殊を止揚して普遍へと回帰したものが個別とされるのである。「本質論」と「概念論」において、特殊と個別の意味が入れ替わっているのかが問われよう。山口祐弘『ドイツ観念論の思索圏』学術出版会、二〇一〇年、三七三頁以下参照。

（9）ここから、「実体」と「主体」の厳密な関係が理解される。「主体」は「実体」に単に並立するのではなく、「実体」の止揚としてあることが銘記されねばならない。注（3）参照。

（10）注（7）参照。

（11）山口祐弘『ヘーゲルにおける論理学の復権――形而上学の再生のために――』「情況」二〇一六年六月。

第四部　体系構築のための論理

第一章　矛盾概念の論理的構造

序

ヘーゲルを学ぶ者にとって常に難関となるのが、彼の矛盾の思想である。ヘーゲルの論理は矛盾を容認するものであるということがよく言われる。[1] これによってヘーゲルは相反する評価を受ける。そこに魅力を感じ積極的な評価を与える者もいれば、それによってヘーゲルの思想を無意味と断ずる者もいる。従って、この点を曖昧にしたままではヘーゲル研究の前進は期待できないであろう。

伝統的論理学では、矛盾に遭遇することは思考の停止を命じられることと同じである。思考はそこで立ち止まり、撤退しなければならない。これに対して、ヘーゲルは矛盾を梃子とし前に進むことに思考の力を認める。矛盾こそは新たな知見を切り開くための跳躍台である。それができることに精神の強靭さは示される。

しかし、矛盾を乗り越えるとはどうすることか。抑も矛盾を乗り越えるということはありうるのか。矛盾対立しあうものの間に第三のものはないという排中律からすれば、そのような抜け道はありえないはずである。逆に言えば、矛盾の関係とはそのように厳格な関係なのである。[2] それができるとすれば、矛盾と称されているものは真の矛盾ではないことになる。少なくとも乗り越えられた矛盾は相対化されている。乗り越えるとは相対化することだからである。

ここからヘーゲルは矛盾の関係を反対の関係に置き換えたと評されることもある。[3] 厳密な矛盾の関係を解釈しなおすことによって、ヘーゲルの方法を説明可能なものにしようとするのである。

それは、伝統的論理学から加えられる非難に対して防御策となるかもしれない。しかし、抑も矛盾とは何であったのか、は十分議論され理解されてきたと言えるであろうか。それとヘーゲルとの距離はどれ程のものであるのか。こうしたことを問うことによって伝統的論理学の矛盾思想とヘーゲルのそれとを明らかにし、両者の関係を探ることがなお課題となりえよう。本章ではこうした観点から矛盾概念の論理的構造を分析する。

一　矛盾の四肢的構造

伝統的論理学において、矛盾は概念間の関係と判断間の関係として説かれるのが常である。その際、矛盾と反対は厳しく区別されてきた。「白」に対する「黒」は反対(contrary)であり、「白」に対する「非白」の関係こそが矛盾(contradiction)である。「白」と「黒」の間には中間、「灰色」があり、「白」と「非白」との間には中間者はない。第三のものを介在させない対立こそが矛盾と言われるのである。

矛盾の関係がなぜそうなるのかは、「非白」の概念があらゆるものの中で「白」のみを除く残りのすべてのものを包摂するからである。あらゆるものが「白」とそうでないものに分割されて対立しているのが矛盾の関係である。このことは、「非白」とは単に「白」が欠如していることであると表現される。[4]

判断の間の矛盾はこうした概念間の矛盾を土台として考えられてきた。「この花は白い」に対して「この花は白くない」と言う時、「白くない」を右のように解すれば、二つの判断はまったく両立不可能であり、互いに排除しあう。しかも、第三の主張の介在を許さない。その意味で、アリストテレスは「同じものが同時に同じ事情において同じものに属しかつ属さないということはありえない」と述べた。[5] それは、同じ主語の指示する実体に同じ述語の示す属性が帰属させられるとともに帰属させられないということはありえないということである。その際、「同時に」ということと「同じ事情のもとで」ということが忽せにできない条件となる。[6] そして、それは、同一の実体に同一の属性が具わっていることと欠如していることはまったく相容れないということに他ならない。

アリストテレスの定式は矛盾律の最も古典的な表現とされているが、そこにおいては、しかし、一つの実体を想定した単称判断の場合しか考慮されていない。そこでは、判断の量への注意が欠落している。これに対して、伝統的論理学においては、判断の量と質の観点から矛盾の関係は規定されてきた。それに従えば、「すべての花は白くない」、「いくらかの花は白い」と「いくらかの花は白くない」は矛盾の関係にはない。前者の組合せにおいてはどちらもが偽である可能性があり、後者においてはどちらもが真となる可能性がある。すなわち、前者においては第三のものが真なるものとしてありえ、後者においては両者の連言が真でありうる。いずれにおいても絶対的な二者択一は成りたたない。第三のものの可能性があるという意味で、これらの関係は反対と言われるのである。[7]

これに対して、真の矛盾の関係は、「すべての花は白い」と「いくらかの花は白くない」、「すべての花は白くない」と「いくらかの花は白い」の間に成り立つ。主語の量的規定が不可欠の条件となる。[8] だが、そのように言う時、矛盾しあう判断の主語は厳密には同一でない。「すべての花」と「いくらかの花」は外延を異にする。それはアリストテレスの定式における「同じもの」（主語、実体）という条件に違反しているように見える。

しかし、よく考えれば、「いくらかの花」は「すべての花に」に含まれる。「すべての花が白い」ならば、「いくらかの花」も白くなければならない。これに対して、「いくらかの花は白くない」と主張するならば、白いはずの花が白くないと言うことになる。[9] 同じ花が白くかつ白くないと言うことになり、これはアリストテレスが不可能としたことであった。量的な見地を踏まえた矛盾の関係も、結局は単称判断同士の矛盾から理解されるのである。

このようにして、アリストテレスの矛盾律は不易の権威を持つものとされてきた。しかし、それを形式的・機械的に適用すれば、不自然さが生ずる。「精神は青い」と「精神は青くない」は矛盾の関係にあるはずである。そして、一方は真、他方は偽でなければならないとすれば、「精神は青くない」を真としなければならない。だが、それは精神が如何なる色も持たないという意味においてである。精神が青くなければ、他の色を持つというわけではない。色という領域を完全に遮断するという意味で、「精神は青くない」のである。(10)

人はこれと同じ意味で「この花は白くない」と言えようか。常識的には、この判断は「この花」が他の色を持つことを示唆している。判断者は他の色を探すことを求められるのである。「白くない」という否定は色を持つという前提を超えることがない。それは、右の領域否定に対する領域内の否定である。従って、「白くない」にそうした違いが出てくるのは、色を持つものとしての「花」と色とは無縁な「精神」の内包の違いによる。つまり、一口に肯定と否定と言っても、主語の持つ規定によって対立の構造は違ってくるのである。花について語る時、人は「非白」を無限定に拡張すべきではなく、白でない他の色の意味に解さなければならない。これに対して、「精神は青くない」と言う場合には、色としての青のみならず、色の領域全体を超える範囲が考えられるのである。

そして、「非色」としての「非青」は「青」と同列に並ぶ種ではない。「青」にとっての類たる「色」そのものの否定である。そのような否定が青と矛盾の関係に立つということがありうるだろうか。「精神は青い」と「精神は青くない」は、花について見られるような矛盾の関係ではない。このことは、「非色」の否定、「非非色」が直ちに「青」ではないことからも一目瞭然である。

このように考えれば、矛盾の関係を捉えるためには主語の規定を考慮に入れなければならないということが分かる。この規定が土台となって述語間の関係が定まるのである。「白い」と「白くない」の対立は、花という第三のものを前提し、それとの不可分の関係によって成立する。M・ヴォルフはこれを「反省論理学的基体」(das reflexionslogische Substrat) と呼び、述語間の関係のみならず、主語と述語の間にも反省関係が成立することを説くのである。(11)

こうした事情は、矛盾しあうものの間には第三のものはないとする排中律が厳密な意味では成り立たないということを意味する。矛盾は第三のものを土台として成り立つ関係であり、その成立根拠はこの土台である。そして、この土台そのものは白でもなく白でなくもなく、白でもありえ白でなくもありうるものである。「白」、「非白」、「非白且つ非非白」、「白且つ非白」という四つの意味がそこには見出される。それらすべてを包含するところに矛盾の意味はあるのである。(12)

二　生成の矛盾と定在の限界

右のように、矛盾の意味には四つの成素がある。ヘーゲルにおいてはどうであろうか。ヘーゲルの『論理の学』で「矛盾」(Widerspruch)という表現が最初に現れるのは、存在論第一部規定性(質)の第一章「生成」(Werden)においてである。(13)

「生成」(Werden)とは「存在」(Seyn)と「無」(Nichts)の相互移行のことである。始元とされる存在は直ちに無に移行し、無は逆に直ちに存在に移行する。まったく相反する意味を持つと思われる両規定が直ちに反対となる。生成は存在と無が一体であり不可分であることを表す。それは存在と無に対しては第三のものである。存在が無のうちに消え去り、無が存在のうちに消え去るとすれば、生成は存在でも無でもない。だが、存在が無となり、無が存在となるのであれば、生成は存在でも無でもある。ここには「存在」、「無」、「非存在且つ非無」、「存在且つ無」という四つの意味が認められる。これらすべてを宿すのが生成である。右に見たのと同じ矛盾の構造が確認される。ヘーゲルは次のように述べている。

「生成は、存在が無に、無が存在に消え入ることであり、存在と無が消滅すること一般である。しかし、生成は存在と無の区別に基づいている。従って、それは自己自身のうちで自己に矛盾する。なぜなら、それは自己に対立しているものを自己のうちで結合しているからである」(W.d.L.I/1.S.93.)。

「そのような結合は自己自身を破壊する」（ibid.,S.94.）とヘーゲルは言う。自己に矛盾するものは存立することはできないからである。そのかぎりでは、ヘーゲルは矛盾律に忠実である。しかし、彼は、その結果は空虚な無ではないと言う。そうなることは始めに戻ることである。否定を規定的否定（die bestimmte Negation）の意味に解するならば、それは存在と無の相互移行が停止したということであり、両者の統一が運動を止め、静止したものとなっているということである。存在と無の痕跡はあり、生成としての統一は否定されながら保存されている。

運動が停止しているこの状態――それをヘーゲルは静止した単純性と言う――が「定在」（Daseyn）である（ibid.）。但し、この単純性が存在ないし存在するものとして見られたかぎりで、定在と称されるのである。それは、始元の存在が直接的且つ無規定であったのに対し、それが無と一体のものとしてあることを含んでいる。

始元の存在はこのように規定されたものとなっている。その意味で、定在は「規定された存在」（das bestimmte Seyn）である。そこには存在と無という両契機がある。定在が前者の側から見られる時、「実在性」（Realität）と呼ばれ、後者の面から見られる時、「否定」（Negation）と呼ばれる。しかし、こうした規定性の中で定在は自己のうちに還帰している。「区別が止揚されているということが定在固有の規定性である」（ibid.,S.103.）。定在はこのようにして自己内存在（Insichseyn）となる（ibid.）。そして、そうした定在が定在として措定されると、「定在するもの」（Daseyendes）、「或るもの」（Etwas）になるのである。

区別を止揚したものとして、或るものは否定の否定（Negation der Negation）である。従って、それにはそれの否定者が対立していることになる。定在が存在の面から見られた生成の帰結であるとすれば、この否定者は無の面から見られたそれである。そして、それは「他のもの」（Anderes）と称される（ibid.,S.104.）。

或るものと他のものは互いに他である。各々は他を否定するものとして互いから切り離されている（ibid.,S.113.）。或るものは他のものではなく、他のものは或るものではない。しかし、この「ない」という関係において、各々は他に対してある（Seyn für Anderes）。だが、この関係の否定性を言うためには、他に対していない（das Nichtseyn für

Anderes）と言わねばならない。両者の間には両者を隔てる「限界」（Grenze）がある。そして、ヘーゲルはそこに矛盾のあることを指摘するのである。

「或るものは（……）さしあたり他のものに対立するものとして限界を持つ。限界は他のものが存在しないということである（……）。或るものは限界の中でそれに対する他のものを限る。——だが、他のものはそれ自身或るもの一般である。従って、或るものが他のものに対して持つ限界は、或るものとしての他のものの限界であり、他のものの限界であって、それによって他のものは最初のあるものを自らに対する他のものとして自己から遮る。すなわち、限界は最初のあるものでないことである。従って、限界は他のものでないだけでなく、一方の或るものでも他方のあるものでもなく、よって或るもの一般でないことである」（ibid.,S.113f.）。

このようにして、限界は或るものでも他のものでもない第三のものであることにされる。だが、限界は、他のものでないことによって或るものがある所以のものである。「或るものは限界によってそれがあるところのものであり、限界の中にその質を持つ」（ibid.,S.114.）。限界によってあるものは、あるとともにない。それの非存在は他のものであるとすれば、限界は逆に他のものの存在でもある。こうして、「限界は或るものと他のものがあるとともにあらぬことになる媒介なのである」（ibid.）。

それ故、限界は矛盾であることになる。そこは或るものであるとともに他のものであり、或るものでないとともに他のものでないからである。それは、一旦は両者のいずれでもない第三者として孤立させられながら、また両者のいずれでもあることになっている。そして、ここにも、「或るものである」、「他のものである」、「或るものでなく他のものでない」、「或るものであり他のものである」という四つの意味成素が認められる[14]。

根底にあるのは或るものと他のものの間の否定的な関係である。しかも、両者が無関係なものとしてあるのではなく、他に対してないという形で他に対してあるということが重要である。それによって一方でないことが他方であり、他方でないことが一方であるという相補性が成り立つ。そこには第三者が介入する余地はない。その意味では排中律が適用される。しかし、まさにその故に、限界の概念には右のような矛盾が生ずるのである。

この矛盾の中にアリストテレスが禁じた観点（「同時に同じ事情のもとで」）の移動がないかどうか、は問う余地がある。限界は或るものから見た時、他のものではなく、他のものから見た時、或るものではないのである。しかし、そうした観点の移動を可能にし、対立的言明を生ずるものとして或るものと他のものの関係はあるのである。

およそ或るものと他のものとの対立の背景には、存在と無の対立があった。しかも、存在は無に、無は存在に移行するとされたのである。存在と無以外にはなく、両者は不可分である。まさにそこから、或るものと他のものの不可分性も帰結するのであり、そして、この関係は右のような四つの意味成素を有するのである。

ヘーゲルの『論理の学』は存在と無の二元性と不可分性に貫かれており、そこから彼の矛盾の構造も決定される。この四肢性は何をもたらすのか、ヘーゲルが矛盾を主題的に論じた「本質論」を検討してみなければならない。[15]

三　本質の運動と論理的諸関係

ヘーゲルは、「同一性」（Identität）、「区別」（Unterschied）、「差異性」（Verschiedenheit）、「対立」（Gegensatz）とともに、「矛盾」（Widerspruch）を「本質論」において主題化する。これらの規定は、本質（Wesen）の諸規定（Wesenheiten）として論じられるのである。[16] ヘーゲルの矛盾概念は本質の運動とその諸規定の連関の中で捉えられなければならない。

本質は「反省」であるとヘーゲルは言う。「反省」（Reflexion）の原語〈reflexio〉はもと反射を意味し、一方向に進む光が反転して逆方向に向かうこと（reflecto）であった。進むことを光源から遠ざかることとし、否定することと見れば、反転することはこの否定を否定することである。ヘーゲルはこうした否定の否定の運動を反省として表現するのである。

ヘーゲルは、それを自己自身のうちにとどまっている生成と移行の運動（die Bewegung des Werdens und Uebergehens, das in sich selbst bleibt）（W.d.L.I.S.249.）と説明する。生成、移行とは存在が無となり、或るものが他のものとなることである。だが、本質においては、ただ他のものになるということがあるだけでなく、他のものは本質自身のもとに引きとめられる。その時、他のものは単なる影像（Schein）にすぎないものとされ、否定され解消するべきものとしてある。それは自己を否定しなければならない。そうすることで本源へと還るのである。こうした否定の否定が反省である。それ故、ヘーゲルは次のように述べる。

「反省する運動は自己における否定としての他のものである。この否定は自己に関係する否定としてのみ存在を持つ。或いは、この自己への関係は、まさしく否定をこのように否定することであるから、否定としての否定がある。つまり、その存在をそれが否定されていることの中に持つもの、影像としての否定がである。従って、ここでは、他のものは否定ないし限界を伴った存在なのではなく、否定を伴った否定なのである」（ibid.）。

本質は自己を否定するもの、他のものとなりながら、自己を失うことがない。否定するものを否定することに本質の否定性はある。その中で本質は自己自身と同等であり、他在と他のものへの関係はこの同等性のうちに止揚されている。本質のこうしたあり方を、ヘーゲルは単純な自己同一性（die einfache Identität）と表現する。それは、自己に対する否定から自己を回復した統一体である。そして、この回復の作用を離れてあるものではない。それは否定されたものを分離し放置しておく抽象的な同一性（die abstrakte Identität）ではない。それは完全な反省であり、本質そのものに他ならない。

この同一性においては、区別が生じるとしても直ちに消滅する。区別が同一性に対して規定されることはなく、同一性も区別に対して規定されることはない。だが、反省には自己をそれ自身の契機として措定し、措定されたものとする働きがある。単純な自己同一性としての反省は、自己を抽象的な同一性として措定する。それは右の否定の否定における第二の否定を抽象したものに当たる。だが、それは単純な自己同一性に対して他なるものであり、それから区別されたものである。こうして、区別が生ずることになる。これに対して、本来の同一性は反撥せざるをえない。それは、区別に対して同一性を回復しようとする。だが、この回復が区別の真の止揚ではなく区別に対する区別でしかない場合には、区別と同一性という別々の規定が生ずることになる。区別に対する単純な自己同一性が一つの規定として措定されるのである。

ヘーゲルは、「区別は同一的言明によって語られる無である」（ibid.,S.265.）と述べる。それは、区別が本来的な同一性に対する抽象的な同一性であることを示している。「AはAである」においては、一切の内容が捨象されており、内容から区別された形式のみがある。この形式が区別（Unterschied）と呼ばれているのである。とはいえ、それは全体としての同一性の契機である。全体としての同一性が自己を区別し規定しているのである。

だが、この区別はまた直ちに自己を止揚する。それは第一の否定であるから、第一の否定なしにはなく、否定の否定の連関に連れ戻される。区別はそれ自身ではなく他のものである。そして、この他のものと一体となって全体をなす。この一体性から見れば、それは他を契機とする全体であり、同時にこの全体の契機である。そのかぎり、同一性と言っても区別と言っても同じことになる。

だが、こうした連関は直ちには顕在化しない。二つの契機は自己自身とのみ関係し、自己のうちに反省する。そうすることによって互いに無関心となり無関係となる。内的関係を失った区別は、ただ異なった（verschieden）ものがあるということにすぎず、「差異性」（Verschiedenheit）となる（ibid.,S.267.）。そこにおいては、本質の反省の運動は中断し、それでないもの（他在 das Anderesseyn）となってしまっている。「同一性と区別は、自己自身のうちに反省し自己に関係するものとして、異なったものである。それは、同一性という規定を持って自己とだけ関係する。同一性は区別に関係しておらず、区別も同一性に関係していない」（ibid.）。かくして、各々は互いに規定しあうことはない。各々が措定されたものとしてあるということは、各々に対して外在的な反省（die äußere Reflexion）である。外在的な反省が各々を措定しているにすぎない。

こうして、措定された同一性は、外的な同一性として「同等性」（Gleichheit）と呼ばれ、区別は、外的な区別として「不等性」（Ungleichheit）と呼ばれる。それらは外的反省が諸事物を比較する際に用いる観点となる。諸事物は或る点においては等しく、或る点においては等しくない。比較者は観点を自由に交替させ、諸事物を等しいとも等しくないとも判断する。だが、両者を関係づけることはしないのである。

しかし、自体的には、同等性と不等性は、比較する第三者の中で関係づけられている。それらは、一方は他方でないという相互関係において意味を持つ。同等性は不等性ではなく、不等性は同等性ではない。各々は自立的な観点でありながら、互いに区別されており、自己を止揚する自己関係である。それによって両者の否定的統一が明らかとなり、それらがこの統一の契機であることが分かるのである。二つの契機が一つの統一の中で対峙するという構造を、ヘーゲルは「対立」（Gegensatz）と呼ぶ（ibid.,S.272.）。矛盾の概念が導かれるのはこの対立の分析を通してである。

同等性と不等性は、互いに媒介しあう反省関係のうちにある。各々は他を自己の契機として含む。同等性は不等性への関係を含みつつ自己の同等性を保っている。不等性の方も同等性を含んで不等性である。各々は全体（das Ganze）である。

いずれもが全体であるならば、互いに同じであり、また自立性（Selbständigkeit）を持つことができるように見えるかもしれない。しかし、自己内反省した自己同等性の方は「肯定的なもの」（das Positive）と呼ばれ、不等性の方は「否定的なもの」（das Negative）と呼ばれる。それらが対立する項であることは消えず、各々は規定性であり続ける。「それらが自立的であるのは、全体の自己内反省であることによってであり、対立に属するのけ、全体として自己のうちに反省しているものが規定性であるかぎりにおいてである」（ibid.,S.273.）。

自立的なものとして見れば、各々は対立を自己のうちに宿している。各々はそれ自身であるとともにそれに対する他のものである。だが、他のものが現実になければ、各々もない。「各々はその非存在があるかぎりでのみあり、しかも同一の関係においてそうなのである」(ibid.)。この意味で、「各々は他のものがあるかぎりにおいてある」(ibid.)。だが、各々は他ではないという意味では、「各々は、他のものがないことによってそれがあるところのものである」(ibid., S.274.)。Aは非Aがあるかぎりである。しかも、非Aのないところに Aがある(並存する)というのではなく、Aがあるのと同一の関係において非Aがあるのである。Aと非Aは如何なる意味でも分離することはできない。にもかかわらず、Aは非Aではない。AがAであるためには非Aを否定しなければならない。Aのうちに非Aがあってはならない。

二つの事柄は矛盾する。「各々は他のものがあることによってある」。「各々は他のものがないことによってある」。この二つの言明を調停する道があるだろうか。関係と意味を変えれば、調停は可能かもしれない。「他のものがある」というのは存在言明であって、他のものは実在的にあり、各々はそれとの相関においてある。「他のものがない」ということは「他のものでない」という述定的言明であって、各々にとって他のものはあるが、各々はそれではないという意味で前者と両立しうる。だが、ヘーゲルがそうした区別に無頓着であり、そうした解釈の余地を残していると は考えられない。まさに各々にとって他のものはありかつないのであり、これに応じて各々もありかつあらぬということになる。こうした不安定な緊張を宿しているのが対立なのである。

四　矛盾律と反省の否定性

だが、各々とその非存在(他のもの)と言うかぎりでは、各々は「対立しあうもの一般」(Entgegengesetzte überhaupt)であるにすぎず、一方が肯定的であり、他方が否定的である理由は明らかではない(ibid., S.273.)。しかも、各々は自己のうちに反省し、互いの関係に対して無関心になる可能性がある。その時には、各々は互いに異なる規定性一般であるというにすぎず、対立も差異性に後退する。各々は観点に応じて肯定的とも否定的とも捉えられえ、交換可能なものとなる。

だが、関係は各々によって取り戻される。それによって、各々はそれ自身において肯定的なもの、否定的なものとなる。肯定的なものは、肯定的なものという規定性が存する場である他のものへの関係をそれ自身のうちに持つ。否定的なものも、否定的となるための規定性を自己自身のうちに持つ。各々は自立性を回復する。こうして、肯定的なものは止揚された対立、否定的なものはそれだけで存立する対立者という意味を獲得するのである（ibid.,S.274f.）[17]。

だが、この自立性は他を完全に抹消して成立するものではない。依然他のものがあるということが前提となる。従って、それを否定し他のものはないと言うにしても、それは他のものを排斥する（自己の外に閉め出す ausschließen）ということでしかない。それは前節で見た矛盾の解消策ともなる。こうして、肯定的なものはなお対立の項であり、否定的なものが同じく自立的な存在としてそれに対立している。肯定的なものは自立的であると言ってもなお自己内反省するにせよ、否定的なものを排斥することによってそうすることができるだけである。否定的なものも同様である。

対立はこうした排斥的関係であり、しかも対立は両項に固有の規定であって、関係はそれらの外にあるわけではないとすれば、この排斥的関係こそがそれらの自体的なあり方をなしていることになる。そうした関係のうちにあることが明らかになって、それらは自体的且つ対自的に肯定的であり否定的であると言いうるものとなるのである（ibid., S. 275.）。

しかし、これによって真に矛盾が解消するのかといえば、そうではない。却って矛盾は露呈する。全体であり自立的であることと他のものと排斥的関係に立つということは、相容れない。各々は他のものによって自己と媒介されており、他のものを含んでいて、この意味で全体ではあるが、また他のものの非存在（他のものがないこと das Nichtseyn des Anderen）によって自己と媒介されている。このため、それは他のものを排斥する、すなわち斥けつつ措定するのである。それは、他のものを含み自立的であるのと同じ観点において他のものを排斥する。ここでは「含む」ことと

「排斥する」こととが同義であり、同じ事柄の両面として解されねばならない。そして、このように他のものを排斥することは、自己の構成契機を除外することであり、自己の全体性と自立性を損なうことである。完全な自立性を得ようとすることが、自立性を失う結果となる。それは、各々自身に見られる矛盾に他ならない（ibid.S.279.）。

こうした矛盾は、既に区別一般の中に孕まれていたと見なされる。区別は一体ではないものの統一であり、同じ関係の中にあるものの分離だからである。区別は既に潜在的な矛盾なのであった。それが措定され顕在的になったものが「肯定的なもの」（das Positive）、「否定的なもの」（das Negative）に他ならない。それらは否定的な統一として自己のうちでそれらを措定するが、また他のものを排斥することによって自己を止揚し、反対のものとなる。肯定的なものは否定的なものを排斥することによって自己との同一性を措定しようとしながら、そうすることで否定的なものに転化する。否定的なものは自己との不等性のうちに反省したものとして措定されているが、そのことによって不等であり、他でないものである。しかし、そうすることで自己自身との同等性を獲得する。同一性に対立して自己との同一性を獲得するという否定的なもののあり方は、矛盾を一層顕在化させたものであると言える（ibid.S.280.）。

矛盾とは、このように、各々が自己同一性を維持しえないこと、自己を否定して反対に転ずることとして理解されている。そのことによって、各々は崩壊・没落し消滅する。その結果は零（Null）であるとヘーゲルは言う。矛盾したものは容認できないという鉄則が適用されているように見える（ibid.）。

しかし、ヘーゲルは矛盾が含むものは否定的な事柄だけではなく、肯定的でもあると言う。没落し消滅するのは、各々が自立的であるという仮象のみである。ドイツ語の「没落する」（Zugrundegehen）とは「根拠（Grund）に還る」という表現だが、それによって各々の存立根拠が露呈してくるのである。「自立的な対立はそれの矛盾を通してさしあたり根拠に還帰する」（ibid.S.282.）。

その根拠とは何か。それは「肯定的なもの」と「否定的なもの」の間をつなぐ反省関係、あの否定の否定の連関に他ならない。すなわち本質であり、その運動である。本質の自己内還帰としての第二の否定が抽象的に孤立化され全連関から区別されたものが、区別と呼ばれる。それから区別され対極に置かれたものが、同一性と呼ばれたのであった。後者は否定の否定の全連関が矢張り抽象化され、区別の項に転じたものに他ならない。いずれもが同一性を意味の核として持ちながら、区別と対立の項に転落していたのである。

このように、対立の両項は、本質を根拠とし本質の連関の中で対立しあっていたのである。言い換えれば、本質が両項を措定し、また回収していることになる。対立しあうものの根底に第三のものがあるという図式がここでも認められる。そして、対立しあうものは無に帰するのではなく、根拠によって支えられて存続する。零は無内容、空虚な無ではなく、内実を有している。数学の零（0）が+Aと−Aの結合を意味するようにである。「自立的な対立項の各々は自己自身を止揚し自己を自己の他のものとし、それによって没落する。だが、その中で同時に自己自身と合致するだけである」（ibid.,S.283.）。

これを根拠としての本質の側から見れば、本質は自己自身を措定し規定する。自立的と見られているものは措定され規定されたものであり、それ自身において自己を止揚するべきものである。本質はそれを通して自己に反省する。本質は自己を措定し否定するが、この否定を否定して自己の同一性を回復する。措定されたものは止揚され、本質のうちに保存される。本質とはこのような運動に他ならない。

こうした本質の運動は、幾つもの矛盾とパラドックスを生んできた。問題となるのは、それらが果たして伝統的論理学の矛盾律の破壊となるのか否かである。先に見たアリストテレスの定式を厳密に適用すれば、矛盾と見えるものの多くが矛盾ではないことが示される。とりわけ同時性と同一事情という条件が保持されていることが重要である。その意味では、「各々はその非存在があるかぎりでのみあり、しかも同一の観点においてそうである」というヘーゲルの論述は、この点を忽せにすることなく矛盾を提示しようとする姿勢を示していよう。それは「各々があるとともにあらぬ」と言うに等しい。各々そのものの実体性がここでは解体する。それは、自立性を得ようとすることが自立性を失い、同等なものが不等なものに転じ、逆に不等なものが自己同等性を得るということに通じている。アリストテレスにはなお実体の想定があったが、ヘーゲルはそうした想定そのものへの解体に突き進んでいるように見える。そして、こうした結果に至るのは、いずれもが本質の規定性であり、反省規定（Reflexionsbestimmung）であって、否定の否定という止住することのない否定的運動の中に置かれているからである。措定されたものを直ちに止揚するのが反省である。反省の否定によって自己に還帰するといっても、そこが安住の地というわけではない。それ故、根拠もまた実体性を持つわけではない。それ故にこそ、根拠は様々な対立を孕みながら発展し、弁証法的進展を可能にするということができるのである。

注

（1）ヘーゲル自身『ハビリタツィオーンステーゼ』において「矛盾は真理の基準である。無矛盾性は偽の」と主張している。G.W.F.Hegel. *Habilitationsthesen*, 1801, in: *Werke in zwanzig Bänden* 2, Frankfurt a/M 1972. S.533.
（2）矛盾の関係は、肯定、否定という判断の質の観点のみで捉えられるものではなく、全称、特称という量的観点を考慮しなければ厳密に規定されない。全称同士、特称同士の肯定、否定の関係は、大反対、小反対として矛盾からは区別される。
（3）大反対においては、肯定、否定が共に偽でありえ、小反対においては、共に真でありうる。すなわち、pを判断とする時、「非pかつ非非p」、「pかつ非p」という第三の判断が成り立ちうるのである。
（4）矛盾概念をこのように解する時には、「この花は白くない」と言う場合、「この花は太陽である」と言える可能性がある。
（5）Aristoteles. *Metaphysik*. 1005b19~20. Hamburg 1980.
（6）この花は数日前は白かったが、今は白くない、或いは自然光のもとでは白いが、人工光のもとでは白くないという場合は、矛盾とはならない。
（7）前注（3）参照。
（8）前注（2）参照。
（9）これは特称判断同士の小反対と同じ事態ではない。
（10）「この花は白い」を否定して「この花は白くない」と言う時、なお他の色を考える余地がある。これに対して、「精神は赤くない」と言う時には、そうした余地はない。精神はそもそも色を持たない。このように、主語と述語の間に絶対的な断絶がある場合を、ヘーゲルは無限判断と呼ぶ。それは、定在の判断のうちで、肯定・否定判断に対して第三の判断となる。

（11）M.Wolff, *Der Begriff des Widerspruchs*, Königstein 1981,S.113.

（12）山口祐弘『ヘーゲルとテトラレンマ』東京理科大学紀要、第四一号、二〇〇九年。本巻第四部第三章参照。

（13）G.W.F.Hegel, *Wissenschaft der Logik*, I/1, 1832, S.69, in: GW.21., 1985. Abk.: W.d.L.I/1.

（14）前注（12）参照。

（15）G.W.F.Hegel, *Wissenschaft der Logik*, I, 1812–13, in: GW.11., 1978, S.258. Abk.: W.d.L.I.

（16）本質の運動は反省（Reflexion）であるところから、これらは反省諸規定（Reflexionsbestimmungen）と呼ばれる。

（17）「肯定的なものは自体的にのみかかる矛盾であるが、これに対して否定的なものは措定された矛盾である」（W.d.L.I,S.280.）。

第二章　パラドックスと弁証法
――ヘーゲルの真理思想――

序

哲学の方法と真理に関するヘーゲルの説明は、多分に逆説的に聞こえる。彼は、「ハビリタツィオーンステーゼ」において、伝統的な論理学の常識を破るかのように、「矛盾は真理の基準である、無矛盾性は偽の」[1]と主張したが、また思惟の諸規定がその反対に移行することを「弁証法」(Dialektik)と呼んだ。[2]それは、「AはAである」とする同一律に従う「悟性的」(verständig)思惟に異議を唱えるとともに、相反するものを総合し統一的に捉える「思弁的」(speculativ)思惟を準備するものであった。ヘーゲルは後者を「肯定的理性的」(positiv-vernünftig)と呼び、「弁証法」を「否定的理性的」(negativ-vernünftig)と形容した。

古代のスケプシス主義者セクストゥス・エンペイリコスは、「あらゆる言明には、それと対等の言明が対立させられる」[3]と述べた。ヘーゲルは、この古代スケプシス主義を高く評価した。イェーナ期初期の論文『哲学に対するスケプシス主義の関係』[4]において、彼はスケプシス主義と哲学の密接な関係を論じ、前者を哲学の目ざすべき絶対者認識の否定的側面として位置づけた。すなわち、絶対者の認識は、一切の相対的なものを止揚することによって獲得されるのだとすれば、あらゆる一面的・相対的な主張をその反対によって否定しなければならないからである。それは、絶対者を目ざすに当たって避けえない否定的段階に他ならないのである。

だが、ヘーゲルは自己と古代スケプシス主義との間に大きな違いも認めた。後者が、上の洞察により、一切を破棄し、何事を主張することも断念し判断を中止する態度に徹したのに対し、ヘーゲルはむしろ相対立する言明をともに認めることを真の哲学的態度と見なし、これを思弁的思惟（Spekulation）の本質と考えたのである。それは、矛盾とアンティノミーを承認することに等しい。これに照らせば、矛盾とアンティノミーの前で思考を停止させるスケプシス主義は、空虚な無に平静不動の境地を求めるものに他ならない。それは、ヘーゲルによれば、悟性的な（verständig）態度に止まるものである。(5)

一方、ヨーロッパにおいて伝統的な学問観の基礎を作ったのは、アリストテレスであった。彼は、『分析論後書』で、学的認識を一定の原理に基づいて論証された知識の体系と定義した。(6)だが、そうした学問観は、前世紀種々のパラドックスの発見によって動揺させられるに到った。(7)無矛盾性を学的体系の条件とする限り、パラドックスが不可避的であれば、学問は存続しえなくなるであろう。だが、真理をヘーゲルのように規定するとすれば、どうであるか。それは、パラドックスの発生によっても動揺することはなく、却ってこの危機を乗り越える可能性を有していることになるのではないか。このように考えるならば、ヘーゲルの思惟と論理の特徴が改めて注目されることとなろう。彼はパラドックスに対してどのような態度を取ったのか。そこにおける彼の思考法の特徴は何か。とりわけ、弁証法との関係はどうであるか。本章ではこのような問いとともに、ヘーゲルの真理観の意義を考える。

一　クレタ人の告白

ヘーゲルは、『哲学史講義』におけるメガラ学派の記述の中で、(8)パラドックスに言及している。エウブリデスとともに「嘘つきのパラドックス」の名で知られるこのパラドックスは、「君がもし嘘を言う時、これとともに俺は嘘を言っているのだと言うならば、君は虚言とともに真実を語っているのだ」というものである。(9) これは、エウブリデスを大いに悩ませただけでなく、現代の学問世界にも深刻な影響を与えた。数学の完全性を覆したゲーデルは、自らの不完全性定理を「変装した嘘つきのパラドックス」であると言っている。(10) それは矛盾のない体系の中に肯定することも否定することもできない命題が現れ、一つの体系の無矛盾性は同じ体系の中では証明することができない、というものであった。問題の命題は「ゲーデル文」(G)と呼ばれ、「Gは証明不可能である」というものに他ならない。それは、GがG自身を否定することに等しく、丁度「私が言っていることは嘘である」と言うのと同じ形になる。(11)

問題のパラドックスは、クレタ人エピメニデスが「クレタ人はすべて嘘つきである」と語ったという話に由来するとされている。(12) エピメニデスがクレタ人であるならば、エピメニデス自身も嘘つきなのでなければならない。彼は、「私は嘘つきである」と言っているのに等しい。

では、エピメニデス自身が嘘つきであるのならば、「私(エピメニデス)は嘘つきである」という言明自身はどうなるのか。それも、嘘なのでなければならない。「私は嘘つきである」という告白を真実の告白(真)とするならば、その告白の内容は偽とされる。逆に、その告白自体が嘘(偽)であると解するならば、まさに「私」(エピメニデス)は一貫して嘘(偽)を言っているのである。「私は嘘つきである」という言明は、事実と一致している(真である)。

このように、「私は嘘つきである」という言明は、それを真であると解しても偽であると解しても、反対の主張に転化する。真と受け止めれば偽となり、偽と受け止めれば真となって、真偽を確定し区別することができない。或いは、それは真であるとも偽であるとも言え、また真でないとも偽でないとも言える。まさに、この意味で、それはパラドックスなのである。

ヘーゲルは、この話が歴史的に受け継がれ再現されてきたことを報告している(G.d.Ph.I.S.530.) 彼は、セルバンテスの『ドン・キホーテ』の中の次の物語を紹介する。(13) ――ドン・キホーテの従者サンチョ・パンサは、或る時バラタリア島の太守に任ぜられる。そこには、一人の富裕な人物が旅行者のために架けた橋があった。しかし、その脇には絞首台が設けられており、橋を渡ろうとする者は行き先について真実を言わねばならず、偽りを言った者は処刑するという高札が掲げられていた。そこに一人の男が来て行き先を尋ねられると、その絞首台に吊されるために来たのだと答えた。監督の役人たちはその答えに大いに困惑した。

彼らがその男を処刑すれば、男の言ったことは真実であったことになり、処刑すべきではなかった。しかし、彼を処刑せずに通すならば、彼は嘘をついたことになり、処刑すべきであった。役人たちは嘘つきのパラドックスと同じ問題に直面しているのである。そこで、彼らは太守の英断を仰ぐべく、サンチョに伺いを立てた。その時、サンチョは、そのように疑わしい場合には、最少の基準を適用し、その男を通すのがよいと答えた。

サンチョは余り頭を悩まさなかった、とヘーゲルは言っている。ヘーゲルは問題を次のように整理する。「結果であるはずのものが、内容ないし原因そのものとされる。それも、結果としての内容の反対の規定を伴ってである」(ibid.)。役人が「吊されるために」という男の言葉（原因）を真実と解し、彼を通す（結果）ならば、彼の言葉は嘘となり、嘘をついたという理由（原因）で処刑すべきであることになる（通すという結果の反対の規定）。「吊されるということが真実として語られるならば、吊されることを結果として持つべきでなく、吊されないということが真実起こったこととなるならば、吊されることを結果として持たねばならない」(ibid.)。

しかし、戸惑いは決定を下すべき役人の側にのみあると言うべきかもしれない。当の男自身においてはどうか。吊されるということが真実であるということは、彼が実際に処刑されるということである。一方、彼が吊されないのであれば、すなわち、彼が嘘をついたのであれば、彼は処刑されねばならない。いずれにしても、彼は死を免れない。どちらを取っても結果は同じであるという意味で、彼はむしろディレンマに自ら飛び込んだことになる。

だが、太守たるサンチョの課題は、この男を救うか救わないかである。彼は幾度も事情を確認した上で、「この男は絞首台で死のうとしていると誓っておる。で、もし絞首台で死んだなら、本当のことを誓ったのだ。しかも、法律で自由に橋を渡って構わないはずだ。だが、もし、この男を絞首刑にしなかったら、嘘を誓ったことになる。だから、同じ理由でこの男は絞首刑に処せられていいわけだ」。

そこで、彼は提案する。「この男の中で真実を誓った部分は通させたらよいし、嘘を言った部分は絞首刑にしたらよい。そうすれば、文字どおり条文の条件は満足に果たされるわけだ」。しかし、一人の人間を二つにするわけにはいかない、という執事の抗論に対して、サンチョは言う。「この男は死ぬだけの理由もあれば、生きたまま橋を渡る理由もある」、「この男を罰する理由も、この男を釈放する理由も紙一重のところにある」、だから、「無事に通してやるがよい」。ここで、サンチョは主人ドン・キホーテの言葉を思い起こす。「判断があやふやな場合は、慈悲の方へすがりつくのがいい」。「悪いことを行うより、善いことを行う方がいつも褒められる」からである。

サンチョは、問題の論理的な解決の難しさを見極めた上で、結局、慈悲心による裁定を下したように見える。それは、パラドックスをひとまず措いて、一足飛びにこれを飛び越えようとする試みであると言えよう。ヘーゲルは、それを「賢明な」と評価する（ibid.）。問題は、この評価の中にパラドックスとそれのもたらすアポリアに対するヘーゲル独特の見方が示されておりはしないかである。

二　当為と悪無限

男の答えは、権威主義的な橋の管理者に対する捨て身の切り抜け策とも解される。それは、揶揄とも皮肉とも解される。役人をどうすることもできないアポリアに追い込むことによって、法令そのものの無意味さを暴露しようとするのである。だが、男自身は自分の運命をどう自覚しているのか。橋を渡ろうと思うならば、絞首台で吊されてみせねばならないし、自発的に吊されなければ強制的に吊されるのである。いずれにせよ、死は必至である。答えが真であっても偽であっても、結果は同じである。結局、渡らずに命を失うのである。絞首台に上がるためには、偽りを言わねばならないとすれば、答えを真とするために男は先ず偽りを言わねばならない。そうだとすれば、男には、偽りを言い、絞首刑になるという一筋の道だけがあることになる。ディレンマがあるというわけではない。サンチョの言うように、男はひたすら「絞首台で死のうとしている」のである。

男の答えがパラドックスとなるのは、生殺与奪の権を持った役人の側においてである。彼らは男を通す（処刑しない）ことも通さない（処刑する）こともできる。どちらを実行する権限も持つ。Pかつ~Pである（P∧~P）。だが、定めに忠実である限り、彼らは通すことも通さないこともできない。通すならば、男の答えは嘘になり、通すべきではなかったことになる。通さなければ、男の答えは真となり、通すべきであったことになる（P⊃~P、~P⊃P）。Pも~Pもその反対を結果する。通さなければ、その結果によって否定される。従って、Pに決することも、~Pに決することもできないのである（~P∧~~P）。こうして、ここには、①通す、②通さない、③通すことも通さないこともできる、④通すことも通さないこともできない、という四つの命題が含まれることになる。すなわち、テトラレンマとなるのである。

第四命題まで自覚するならば、役人は結局何もしないことになる。サンチョの指示に従い、危害を加えずに「通してやる」ことになる。

では、ヘーゲルの論理に照らして、この場面を見るならばどのようになるであろうか。役人の任務は、男を通すか通さないかである。通すならば、通すべきでなかったことになり、通さなければ、通すべきであったことになる。通す→通さない→通す→通さない（……）というように、当為としてのPと~Pが果てしなく交替することになる。相反する規定が交互に現れて終わりがないことを、ヘーゲルは「無限進行」（Progreß ins Unendliche）[14]と呼ぶ。彼によれば、当為（Sollen）の概念そのものがこうした事態を招くのである。

当為は、或る事柄が現実となることを要求する。だが、それが現実化されるならば、当為という意味は失われる。現実化とともに要求は消える。当為が当為の意味を持ち続けるためには、現実化されてはならない。現実との超えがたい隔たりの中にあるものが当為なのである。それには、或る事柄をなすべきだが、またなしてはならないという要求が含まれている。これは役人が直面している事態と同じである。役人は、通すべきだが通してはならない、通すべきではないが通すべきである、という相克によって分裂に陥るのである。

そうであるとすれば、ヘーゲルは総じて無限進行という事態に対してどのように対処しようとしているのかが問われる。終わりがないという意味の無限を彼は「悪無限」（die schlechte Unendlichkeit）と呼ぶが、これを終熄させる道をどこに見出したのであろうか。悪無限に対する「真無限」（die wahre Unendlichkeit）はどのような形を取るのか。それを知ることこそは、上述のパラドックスに対するヘーゲルの解決策を探る鍵となろう。

三　真無限の運動

以上のように、なすべしということはなしていないということを含意し、なしていないということはなすべしという要求を生む。当為と存在は対立しており、当為は一の対立概念である。だが、そのことによって存在から切り離されることはできない。それは、それの実現を阻む制限（Schranke）（存在）を前提しており、それ自身制限されたものである。当為は制限と不可分であり、むしろ制限そのものである。[15] 当為とは制限を超えていく要求であったとすれば、それはそれ自身の反対である。制限と対立することによって、却ってそれ自身を制限している。[16] 制限の側から見れば、制限は自己自身を超えて当為を指示する。なしていないという現実に対して、なすべきことを対置する。しかし、そのようにして見出される当為は、それ自身現実と対立した制限である。従って、制限が自己を超えたところに見出すのは制限自身であり、制限は自己と出会うにすぎない。自己の同一性を見出すのである。

この自己同一性は、当為と制限が互いに否定しあう関係にあり、自己の否定の否定であることから帰結するものに他ならない。当為は当為たる自己を否定すべきものだが、否定的な対立者を持つことによって実現されるには到らず、それ自身の限界を露呈する。それは対立者たる制限と同じものとなる。それは、まさしく「それ自身の反対」（das

Gegentheil seiner selbst）である。そのようなものとして、当為であり続けるのである。制限の側も当為の否定であるために、それ自身を維持しえない。それは否定され、「それ自身の反対」となる。だが、その反対たる当為も制限を有するものに他ならない。

ここには終わることのない逆転劇があるように見える。しかし、ヘーゲルはその中に「肯定的な存在」(affirmatives Seyn) を見る。[17]「それ自身の反対」という表現は、イェーナ時代の初期から「無限性」(Unendlichkeit) を意味するものとして用いられてきたものである。[18] 対立によって他から隔てられるものが「有限なもの」(das Endliche) であるとすれば、有限なものがそれ自身の反対であるということは、対立する他者と合一することであり、有限性を超え、無限なものとなることに他ならない。無限性は有限性の否定である。そのため、無限なものは有限なものから分離され、後者を一方的に超越するものとして考えられがちである。だが、そのように有限なものから遠ざけられるならば、無限なもの自身が対立者を持ち、限定されたものとなる。ヘーゲルはこれを「有限化された無限者」(das verendlichte Unendliche) と呼ぶ (W.d.L.I/1.S.124.)。悟性は無限なものをそのように捉えがちである。従って、そうした無限は「悟性の無限」(das Unendliche des Verstandes) と呼ばれる。

だが、そうした無限はまさに有限なものの否定であるが故に、有限なものと関係を持ち、有限なものなしにはありえない。それは、有限化された無限として、真の無限ではありえない。真の無限は、それを超えたところに見出されなければならない。この「真無限」に対して、悟性の無限は「悪無限」である。だが、真無限はこの悪無限に対立するのではなく、それを包摂するものでなければならない。右の関係(当為と存在の否定的関係、相互転換) そのものの中に無限性を見出すような思惟が必要である。そのような思惟を、ヘーゲルは「理性」(Vernunft) に求めるのである。[19]

そこにおいては、有限なものを一方的に斥けるのではなく、有限なもの自身がその本性によって無限なものとなるという道筋が見出されなければならない。「自己を超えて行き、自らの否定を否定し、無限となることが有限なものの本性である」(ibid.,S.125.) とヘーゲルは言う。[20] その時、無限性は有限なものの肯定的な規定 (seine affirmative

Bestimmung)（ibid.）として捉えられる。そこに到るには、どのような論理が必要か、が問われる。

ヘーゲルは無限なものと有限なものの規定を吟味する。無限なものは、有限なものを超えたものである。それは有限なものの否定である（ibid.,S.131.）。逆に、有限なものは、超えて行かれねばならないもの、それ自身における自己の否定すなわち無限性である（ibid.）。いずれのうちにも他方の規定性がある。一方を言う時には、他方に同時に言及している。各々について語ることは、他との関係を語ることである。もし、この関係を無視したらどうなるか。無限なものを有限なものから分離すれば、それを一面的なものとし、有限なものに対立した有限なものとする。それは、無限なものが反対の規定を持つことであり、無限性が有限性になることである。逆に、有限なものが無限なものから遠ざけられ、それだけであるものとして見なされるならば、無限なものが持つはずの自立性、自己肯定性（die Selbständigkeit und Affirmation seiner selbst）を持つことになる。有限なものは無限なものとされている（ibid.）。

こうして、いずれもが反対の規定を宿し、有限なものと無限なものの統一（die Einheit des Endlichen und Unendlichen）である。それは、分離された有限なものと無限なものが否定され止揚されるということである。それらはそれぞれの質的な本性を失う（ibid.,S.132.）。そして、相手に対して自体的存在および肯定的存在であるといった優位性を持つことはない。いずれもが他の否定であり、否定の否定（die Negation der Negation）なのである。

有限なものが止揚されていく先は、有限なものの否定としての無限なものである。有限なものを可滅的なもの、非存在（否定）として捉えるならば、無限なものは否定の否定である。だが、無限なものを有限なものの否定としてのみ捉え、空虚な彼岸（das leere Jenseits）と見なす場合には、それを有限化し、止揚されるべきものとすることになる。彼岸は否定され、此岸と異ならないものとなっている。彼岸は此岸に連れ戻されている。こうして、各々は他との統一の中にあることが明らかとなる。

こうした運動を一連のものとして、一挙に捉えることが肝要である。それができない場合には無限進行が生まれる。否定しあう概念を交互に思い浮かべるだけで、統一を見出すには到らない。だが、真相は一つの完結的な運動であり、円環である。そして、このことは無限進行そのものの中に見出されるのである（ibid.,S.135.）。

有限なものについて見れば、次の運動が認められる。①有限なものがある、②有限なものは超えて行かれ、その否定ないし彼岸、無限なものに到る、③この否定は否定であるが故に、限界を持つことが明らかとなる、④それは有限なものに他ならない。出発点と同じものが見出されているのであり、有限なものが回復されている。有限なものは自己と同じものを彼岸のうちに見出し、自己と再会したことになる。有限なものは無限なものへ止揚されるが、この無限なものは有限であり、有限なものは自己自身に到来するにすぎない（ibid.,S.134.）。

無限なものについて見れば、①それは限界の彼岸である、②だが、その中には新しい限界が認められる。彼岸は此岸との対立の故に有限である、③従って、それは有限なものとして否定されねばならない、④だが、その否定の結果は、否定されたもとの無限なもの（有限な彼岸）と同じものである。（有限な）無限は止揚されるに拘わらず、有限なものから遠ざかることはなく、有限な自己から遠ざかることもない（ibid.f.）。

このように、両者はともに自己の否定を通して自己に立ち帰る運動である。それは否定の否定であり、双方の否定を含む（ibid.,S.135.）。それは一つの運動（Bewegung）であり、過程（Prozeß）である。ヘーゲルはこうした運動の中に真の無限を認めるのである。それは、有限なものを超えようとしながら、そうすることによって有限なものに転落していることに気づき、これを包摂する形でしか無限ではありえないということを認めることに他ならない。有限に対立するのではなく、有限と統一されたものこそが無限なのである。ただし、統一といっても、抽象的で動きのない自己同等性と解されてはならない。その契機も、動かずに存在するものと解されてはならない。真の無限は過程であり、運動なのである。しかし、果てしなく伸びゆくことではなく、自己に反転する円環的運動である。それは、始めも終わりもなく回転し続ける中に現前しているものと見なされる（ibid.,S.136.）[21]。

四　同一律の背理と矛盾の帰趨

さて、パラドックスとは、一つの言明が直ちにその否定を結果し、反対に転ずることであった。ヘーゲルはあらゆる思惟規定はその反対に移行すると言ったが、それはあらゆる思惟規定がパラドックスを宿していると言うことに等しい。ヘーゲルはそれを弁証法と称した。弁証法を哲学の方法と見るならば、哲学とはあらゆる思惟規定の中にパラドックスを洞察することに他ならなくなる。その正しさはどこにあるのか。また、それは哲学をどのようなものとするのか。このことが確認されねばならない。また、パラドックスが言説の無矛盾性と一貫性を破壊するものである以上、ヘーゲルは矛盾と矛盾律をどのように理解していたのか、それとともに同一性、同一律をどのように見ていたのかが検討されねばならない。

『論理の学』「本質論」の中で、ヘーゲルは同一性（Identität）を始めとする「反省諸規定」（Reflexionsbestimmungen）について論じるとともに、同一律、矛盾律、排中律等の伝統的な論理的原理の考察を行っている（W.d.L.I.S.258～272.）。彼によれば、同一律は「すべてのものは自己自身と同じである」（Alles ist sich selbst gleich.）と主張する（Enzy., § 115.）。それはA＝Aとして定式化される。だが、ヘーゲルによれば、それは一切の区別（Unterschied）や差異性（Verschiedenheit）を捨象することに他ならない（ibid.）。通常、人は、ものを差異を含むものとして理解する。判断「このバラは赤い」は、主語と述語、実体と属性の関係を表現している。それは、「AはBである」という構造を持つ。しかし、「AはAである」と言うだけでは、期待されるBを捨象し、主語と述語の同一性、実体の自己同一性のみを主張していることになる。(22) Aはそれ以外のものから分離され、抽象されているのである。同一性の主張の背後ではこうした区別が行われている。

のみならず、「AはAである」と言うだけでは、Aには何の規定も与えていない。それは何も語っていない。豊かな内容を持つはずのものがまったく無内容なものとして語られているのである。[23] ヘーゲルはこれを「同一的言明の中で語られる無」と規定するが、それは存在するものへの対立であり、区別であると言う。「区別とは同一的言明によって語られる無（Nichts）に他ならない」（ibid.,S.265.）。同一性とは区別であるという逆説が生じている。

このように、同一性は区別と背中合わせになっているだけではない。ヘーゲルは「AはAである」という命題そのものの中に「差異性」（Verschiedenheit）のあることを認める。それは、Aから出発して非Aを見つつAに還帰するという運動を示している。そこでは、Aは出発点と帰着点として二度措定されている。フィヒテは、その際、二つのAが異なった位相にあることを指摘している。第一のAを「端的に措定されたA」と言うならば、第二のAは「反省を介して措定されたA」である。[24] 異なった位相にある二つのAが同じであるとされているのである。異なったものの同一性が主張されており、区別されたものの総合がなされている。少なくとも当初一つと見なされていたAが二つに分かたれ、しかる後に結合されているのである。

この区別に対して疑問が生じる場合には、ライプニッツの不可識別者同一の原理（principium identitatis indiscernibilium）を参照するのがよいであろう。[25] まったく区別されないものは同一であるとするこの原理からすれば、Aを二度措定する必要はない。「Aがある」と言えるだけである。そして、アリストテレスによれば、「同じ」という言葉は本来二つ以上のものについて用いられるのであり、一つのものの同一性を主張する時にすら、一旦それを二つに分かち、その上で二つを同一であると言っているのである。それが、「ものは自己自身と同じである」と言う時に行っていることである。[26] こうして、同一性の主張そのものの中に区別のあることが分かる。同一性とは区別されたものの総合、異なったものの同一性としてある。単純な（einfach）同一性という概念は揺らいでいるのである。

こうした見方は、ヘーゲルにおける哲学の基本問題と真理の捉え方に繋がっていく。『差異論文』[27] によれば、哲学の課題は絶対者を意識に対して構成することである。それの遂行には、反省（Reflexion）が関与する。反省は、絶対者を先ずは同一性の形式（A＝A）で措定しようとする。だが、そうすることは、絶対者を非同一的なものを捨象した抽象物にしてしまうことである。「絶対者は絶対者である」という言明は、相対的なものを排除する一面的な言明であり、絶対者を相対的なものに対立したもの、相対的なものにしている。むしろ、「絶対者は絶対者でない」ということが主張されている。「絶対者は絶対者である」と語ることが、「絶対者は絶対者ではない」とするというパラドックスに陥っている。

この事態に気づくならば、反省は先の言明を否定せざるをえない。A＝Aではなく、A≠Aを主張しなければならない。しかし、A＝Aの単なる否定に終わってよいというわけではない。むしろ、絶対的ではないとされたもの、相対的なものを掬い上げる形で絶対者を再興することが肝要である。相対的なものに対立する絶対者は、それ自身相対的であって、真に絶対的であるとは言えない。絶対者は相対的なものをうちに含むものでなければならない。それは、A＝AとA≠Aを両立させる形で表現されなければならない。「A＝AかつA≠A」が絶対者を表現する形式なのである。

この形式は、カントが解消を目ざした二律背反（Antinomie）である。しかし、カントが二律背反を人間理性に根ざす不可避的な事態と認めながら、それを仮象と見なし、伝統的形而上学とりわけ宇宙論の誤謬の証しとしたのに対し[28]、ヘーゲルは二律背反こそは「知と真理の最高の形式的表現」であると言う（Dif.S.26.）。それを矛盾と見るならば、矛盾をこそヘーゲルは真理の形式としたのである。まさに「ハビリタツィオーンステーゼ」の思想が活かされていると言えよう。但し、それは、矛盾がそのまま真理であるというものではなく、矛盾を容認しない体系は真の体系ではありえないということであろう。矛盾しあうものをともに含むものこそが、真の全体であり、真理なのである。ヘーゲルは『精神の現象学』で「真理は全体である」（Phä.d.G.S.19.）と述べるが、その意図はここにあろう。全体のうちには、対立しあう+A、-Aがともにある。「+Aかつ-A」が成り立つ。しかし、その全体自身は「+Aでも-Aでもない」。「+Aである」、「-Aである」、「+Aかつ-Aである」、「+Aでも-Aでもない」という四つの言明が意味を持つような仕方で真理は考えられねばならない。ヘーゲルの論理はテトラレンマ（Tetralemma）と呼ぶことができる[29]。

だが、矛盾を容認するということは、必ずしも同意が得られることではない。ヘーゲル自身、矛盾を矛盾のままに肯定したわけではない。反省諸規定の考察の中で、彼は「区別」(Unterschied)のカテゴリーが「差異性」(Verschiedenheit)から「対立」(Gegensatz)に至り、「矛盾」(Widerspruch)に極まることを見た上で、矛盾が解消して「根拠」(Grund)に到る過程を論ずる(W.d.L.I.S.260～290.)。

すなわち、区別は区別された項を含むが、これらは無関心に対立しあうのではなく、一方は他方ではないという否定的な緊張関係のうちにあり、対立しあう。この対立が頂点に達したものが矛盾なのである。それが矛盾であるのは、対立しあう両項、肯定的なものと否定的なものが不可分な関係を持ち、この関係の中で互いに他なくしては自己たりえず、自己が否定しているはずのものを自己のうちに宿していることによる。「+A」は「+Aかつ-A」であり、「-A」は「-Aかつ+A」である。それらは自己矛盾の構造を有している。にもかかわらず、それらは相手を否定し、自己の自立性(Selbständigkeit)と全体性(Totalität)を確立しようとする。だが、それを達成することは自己の構成契機の一つを失うことであり、自己自身の崩壊に繋がる。こうして、両項は没落する(zugrundegehen)のである。

しかし、そうすることは、両項が本来他方なくしてはありえず、他方との不可分の関係の中にあったことが明らかになることである。この関係こそが、両項の根拠(Grund)であったことが知られる。この意味で、没落するということは、根拠に帰ること(zum Grunde gehen)である。そこにおいてこそ、それぞれは存立を得ていたのである。それを知るには、各々の項が自立性を確立しようとしながら、その内部矛盾の故に却って自立性を喪失し、自己否定を余儀なくされるという過程を辿らねばならない。

ヘーゲルは、この事態を矛盾の解消(die Auflösung des Widerspruchs)と説く。しかし、それは対立しあうものが空虚な無に帰することではない。ヘーゲルは、解消の結果は「零」(Null)であるとするが、この零は「空虚な無」(das leere Nichts)ではないと注意を促している。対立しあっていたものは保存され、共通の土台・根拠において互いを前提しつつ共存するのである。それは、それぞれが他方なくしてはなく、互いに他方を宿してある、ということである。

「他のものの中で自己自身のもとにある」(Enzy.§24.Zusatz) というヘーゲル独特の自由の概念もこれによって可能になる。

自己を外化しまた自己に還帰する運動として絶対者を語ることができるのも、こうした論理による。それは、AがAたりえないというパラドックスを認めながら、その結末を見極めることによってそれを超えるものを見出そうとするのである。とどまることのないパラドックスの循環の前で思考を停止するのではなく、むしろこれを超える道をヘーゲルは求め、その先に独自の絶対者観を構築したと言えよう。悟性的思惟に縛られることなく、弁証法によってその限界を超え、思弁的真理を把握しようとするヘーゲルの思索のあり方がそこに認められる。

注

(1) G.W.F.Hegel, *Habilitationsthesen* 1, 1801, in: *Werke in zwanzig Bänden*, 2, 1970, S.533; GW.5., S.227.

(2) G.W.F.Hegel, *Enzyclopädie der philosophischen Wissenschaften im Grundrisse*, 1830, in: GW.20., Hamburg 1992, §81. Abk.: Enzy.

(3) Sextus Empiricus, *Outlines of Pyrrhonism*, in: *The Loeb Classical Library*, No.273, London 1967, p.8.120.

(4) G.W.F.Hegel, *Verhältniss des Skepticismus zur Philosophie, Darstellung seiner verschiedenen Modificationen, und Vergleichung des neuesten mit dem alten*, Tübingen 1802, in: GW.4., 1968, S.206.「すべての真の哲学とスケプシス主義は密接に一つである」。山口祐弘『近代知の返照』学陽書房、一九八八年、一六二頁。『ヘーゲル哲学の思惟方法——弁証法の根源と課題——』学術出版会、三九頁、二〇〇七年。

(5) G.W.F.Hegel, *Die Phänomenologie des Geistes*, 1809, in: GW.9., Hamburg 1980, S.119. Abk.: Phä.d.G.

(6) Aristoteles, *Analytica posteriora*, 71b20f, in: *The Loeb Classical Library* 391, *Aristotle II, Posterior Analytics*, Cambridge/London 1960, p.30.

(7) 山口祐弘『ヨーロッパ的学問の危機とヘーゲル——アジア的思惟との対話——』、『ヘーゲル体系の見直し』理想社、二〇一〇年、所収。

(8) G.W.F.Hegel, *Vorlesungen über die Geschichte der Philosophie*, I, in: *Werke in zwanzig Bänden*, 18, Frankfurt a. M. 1971, S.529f.

(9)「嘘つきのパラドックス」は、ミレトス出身でメガラ学派に属しエウブリデスが発見した陥穽推理。彼は、また、「君はここに隠されているものを知っているか。知らないとすれば、彼は君の父なのに、君は父を知らないことになる」、「君は角を失ったか。失わなかったとすれば、君はそれをまだ持っており、失ったとすれば持っていたことになる」、「エレクトフは、弟が名乗り出る前に弟を知っていたか」、「禿になるためには、どれだけ毛を抜かねばならないか」、「どれだけの粒があれば山となるか」などと論じた。Diogenes Laertius. *Leben und Meinungen berühmter Philosophen*, II-x, 108, Hamburg 1967.

(10) 山口祐弘『ヨーロッパ的学問の危機とヘーゲル』前掲書、一五四、一六六頁。Kurt Gödel, *Über formale unentscheidbare Sätze der Principia Mathematica und verwandte Systeme, Monatshefte für Mathematik und Physik*, 1931, in: *Collected Works*, Volume I, New York/Oxford 1986, p.362f., 388f.

(11) 言明ｐが「ｐは偽である」という形の否定的自己言及（selfreference）の性格を持つ時、パラドックスが生じる。日常言語にはこうした自由な言葉遣いがあることは事実である。これを回避するには、①記号ｐの一意性を保障すること、②対象言語とメタ言語の区別を立て、真偽などの言明の価値概念を後者に属するものとするといった提案がなされる。ラッセルは階型理論（Theory of Types）によって自己言及を禁じようとした。B. Russell/A.N.Whitehead, *Principia Mathematica*, 1910～1913; A.Tarski, *Der Wahrheitsbegriff in der formalisierten Sprache*, 1935, in: *Studia philosophica*, Bd. 1.

(12)『新約聖書』「テトスへの書」第一章第十二～十三節に「クレタ人の中なる或る予言者いふ。〈クレタ人は常に虚偽をいふ者、あしき獣、また懶惰の腹なり〉。この証は真なり。されば汝きびしく彼らを責めよ」とある。「或る予言者」がエピメニデスとされている。Diogenes Laertius, op.cit., I-x, p.109ff.

(13) Miguel de Cervantes, *Don Qijote de la Mancha*, Barcelona 1968, Segunde Parte, Capitalo LI. セルバンテス『ドン・キホーテ』中央公論社、一九九二年、三八〇頁以下。

(14)「無限進行は、有限なものが含む矛盾を言明することにとどまる。すなわち、有限なものは或るものであるとともに他のものであり、これら互いに招きあう規定の交替を永遠に継続することである」。これに対して、「真の無限は、それに対する他のもののうちで自己自身のもとにある、或いはそれに対する他のもののうちで自己自身に到来する進行である」。Enzy., §94.Zusatz.

(15)「存在するべきものは、存在すると同時に存在しない。それが存在するとすれば、単に存在するべきだというわけではなかろう。従って、当為は本質的に制限を持つ」。G.W.F.Hegel. *Wissenschaft der Logik*, I/1(1832), in: GW.21, Hamburg 1985, S.120.Abk.: W.d.L.I/1.

(16)「従って、或るものは当為としては自己の制限を超えている。だが、逆に、それは当為としてのみ自己の制限を持つ」（W.d.L.I/1.S.120.）。

（17）「当為は制限すなわち自己自身を超えて行く。しかし、それを超えたところ、もしくはそれに対する他者は制限自身に他ならない。しかし、制限は、自己自身を超えて直ちにそれに対する他者に向かうよう指示する。この他者とは当為である。（……）従って、制限は、自己を超えたところでまた自己と合致するにすぎない。この自己同一性、否定の否定は、肯定的な存在である」（W.d.L.I/1.S.123f.）。

（18）「それ自身の反対」という表現は、イェーナ時代初期の『自然法論文』に登場し、「無限性は運動と変化の原理であり、その本質はそれ自身の無媒介な反対（das unvermittelte Gegentheil seiner selbst）に他ならない」と述べられる。G. W. F. Hegel, *Ueber die wissenschaftlichen Behandlungsarten des Naturrechts, seine Stelle in der praktischen Philosophie und sein Verhältnis zu den positiven Wissenschaften*, 1802, in: GW.4., S.431.

（19）「主要なことは、無限性の真の概念を悪無限から、理性の無限を悟性の無限から区別することである」（W.d.L.I/1.S.124.）。

（20）すなわち、有限なものは、「制限（……）としての自己に関係し、制限を超えていく。或いは、むしろ自己への関係として制限を否定してしまっており、制限を超えている」（W.d.L.I/1. S.125.）。「有限なものは、それ自身の本性によって自ら無限なものとなるのである。」

（21）無限進行の像は直線であり、真の無限のそれは始めも終わりもない円であるとされる（W.d.L.I/1.S.136.）。

（22）主語、実体の同一性を追求するならば、主語と述語の関係は断たれ、「AはBである」は「AはBでない」に移行せざるをえず、更には「AはAである」に行き着かざるをえない。ヘーゲルはこの必然性を、「定在の判断」の肯定判断、否定判断、無限判断の展開の中に見ている。問題の「AはAである」は「肯定的無限判断」、主語と述語の絶対的な断絶を表現する「精神は赤くない」といった判断を「否定的無限判断」と呼ぶ。

（23）「〈植物とは何か〉という問いに対して、〈植物は植物である〉という答えが与えられる場合、そうした命題の真理は（……）社会全体によって認められるが、同時にまたそれによっては何も言われていないということ（daß damit Nichts gesagt ist）も一致して認められる」（G.W.F.Hegel. *Wissenschaft der Logik*. I.（1812/13）. in: GW.11.. 1978. S.264.）。

（24）フィヒテによれば、「AはAである」における第一のAは「自我の中で端的に（……）か何らかの根拠によって措定されたもの」であり、第二のAは「自己自身を反省の客体とする自我が自我のうちに措定されたものとして見出すもの」である。第一次的な措定作用に対する反省作用があり、この作用によって措定されたものを総合する作用があるのである。二つのAは異なった位相にあるとされていることに注意するべきである。J.G.Fichte, *Grundlage der gesammten Wissenschaftslehre*, 1794, in: *Fichtes Werke*.I. Berlin 1971. S.96. 山口祐弘『ドイツ観念論における反省理論』勁草書房、一九九一年。

（25）G.W.Leibniz, *Philosophische Abhandlungen 1702–1716, IX, Ohne Ueberschrift, enthaltend die sogenannte Monadologie*, §9. in:

Die philosophischen Schriften, 6. hrsg. von Gerhardt, Hildesheim/New York 1978, S.608. 〈*Il faut même* que chaque Monade soit differnte de chaque autre. Car il n'y a jamais dans la nature deux Etres, qui soyent parfaitement l'un comme l'autre, et où il ne soit possible de trouver une difference interne, ou fondée sur une domination intrinsèque.〉

（26）Aristoteles, *Metaphysik*, V-9, 1017b27–1018a9, Hamburg 1978.

（27）G.W.F.Hegel, *Differenz des Fichte'schen und des Schelling'schen Systems der Philosophie in Beziehung auf Reinhold's Beyträge zur leichtern Übersicht des Zustands der Philosophie zu Anfang des neunzehnten Jahrhunderts, 1stes Heft*, 1801, in: GW.4., Hamburg 1918, S.26.

（28）I.Kant, *Kritik der reinen Vernunft*, 1781, 1787, A420～567, B448～595.

（29）山口、前掲論文、次章参照。

第三章　体系的思惟とテトラレンマ

序

ヨーロッパにおける伝統的な学問観の淵源はアリストテレスに求められる。彼によれば、学問とは、一定の原理に基づく論証的な知識の体系を構築することに他ならない。(1) 古代において、この理念を最初に実現したのは、エウクレイデスの幾何学であった。(2)

それ以来幾何学は学問の典型となり、近代思想はそれを模範として体系の構築に努めた。スピノザの『エティカ』が「幾何学的秩序に従って証明された」という修飾を伴っていることは誰もが知るところである。(3) ほぼ同時代、デカルトとライプニッツは中世のレイムンドゥス・ルルスの発案に倣って、(4) あらゆる学問に通じあらゆる概念を結合・関係させる方法としての「マテーシス・ウニヴェルサーリス」(mathesis universalis) を構築しようとした。(5) 人間の知識は、最も単純で明白な概念を結合して複雑な概念を作り、鎖のような繋がりをなしているという洞察がそこにはあった。

カントが人間の認識を歴史的認識 (die historische Erkenntnis) と理性認識 (Vernunfterkenntnis) に分け、「所与からの認識」(cognitio ex datis) としての前者に対して、後者を「原理からの認識」(cognitio ex principiis) とし、これに哲学と数学を含めたのは、こうした思想の延長上においてのことであろう。(6) そこに、ヨーロッパの合理的思惟、合理主義の伝統が認められる。それは現代における記号論理学の創出（ラッセル、ホワイトヘッド）と、それに基づく数学の基礎づけ（フレーゲ）と形式化（ヒルベルト）の努力へと発展していく。[7]

だが、そうした伝統は、論理学、集合論、数学におけるパラドックスの発見によって暗礁に乗り上げた。とりわけ、ゲーデルは無矛盾的な体系の中に肯定も否定もできない命題が現れること（ゲーデル文G：Gは証明不可能である）、体系の無矛盾性は当の体系内部では証明できないことを明らかにした。これらの不完全性定理によって、ヨーロッパの合理主義は危機に見舞われたとされるのである。[8]

しかしながら、ヘーゲルの真理観はこうした混乱に対して超然としているように見える。彼は、「ハビリタツィオーンステーゼ」において、「矛盾は真理の基準であり、無矛盾性は偽の」と主張した。[9] しかも、彼は哲学が知への愛に止まることを拒否し、現実的な体系知を構築することを要求したのである。[10] 矛盾を排除することなく、却って矛盾を宿す体系を構築することこそが彼の目標であった。

それはヨーロッパの伝統に著しく反することであろう。そうだとすれば、ヘーゲルは如何なる過程を経てこうした主張に達しえたのか、そもそもヘーゲルにおいて矛盾とは何か。それを宿す体系とは何か、こうした問いが不可避的に生まれる。ヘーゲルの思想が非ヨーロッパ的であるとすれば、それへの共鳴はむしろ非ヨーロッパ世界に求められるべきかもしれない。その時、ヘーゲルは東方へ目を向ける機縁となる。本章では、こうした観点から、東洋的思惟をも参照しつつ、ヘーゲルの真理観の意味を考える。

一　メガラ派のパラドックスとヘーゲル

ヘーゲルは、『哲学史講義』[11]のメガラ学派の節で、エウブリデスの「嘘つきのパラドックス」とセルバンテスによるそれの脚色を紹介しながら、ディオゲネス・ラエルティオスの『哲学者列伝』[12]からメネデモスの議論を引いている。

アレクシノスという者がメネデモスに「君は父を打つことを止めたかどうかと訊ねた」。質問者は彼を当惑させようとしたのだという。「肯定することも否定することも、ここでは等しくいかがわしく思われる」。なぜなら、「そうだ」（止めた）と言えば、彼は父を打ったことがあることになり、「そうでない」（止めていない）と言えば、まだ打ち続けていることになるからである。いずれにせよ、打つという不品行がある、或いはあったということは否定されないのである。

メネデモスはディレンマに立たされる。しかし、彼は「私は止めもしなければ、父を打ったこともない」と答える。ここでもし「止めもしない」を「打ち続ける」の意味に解するならば、後半の「打ったこともない」に矛盾する。また、「打ったことがない」のであれば、「止める」、「止めない」ということは問題とならない。従って、その答えは矛盾している。それによって質問者は逆に当惑するであろう。そこでは「嘘つきのパラドックス」と同じ矛盾が生じているのである。自分は嘘つきだと言う者は、真実とも虚偽とも言えないことを語っている。メネデモスを当惑させようとしたアレクシノスに対して、彼は相手を愚弄するとも見える答えを与えたのである。ヘーゲルはこの矛盾の存在を積極的に承認する。矛盾は表象のうちには現れないとしても、意識や感覚的事物のうちには現れる、と彼は言う。それらは矛盾の仮象ではなく、現実的な矛盾なのである。メネデモスは二つの選択肢を提示しているが、どちらを選んでも矛盾を避けられないことになるのである。

しかし、この話は少しく観点を変えて見ることができる。メネデモスの答えは一見相手を愚弄するもののように見えるが、鋭いものを含んでいる。それは、突きつけられたディレンマの角《つの》の間をすり抜ける論法である。抑も、質問者の問いそのものが或る先入見（前提）を含む多問の虚偽を犯しているのではないか。「君は父を打つことを止めたかどうか」という問は、少なくともメネデモスが父を打つという不品行があったということを前提しており、この前提のもとで止めたか否かと訊ねているのである。質問者は、まず「君は父を打ったことがあるか否か」と問い、「打ったことがあるならば、それを今は止めているか」と問うべきである。

これに対して、メネデモスは第一の問いを斥ける。次に、打ったことがなければ、「止める、止めない」は問題にならない。まさに、この「問題にならない」ということが、「止めない」の意味である。正確に表現するならば、「止めるということもないし止めないということもない」となろう。こうして、メネデモスは質問者の一方的な前提と先入見から自由となって、決して粗暴ではなく温和な性格であることを認めさせようとするわけである。

ここで見るべきものは、ヘーゲルが矛盾として捉えているものがどのような構造を有しているかである。[13]「打つ」と「止める」が矛盾するのは、「打ったことがある」という前提（土台）の上でのことである。この土台の上で二項が対立するのである。これに対して、メネデモスが「止めない」と言う時には、この前提、土台そのものを覆し、別の地平に立つのである。その「ない」は、「打つ」に対して「打たなくなる」ということではなく、「打つ」、「打ってきた」ということの全面的な否定である。「止める」も「止めない」もない地平の開示なのである。

この次元に立てば、ヘーゲルが矛盾として捉えたものに囚われる必要はなくなる。逆に、矛盾が如何にして成立するのかが、それによって明らかになる。「打った」、「止める」がメネデモスの粗暴な性格を仮定しての対立であり、この仮定を土台とする水平的対立であるのに対し、「打ったことはなく」、「止めることもない」の「ない」は、この土台を超越する垂直的な否定と対立に他ならない。メネデモスは否定辞「ない」の二義性を示唆しながら、愚弄とも見える答えを与えたのである。

二　否定の二義性

この否定の二義性を、ヘーゲルは『論理の学』の判断論[14]において示している。肯定判断「このバラは赤い」に対する否定判断「このバラは赤くない」は、このバラが赤い色を持つことを否定するが、色を持つことまで否定しているわけではない。むしろ、それは赤色以外の何らかの色を持つことを主張しているのである。その限り、この肯定と否定の関係は、このバラが色を持つことを前提として成り立つ関係である。否定はこの前提の範囲内にとどめられなければならない。この前提を無視して、「赤くない」を無限に拡張するならば、およそ不自然な述語を含むことになる。例えば、「このバラは心である」と言うことが許される。

このことは、矛盾の関係を考える場合に注意するべきことである。右の二つの判断は矛盾の関係にあるとされる。「このバラが赤い」かぎり「赤くない」ということはありえない。逆もそうである。アリストテレスが「同じものが同じものに同時に同じ事情のもとで属し属さないということはありえない」[15]と述べたとおり、「赤い」という属性が「このバラ」という実体に属しかつ属さないと言うことはできない。そして、一方が真の時は、他方が偽である。両者ともが真であり、両者ともが偽であることはありえない。つまり、第三の場合はありえない。矛盾律とともに排中律がここに適用される。

だが、こうした関係が成り立つのは、まさに右の前提の範囲内においてのことである。この前提を離れ、色を持たないものの領域に踏みこむならば、「赤くもなく赤くなくもない」という言明が成り立つ。「精神は赤いか赤くないか」と問うならば、精神はそのどちらでもないと答えることになろう。精神は物体ではなく、色を持つとは考えられないからである。従って、「精神は赤くない」と言うとすれば、それは、精神はおよそ色を持たないということでなければならない。その「ない」は、他の色を持つという積極的な主張を含まない[16]。それは右の矛盾関係の外に立たせる否定なのである。

否定判断の否定を「有限な否定」と呼ぶならば、この否定は「無限否定」と呼ばれるべきであろう。それは、精神を色のある領域から引き離し、当面まったく限定のない領域に定立するものだからである。

ヘーゲルは、そうした定立の作用を「無限判断」(unendliches Urtheil)[17]のうちに認めていた。この判断は、肯定判断と否定判断と並んで「定在の判断」に属する第三の判断である。もし矛盾律、排中律を墨守するならば、肯定、否定判断の他に第三の判断を立てることは許されまい。だが、ヘーゲルは肯定判断、否定判断の真理性を検討することによって、無限判断の必然性を洞察するのである。

すなわち、主語と述語の一致を真理とし基準として見るならば、肯定判断も否定判断もこの一致を表現しているとは言えない。「このバラは赤い」は、「このバラ」が「赤色」で規定し尽くされることを主張してはおらず、むしろ「このバラは赤色でない」を含意している。だが、この否定判断も上述の如く「このバラは色を持つ」を含意しており、しかも「このバラ」は「色」ではないとすれば、議論の前提となっている色そのものを否定する判断を立てなければならない。それは、「このバラはこのバラである」という表現によってか、「精神は赤色ではない」といった無限否定によってしか示されない。前者、同一性の判断は一切の述定を拒否し、後者は主語と述語の絶対的な断絶を表現している(18)。それは、主語と述語、実体と属性の完全な一致が不可能であることを示し、実体―属性関係を前提とする判断の頓挫を物語ると解される。

そして、それは、肯定判断と否定判断がともに暗黙的に想定していた前提を突き破り、その外に出ることを要求しているのである。それは、矛盾律、排中律が妥当しえなくなる次元の開示である。だが、そのことによって、それはそれらの原理の妥当領域を画定する。すなわち、矛盾とは無際限の領域において成り立つ関係ではなく、一定の閉鎖領域で成り立つ関係なのであり、この領域の外に立てばどちらにも偏しない第三の判断が可能となる。無限判断は、そうした限定のない次元に立つことによって、矛盾対立の関係を浮き彫りにし、その構造を明らかにするのである(19)。

すなわち、矛盾の関係は、「赤色」と「非赤色」という二項のみの関係として理解するだけでは十分でない。それは色という領域における対立である。両項の対立を考える時には、必ずこの第三項をともに考えている。逆に、この第三項を考えるならば、対立の項も規定される。「赤色」に対して「太陽」を対立させる者はいない。両項と第三項の間には密接不可分の関係があり、互いに措定しあう。M・ヴォルフは、この第三項を「反省論理学的基体」（das reflexionslogische Substrat）と呼んだ(20)。対立する両項との間に反省関係が成り立つのみならず、両項と基体の間にも反省関係が成り立つのである。

基体（S）は対立する両項+A、-Aのいずれでもないと見れば、Sは+Aでもなく-Aでもない。だが、それらは判断の主語に可能的に含まれているかぎり、判断の形を取る場合には、「Sは+Aでもありえ-Aでもありうる」と言わねばならない。+A、-A、+Aかつ-A、+Aに非ず-Aに非ずという四つの意味がすべて認められることになる。これは、アリストテレスが考えることも容認することもなかったことであろうが、矛盾の関係を分析するならば、そうした洞察が生まれるのである。

三　中の立場

東洋思想は右のような否定の相違に早くから気づいていた。ナーガールジュナ（ca.150〜250）を祖とする中観派は、「定立的否定」（パリウダーサparyudasa）と「非定立的否定」（プラサジャ・プラティシェーダprasajya pratiṣedha）を区別した[21]。それはまさに右の否定判断と無限判断の区別に対応するものであり、「ここにはバラモンはいない」と言う時、バラモン以外の人がいるとする場合と、バラモンはおろか何人もいないとする場合があるとするのである。前者はなお肯定的な定立を含意しているため定立的否定と呼ばれ、後者は一切の含意を斥けるという意味で非定立的否定と呼ばれる。これに従って言えば、「風は冷たくない」は定立的否定、「風は色を持たない」は非定立的否定である。後世、それらは「輪廻無」とも「絶対無」とも呼ばれた[22]。

そして、後者は相対的次元における肯定にも否定にも囚われない自由の境地を表現するものとなる。それは、論理的には第三の立場、「中」に当たるのであり、中観派という表現が用いられるのもそこからに他ならない[23]。但し、それは相対的な対立者を捨象し棄却するのではなく、それらを包摂するのでなければならない。その内容を分節的に示せば、「ある」、「ない」、「ありかつない」、「あるのでもなくないのでもない」（有、無、有亦無、非有亦非無）という四つの主張を含むことになる[24]。釈迦はそのいずれの見解を持つことも否定したとされるが、世間的真実としては肯定される。ナーガールジュナは、「空と説くべからず、非空と説くべからず、共とも不共とも説くべからず、ただ仮説のために説かれる」（『中論』XX–II–11）とする一方[25]、「一切は真実である、或いは非真実である、真実にして非真実である、非真実でもなく真実でもない、これが仏の教えである」（『中論』XVIII–8）と語った[26]。

日本における禅宗の一派、曹洞宗の開祖道元（1200〜1253）は『正法眼蔵』の第一巻「現成公案」の冒頭で次のように記している。「諸法の仏法なる時節、すなはち迷悟あり、修行あり、生あり死あり、諸仏あり衆生あり。万法ともにわれにあらざる時節、まどひなくさとりなく、諸仏なく衆生なく、生なく滅なし。仏道もとより豊倹より超出せるゆゑに、生滅あり、迷悟あり、生仏あり[27]」。ここで、生、死（滅）の語に着目すると、「生あり」、「死あり」、「生なく滅（死）なく」、「生滅あり」の四句が揃っていることが分かる。

東洋の思想はこのように四つの句を活かしつつ成立しているのである。それは「有るという立場をも無いという立場をも超越し捉われない」ことによって可能となり、しかも生死を解脱したところに生死を見、迷悟を解脱したところに迷悟を見るという態度を表明している[28]。

矛盾律や排中律を無視するかの如きこれらの言説は、非難の的になりえよう。しかし、それらはこれらの原理の妥当する場をよく観察することによって得られるのである。「SはPであるかPでないか」という選択は、まさしく物事を対立の相において見ようとする態度を示している。だが、対立はまさしく対立項をともに包摂する場において成立する。この場を開示することが肝要であり、そこにおいてこそ対立の全貌が見えてくるのである。それを可能にするものが右の無限否定であり、絶対無、畢竟無に他ならない。

翻って、ヨーロッパに眼を向けるならば、前世紀ラッセルはこの無限否定に気づいていたように思われる。彼は、否定に述語の否定と文の否定のあることを問題としている[29]。述語の誤りは他の述語を当てることによって修正されるが、文の誤りはそれだけでは済まされない。「現在のフランス国王は禿である」という言明は、述語を否定すれば正されるわけではない。「現在のフランス国王は禿である」と「現在のフランス国王は禿でない」はどちらも偽であり、排中律の支配を斥ける。「現在のフランス国王」という想定そのものが問題だからである。それによってこの文全体は何も語っていないことになる。文全体が全面的に撤回されねばならない。それは何も定立していないという意味で、先の非定立的否定に相当する。このことを通しても、文の真偽を問い、矛盾を問題とする場合、述語が述定される主語そのものの規定が問題となるということが示されているのである。

四　体系と矛盾

さて、ヘーゲルが「矛盾は真理の基準である、無矛盾性は偽の」と記したのは、一八〇一年イェーナのシェリングのもとで教授資格を取ろうとする時であった。(30) その主張の背景には一八〇〇年の体系構想があった。今日残っている断片の中で、彼は生（das Leben）を「結合と非結合の結合」（die Verbindung der Verbindung und der Nichtverbindung）と表現した。(31) 生の領域には様々なものの結合ばかりでなく対立（非結合）もあり、その結合と非結合を総合したものが生である、というのがその主旨である。それによって、ヘーゲルは生の全体を捉え、生の体系を構築しようとしたのである。

「結合と非結合の結合」という表現の中には、先に見た矛盾の構造が認められる。生は、対立しあうものの結合、+A+-Aであり、対立を契機とする全体である。結合と非結合は概念的には相容れないに拘わらず、生の全体の中に包摂されており、そこに存立を有している。そして、一八〇一年の『差異論文』において右の表現は「同一性と非同一性の同一性」（die Identität der Identität und der Nichtidentität）という形で継承される。(32) そして、ここにも同一性と非同一性が不可分の契機として全体の中に収まっているという構造が見られるのである。

同一性のみならず非同一性をも認めるということ、それは同一性の体系とされるシェリングの初期体系への批判を潜在させているものであった。(33) また、それは現代の同一化的思惟への批判（アドルノ）に対して反論のポテンシャリティーを残しているであろう(34)。いずれにせよ、対立しあう契機をともに認めることが全体を語ることを可能にし、そのために必要なことなのである。

生を全体的に捉えようとすることが「結合と非結合の結合」という表現を不可避的としたように、『差異論文』においては、絶対的なものを把握し措定しようとすることが「同一性と非同一性の同一性」という表現を必然的なものとする。哲学の課題は絶対者を意識に対して構成することである（Dif.S.16.）。換言すれば、絶対者を反省的に措定することである。反省（Reflexion）は、まず、絶対者を絶対者として措定するために同一性の形を選ぶ。だが、反省は同一性を非同一性の捨象という仕方でしか理解しえない。従って、この同一性から除外されるものが残留する。それは、絶対者を真に絶対的なものとして措定することに失敗したということである。措定されたものは絶対的なものではない。「絶対者は絶対者である」（A＝A）と言うことが、「絶対者は絶対者ではない」としていることになるのである。よって、先の措定は否定されねばならない。A≠Aが主張されなければならない。それは第一の措定の否定である。或いは、第一の措定が絶対者を相対的なものとしたことへの批判である。

相対化された絶対者は止揚されねばならない。しかし、単に相対的なものを廃棄するだけでは、真に絶対的なものに到達することはできない。相対的なものを摂取する形で絶対者を考えることが必要である。それはA≠Aという否定を再度否定することである。しかも、それはA＝Aという抽象物とA≠Aというそれの否定をともに包摂する形でなされなければならない。すなわち、A＝AとA≠Aをともに容認し統合する形を考えなければならない。「A＝AかつA≠A」こそが絶対者の真の表現であることができる。

形式的に見れば、これはカントが問題とした二律背反（Antinomie）である。カントは人間理性が陥る不可避的な二律背反に気づくことによって批判哲学の構築に向かった。二律背反を如何に解決するかに意を注いだのである(35)。これに対して、ヘーゲルは二律背反の形式に積極的な意義を認める。二律背反こそは「知と真理の最高の形式的表現」であると言うのである（Dif.S.26.）。ただし、それには「悟性による」という限定が加わっている。絶対者の反省的措定に悟性が関与するからこそ、措定は一面的となり、それへの反省によって二律背反の形式が避けられえないものとなるのである。しかも、その表現は形式的であると言われている。真の内実は、二つの背反的命題の並立ではなく、一つの連関であるという批判が込められていよう。

ともあれ、二律背反とは矛盾の別名である。注意されるのは、カントは矛盾を忌避し、ヘーゲルはそれを容認したということである。そこに両者の思惟の違いがある。カントは悟性の立場にとどまり、ヘーゲルは「思弁」(Spekulation)の域にあるとされる所以である。(36) それによって、ヘーゲルは相対的で多様なものを内に宿す絶対者、有限なものを含む無限なものを構想することができたのである。それこそは具体的普遍、真の無限として概念化されるものに他ならない。

とはいえ、ヘーゲルがカントから受け取ったものは少なくない。カントによれば、人間理性が二律背反に陥るのは、世界を物自体として考え、それに一義的な規定を与えようとするからである。人間にとって経験可能、認識可能なものは現象にすぎず、物自体は認識不可能であることを知るならば、世界をめぐる論争は理由のない前提に基づくものとして意味を失う。例えば、「世界は有限か無限か」をめぐる論争に対して、現象としての世界は「有限とも無限とも言えない」という判断が成り立つ。これは「世界は有限である」、「世界は無限である」に対して第三の判断である。カントはこの第三の判断への道を拓くことによって決着のつかない議論に終止符を打とうとしたのである。(37)

ここでのカントの議論を従前の考察によって整理するならば、世界を物自体と見なすかぎり、世界は有限か無限かの一義的な規定を持たねばならず、世界を有限か無限かのどちらかでなければならないとするかぎり、世界を物自体と考えていることになる。対立しあう判断の主語としての世界は、まさしく対立する両規定、有限性と無限性が対立しあう場たる「反省論理学的基体」であり、両規定の相互反照（反省）的関係との反省関係のうちにあるのである。カントの解決策は、この基体の規定を変えることによって、すなわち物自体でなく現象であるとすることによって、この脱却不可能と見える反省関係の外に出ようとすることにある。そこは、「世界は有限でもなく無限でもない」という主張の成り立つ場に他ならない。

こうしたカントの方策を通して、ヘーゲルは、およそ対立は一定の基体を前提として成り立つものであることを知りえた。この基体こそは+Aでも−Aでもないが、また+Aでも−Aでもありうるものである。それによって対立をうちに含む全体を考えることが可能となる。それとともに、全体の把握としての体系も可能となるのである。ヘーゲルは二律背反をめぐるカントの弁証論を通して、のっぴきならぬ対立状況を否定的に超脱する方法（弁証法）を学ぶとともに、対立者が置かれている場をこの否定によって開示し、対立の全体的展望を獲得する方法を習得したと見なされる(38)。そして、この展望こそは、彼の体系的思惟たる思弁（Spekulation）が手にするべきものである。思弁とは、まさしく「対立しあうものの統一」を把握することに他ならない（Enzy., §82.）。そして、対立しあうものの統一の把握とは、これまでに明らかになったヘーゲルの矛盾の構造の把握を言うのである。

こうして、ヘーゲルの体系において矛盾の持つ意味が、矛盾とは何かを含めて明らかにされる。「矛盾こそは真理の基準である」とは、一切を包括する全体的体系を構築しようとする意思を表明するテーゼに他ならなかったのである。

注

（1）Aristoteles, *Analytica posteriora*, 71b, in: *The Loeb Classical Library*, 391, *Aristotle II, Posterior Analytics*, Cambridge/London 1960. それは論証的な知識を持つことであり、知識的な推論を行うことに他ならない。論証の出発点となる原理それ自身は最早論証されえない。アリストテレスによれば、そのような原理には三種がある。①すべての科学に共通な公理—矛盾律、排中律の類、②個々の科学に共通の原理である定立、（イ）個々の科学で用いられる名称の定義、（ロ）個々の科学が対象とする事物における最も基本的なものの存在を定立する基礎定立がそれである。（ibid., 72a.）

（2）Eukleides, *Stoicheia*, in: J. L. Heiberg und H. Menge (ed.), *Eukleides opera omnia*, vol. 8, sup. 1, 1883～1916.

（3）B.deSpinoza, *Ethica ordine geometrico demonstrata*, 1677, in: *Spinoza Opera II*, Heidelberg 1972.

（4）Raimundus Lullus（c. 1232–1316）, *Ars major*, c.1273～74.

（5）R.Descartes, *Discours de la Méthode*, 1637, in: *OEUVRES DE DESCARTES*, VI, Paris 1982, p.17; *Regulae ad Directionem Ingenii*, 1701, Regula IV, in: op.cit.,X, Paris 1986, p. 378f.; G.W.Leibniz, *Dissertatio de Arte Combinatoria*, 1666, in: *Die Philosophischen Schriften*, 4, hrsg. von Gerhardt, Hildesheim/New York, 1978, S.35.

（6）I.Kant, *Kritik der reinen Vernunft*, 1781,1787, A836f, B864f., in: *Kants Werke*, IV, Berlin 1968. Abk.: K.d.r.V.

（7）Gottlob Frege（1848～1925）, *Die Grundlagen der Arithmetik*, 1884; *Die Grundgesetze der Arithmetik*, 1893～1903; Bertrand Russell（1872～1970）& Alfred North Whitehead（1861～1947）, *Principia Mathematica*, 1910～13; David Hilbert（1862～1943）& P. Bernays, *Grundlagen der Geometrie*, 1899; *Grundlagn der Mathematik*, 1934～39.

（8）ヒルベルトは数学を完全に形式化し、数学の合理性を究極の形で確立することを目的とした。それは極めて近代ヨーロッパ的な企てであったが、ゲーデルは不完全性定理により合理性に対する素朴な信頼を揺るがし、19世紀に始まった数学の基礎づけ運動、数学基礎論に実質的に終止符を打った。不完全性定理は、ゲーデル自身が言明するように、「嘘つきのパラドックス」と関係を持ち、「変装した嘘つきのパラドックス」ともされる。林晋、八杉満利子訳、解説『ゲーデルの不完全性定理』岩波書店、二〇〇六年、二〇、七三、一七六頁。野崎昭弘『逆説論理学』中公新書、一九九四年。吉永良正『ゲーデル・不完全性定理』講談社、二〇〇四年。Kurt Gödel（1906～1978）, *Über formale unentscheidbare Sätze der Principia Mathematica und verwandter Systeme*, *Monatshefte für Mathematik und Physik*, B.38, 1931, in: *Collected Works*, Volume I, New York/Oxford 1986.

（9）G.W.F.Hegel, *Habilitationsthesen*（August 1801）, 1, in: *Werke in zwanzig Bänden*, 2, Frankfurt a.M. 1970, S.533.〈Contradictio est regula veri, noncontradictio falsi.〉; GW.5.,S.227.

（10）G.W.F.Hegel, *Die Phänomenologie des Geistes*, in: GW., 9., Hamburg 1980, S.11.

（11）G.W.F.Hegel, *Vorlesungen über die Geschichte der Philosophie*, I, in: Werke., 18., 1971, S.529ff.

（12）Diogenes Laertius, *Leben und Meinungen berühmter Philosophen*, Band, Hamburg 1967, 1. S.142.

（13）注（20）参照。

（14）G.W.F.Hegel, *Wissenschaft der Logik*, II, *Die subjective Logik*（1816）, in: GW.,12., Hamburg 1981, S.59～69. Abk.: W.d.L.II.

（15）Aristoteles, *Metaphysik*, 1005b19～20, Marburg 1980.

（16）「主語と述語の完全な不相応」（die völlige Unangemessenheit des Subjekts und Prädikats）を言い表すものとして、これは「無限判断」と呼ばれる。

（17）W.d.L.II., S.69.

(18) G.W.F.Hegel, *Enzyklopädie der philosophischen Wissenschaften im Grundrisse*, §173. Abk.: Enzy.
(19) 山口祐弘『ヘーゲル哲学の思惟方法――弁証法の根源と課題――』学術出版会、二〇〇七年、九四頁以下。
(20) M. Wolff, *Der Begriff des Widerspruchs*, Königstein 1981, S.46.
(21) 立川武蔵『「空」の構造・『中論』の論理』、第三文明社、一九八六年、九九～一〇〇頁、『帰謬論証派――仏護と月称』「講座大乗仏教7」春秋社、一九八二年。江島恵教『自立論証派――バーヴァヴィヴェーカの空思想表現』同所収。桂紹隆『インド人の論理学――問答法から帰納法へ――』中央公論社、一九九八年、一六一頁以下。なお、著者はパリウダーサを相対否定、プラサジャ・プラティシェーダを純粋否定と呼んでいる。また、その違いは名辞の否定と命題の否定の違いとしても説かれる。梶山雄一、上山春平『仏教の思想 3 空の論理〈中観〉』角川書店、一九九七年、一五九頁。立川武蔵『空の思想史』講談社、二〇〇五年、一二三頁。
(22) 山内得立『ロゴスとレンマ』岩波書店、一九七五年、九七頁。山口祐弘、前掲書、二八八頁。
(23) 中村元は中（中道）の意味を説いて、「空がそのまま中道である」とし、「自性上不生なるものは〈有〉であることができない。また、自生上不生なるものは無くなるということがないから、〈無〉ということもできない。〈不生〉と〈空〉とは同義であるから、したがって空は有と無という二つの極端（二辺）を離れていることになる。故に空は二辺を離れた中道である、ということになる」と述べている。中村元『龍樹』講談社、二〇〇六年、二五四頁。
(24) これは四論、四句分別と呼ばれる。中村元『論理の構造』上、青土社、二〇〇〇年、四七五頁以下。
(25) 中村元『龍樹』、三七四頁。
(26) 同、三六四頁。
(27) 道元『正法眼蔵』「現成公案」、一二三五年、岩波書店、一九六六年、八三頁。
(28) 「空とは有と無を超えることである。（……）〈存在する〉とか〈存在しない〉とかいう有無の対立を超越しているのである。（……）〈空性〉は〈縁起〉であるから、〈縁起〉についても同じように有無を超えていることが語られる。（……）。（……）〈縁生は空である〉ということにおいて、ものが実体として有であるとか無であるとかいうことが否定されているとともに、無にして有（または有にして無）という縁起の本性が示されている。そこでこの否定は、存在に対する非存在、有に対する無などというように、肯定に対立する否定ではない。それは有無の対立を超えることをいうのであって、そこに真の存在の相（すがた）が知られるようになる。それが縁起ということなのである。それは否定即肯定、無即有とでもいうべきであって、実体としてないという否定はそのような縁起としてあるという肯定であって無にして有なのである。」瓜生津隆真「中観派における空」、『仏教思想 7 空、下』平楽寺書店、一九八八年、五四七～八頁。

（29）三浦俊彦『ラッセルのパラドックス』岩波書店、二〇〇五年。但し、著者によれば、ラッセルは記述理論によって述語否定を文否定に還元し、否定概念の統一的な理解に導いた。同書、一一四頁以下参照。B. Russell, *On Denoting*, in: *Mind* 14（Oct. 1905）, p. 479～93.

（30）注（9）参照。

（31）G.W.F.Hegel, *Systemfragment von 1800*, in: Werke., 1., S.422.

（32）G.W.F.Hegel, *Differenz des Fichte'schen und Schelling'schen Systems der Philosophie in Beziehung auf Reinhold's Beyträge zur leichtern Übersicht des Zustands der Philosophie zu Anfang des neunzehnten Jahrhunderts,1stes Heft*, 1801, in: GW.4., S.64. Abk.: Dif.

（33）F.W.J.Schelling, *Darstellung meines Systems der Philosophie*, 1801, in: *Schellings Werke*, 3, München 1977.

（34）Th.W.Adorno, *Negative Dialektik*, Frankfurt a.M. 1966. 山口祐弘、前掲書、第二部第二章参照。

（35）K.d.r.V, A405ff.,B432ff.

（36）Enzy., §82.

（37）山口祐弘、前掲書、九七頁以下。

（38）山口祐弘、前掲書、一八九頁以下。

《著者略歴》
山口　祐弘（やまぐち　まさひろ）
1944年　東京都生まれ
1968年　東京大学文学部哲学科卒業
1976年　東京大学大学院人文科学研究科哲学専門課程博士課程満期退学
1986年　ブラウンシュヴァイク大学客員研究員
1989年　Ph.D.（ブラウンシュヴァイク大学）
現　在　東京理科大学教授

主要著書
『近代知の返照――ヘーゲルの真理思想』学陽書房、1988年
『ドイツ観念論における反省理論』勁草書房、1991, 2001年
『意識と無限――ヘーゲルの対決者たち』近代文芸社、1994年
『カントにおける人間観の探究』勁草書房、1996年
『ヘーゲル哲学の思惟方法――弁証法の根源と課題』学術出版会、2007年
『ドイツ観念論の思索圏――哲学的反省の展開と広袤』学術出版会、2010年

主要訳書
ヘーゲル『理性の復権――フィヒテとシェリングの哲学体系の差異』（共訳）批評社、1995年
ヴォルフ『矛盾の概念――18世紀思想とヘーゲル弁証法』（共訳）学陽書房、1984年
ホルクハイマー『理性の腐蝕』せりか書房、1987年
シュベッペンホイザー『アドルノ――解放の弁証法』（共訳）作品社、2000年
フィヒテ『一八〇四年の『知識学』』哲書房、2004年
ヘーゲル『論理の学 Ⅰ Ⅱ Ⅲ』作品社、2012～2013年
ユンク『原子力帝国』日本経済評論社、2015年
ユンク『テクノクラシー帝国の崩壊』藤原書店、2017年

ロゴスと存在――ヘーゲルの論理思想　第2巻
本質の自己反照

2019年7月20日　初版第1刷発行　　＊定価はカバーに表示してあります

著　者　山　口　祐　弘©
発行者　植　田　　実
印刷者　河　野　俊一郎

発行所　株式会社　晃　洋　書　房
〒615-0026　京都市右京区西院北矢掛町7番地
電　話　075(312)0788番(代)
振替口座　01040-6-32280

装丁　野田和浩　　印刷・製本　西濃印刷㈱
ISBN 978-4-7710-3124-1

索　　引

〈カ　行〉

〈サ　行〉

〈タ　行〉

〈ナ　行〉

〈マ　行〉

〈ヤ　行〉

〈ラ　行〉

〈ワ　行〉